知识生产的原创基地
BASE FOR ORIGINAL CREATIVE CONTENT

颉腾商业
JIE TENG BUSINESS

U0370797

Trading Evolved
Anyone can Build
Killer Trading Strategies in Python

动量策略
利用Python构建关键交易模型

［瑞士］安德烈亚斯·F. 克列诺（Andreas F. Clenow）◎著
庄庆鸿 张坤 洪晓祥◎译

北京理工大学出版社
BEIJING INSTITUTE OF TECHNOLOGY PRESS

版权专有　侵权必究

图书在版编目（CIP）数据

动量策略：利用 Python 构建关键交易模型 /（瑞士）安德烈亚斯·F. 克列诺著；庄庆鸿，张坤，洪晓祥译. -- 北京：北京理工大学出版社，2023.9

书名原文：Trading Evolved：Anyone can Build Killer Trading Strategies in Python

ISBN 978-7-5763-2818-9

Ⅰ. ①动… Ⅱ. ①安… ②庄… ③张… ④洪… Ⅲ. ①股票交易—应用软件 Ⅳ. ① F830.91

中国国家版本馆 CIP 数据核字（2023）第 163733 号

北京市版权局著作权合同登记号　图字：01-2023-2008 号

Title: Trading Evolved: Anyone can Build Killer Trading Strategies in Python
By: Andreas F. Clenow , ISBN: 9781091983786
Copyright © 2019 Andreas F. Clenow
All rights reserved. The whole book cannot be reproduced by any means whatsoever without written permission from the publisher. This license allows reusers to distribute, remix, adapt, and build upon the material in any medium or format for noncommercial purposes only, and only so long as attribution is given to the creator. If you remix, adapt, or build upon the material, you must license the modified material under identical terms.

责任编辑：钟　博		**文案编辑**：钟　博	
责任校对：刘亚男		**责任印制**：施胜娟	

出版发行 /	北京理工大学出版社有限责任公司
社　　址 /	北京市丰台区四合庄路 6 号
邮　　编 /	100070
电　　话 /	（010）68944451（大众售后服务热线）
	（010）68912824（大众售后服务热线）
网　　址 /	http://www.bitpress.com.cn

版 印 次 /	2023 年 9 月第 1 版第 1 次印刷
印　　刷 /	三河市中晟雅豪印务有限公司
开　　本 /	710 mm×1000 mm　1/16
印　　张 /	26.5
字　　数 /	398 千字
定　　价 /	129.00 元

图书出现印装质量问题，请拨打售后服务热线，负责调换

Translator's Foreword 译者序

在本书中，作者详细介绍了量化趋势跟随交易模型的工作原理和实施方法，并使用Python编程语言来构建和分析交易策略。无论你是初学者还是有一定经验的交易者，本书都将为你提供一个坚实的基础，帮助你更好地理解和应用交易策略。

本书的重点是让读者能够进行量化回测，以便更好地评估和验证交易策略的有效性。作者分享了一些简单而实用的交易模型，涵盖从ETF、股票到期货的不同复杂程度的完整交易模型。通过这些案例，读者将了解到实施这些交易策略所需的能力以及如何进行实际操作。

需要注意的是，本书所展示的交易策略是作为教学工具而设计的，而不是供读者直接复制并盲目应用于实际交易，作者在书中也多次强调这一点。因此，读者需要在理解这些策略的原理和方法的基础上，根据自己的需求和市场情况进行相应的调整和优化。

此外，本书还将帮助读者克服对编程的恐惧，特别是使用Python进行交易策略回测的技能。编程并不像大多数人想象的那么难，一旦您掌握了一些基本的编程技能，就可以自己完成工作，不再依赖专家的帮助。书中，作者向广大读者展示了如何安装和设置Python，并演示一些简单的代码以加深读者对其工作原理的理解。

虽然Python作为一种特殊编程语言在金融和交易领域具有其优势，但请注意，在使用Python进行回测时，可能存在一些功能的变化风险。书中，作者尽力减少这种风险，并为读者提供尽可能稳定和可靠的运用环境。

最后，我希望通过本书的阅读，读者不仅能够掌握趋势跟随交易的基本原理和方法，而且能够运用 Python 进行量化回测，为自己的交易决策提供更加可靠的依据。无论你是对交易感兴趣的新手，还是希望提升交易技能的专业人士，本书都能为你提供有价值的知识和实用的工具。

祝你在阅读本书的过程中收获良多，愿你的交易之路越走越顺利！

庄庆鸿

2023 年 11 月 6 日

Contents 目录

第一章 | 关于本书 ············ 001
本书中的交易策略　　002
如何阅读本书　　003
本书是如何写成的　　004
程序是如何编写的　　004
支持　　005

第二章 | 系统交易 ············ 006
交易方法验证　　006
科学方法　　007
方法的一致性　　008
时间管理　　009

第三章 | 开发交易模型 ······ 011
模型的目标　　011
规则和变化　　013
处理数据　　014
资产类型　　015
投资范围　　016

资产配置和风险级别　　016
进场规则和离场规则　　017
再平衡　　017

第四章 | 金融风险 ············ 019
量化风险　　019
逐日盯市　　021
常见的风险谬论　　022
以风险为代价取得回报　　025

第五章 | Python 介绍 ········ 028
学习须知　　028
Python 成为合乎逻辑的选择　　030
编程教学方法　　031
在你的计算机上安装 Python　　032
让我们运行一些代码　　033
使用 Jupyter 记事本工作　　038
字典查找　　039
条件逻辑　　041

常见的错误	042
安装程序库	044

第六章 | Pandas 程序库介绍 …………… 047

文档和帮助	052
简单的 Python 模拟	056
制作相关性图	061
绘制更美观的图表	066

第七章 | 交易策略回测 …… 075

Python 回测引擎	077
Zipline 与 Quantopian	078
优点和缺点	079
Zipline-Reloaded 程序库	080
Zipline 及数据	082
摄取 Quandl 集束	083
安装有用的程序库	086
在哪里编写回测算法	087
第一次 Zipline 回测	088
投资组合回测	094
本书使用的数据	103

第八章 | 回测结果分析 …… 104

安装 PyFolio	104
分析投资组合算法	105
使用 PyFolio 分析策略表现	111
自定义分析指标	118

每日快照	122
自定义时间序列分析	125

第九章 | 交易所交易基金 …… 132

优秀的 ETF 基金	132
较差的 ETF 基金	133
最差的 ETF 基金	138
做空 ETF 基金	144

第十章 | 构建 ETF 模型 …… 146

资产配置模型	147

第十一章 | 股票 …………… 153

最难的资产类别	153
关于方法论	155
股权投资的范围	155
股息	157

第十二章 | 系统动量策略 …………… 159

复制这个模型	159
动量模型规则总结	160
投资范围	161
动量排名	162
配置头寸	168
动量模型逻辑	170
下行保护	172
动量模型源代码	174

模型表现 189
动量模型结果 190

第十三章 | 期货 194

期货基础知识 195
期货机制与术语 196
期货与外汇敞口 200
期货和杠杆 200

第十四章 | 期货建模及回测 202

延展序列 205
Zipline 延展序列 208
合约、延展序列和滚动 209

第十五章 | 期货趋势跟随交易 212

趋势跟随原则 213
重温核心趋势模型 215
模型目的 215
投资范围 216
交易频率 217
配置头寸 217
进场规则 221
离场规则 222
成本和滑点 223
流动资金利息 223
趋势跟随模型源代码 224

趋势跟随模型结果 243

第十六章 | 时间回报趋势跟随模型 247

投资范围 248
交易频率 248
配置头寸 248
交易规则 249
动态表现图表 249
时间回报趋势跟随模型源代码 251
时间回报趋势跟随模型结果 258
再平衡 263

第十七章 | 反趋势交易 264

反趋势模型逻辑 265
量化回调 267
规则总结 268
反趋势模型源代码 269
反趋势模型结果 276

第十八章 | 曲线交易 280

期限结构基础知识 281
量化期限结构效应 283
曲线模型逻辑 285
曲线模型源代码 287
曲线模型结果 298
模型思考 300

第十九章 | 比较和组合模型…… 302

组合模型　　　　　　　　305
实现多模型投资组合　　　307

第二十章 | 回测表现可视化与模型组合……… 309

存储模型的结果　　　　　309
如何进行模型表现分析　　310
如何进行多模型投资组合分析　317

第二十一章 | 你不可能一直是赢家…………… 322

泡沫先生来到华尔街　　　324
问题在于指数　　　　　　330
发现泡沫先生　　　　　　332

第二十二章 | 测量相对表现（特邀章节）…… 338

第二十三章 | 导入数据 …… 354

创建一个集束　　　　　　355

Zipline 和期货数据　　　　367
期货数据集束　　　　　　369
修补框架　　　　　　　　381

第二十四章 | 数据和数据库………… 383

创建自己的证券数据库　　385
安装 MySQL 服务器　　　386
制作股票时间序列表　　　388
填充数据库　　　　　　　389
查询数据库　　　　　　　397
制作数据库集束　　　　　400

第二十五章 | 结束语——前进的路径………… 406

构建自己的模型　　　　　406
其他回测引擎　　　　　　407
如何在市场中赚钱　　　　408

本书所使用的软件版本……… 410

致谢…………………………… 416

第一章
关于本书

本书将指导你循序渐进地熟悉 Python、配置本地量化建模环境以及构建和分析交易策略。虽然本书无论在 Python、回测或交易方面都难言精深，不会让你在其中任何一个领域成为专家，但它会为你在所有领域打下一个坚实的基础。

在处理交易策略回测这类复杂的问题时，过程中每一步都可能有多种实现方式，但本书并不试图包含实现 Python 交易策略的所有方式。像那样的一本书文本量还要比本书多几倍。尤其是，那样的话，将会吓跑很多我所谈论内容的目标读者。

我写作所有书的宗旨都是让看起来很复杂的主题更平易近人。我想把大多数人望而生畏的主题用新手能够理解和吸收的方式进行解释。

2013 年，我的第一本书《趋势交易》(*Following the Trend*) 正是基于这个前提创作的。我从事对冲基金趋势交易已有多年，但当我意识到围绕着这类交易策略有那么多神话和误解时，我大吃一惊。当我决定写一本书来解释简单的交易策略时，我没有想到它会在全世界受到如此热烈的欢迎。能以一本世界范围内的畅销书作为开端非常有趣，而我比任何人都惊讶于这本书受欢迎的程度。

2015 年，我的第二本书《趋势永存：打败市场的动量策略》(*Stocks on the Move*) 是在回答"趋势交易策略能否用于股票"这个常见的问题的过程中得到的一些结果。对于这个问题，我最初本能的回答是"当然可以，但你需要稍微调整一下交易的规则"。再经过一番思考之后，我意识到股票动量模型（Equity

Momentum Model）与趋势跟随（Trend Following）模型的区别之大从而需要将它归类为一种不同的策略，而关于这个主题本身就足以写成一本书。鉴于此，这本《动量策略》诞生了。

在前两本书中，我尽力让所有主题都容易理解。这两本书不仅容易理解，而且对细节解释清晰，让每位读者都能够复制这些策略。我研究了低成本的软件和数据，确保它在每个人的预算之内，而且读者可以重新构建交易策略、进行回测，这样我的主张都能得到验证。

多年来我收到了很多走完全部流程、复制和测试交易策略的读者的来信，真是太好了！但也有很多读者来信说缺乏回测所需的技术能力。许多人使用的回测软件对于严肃的投资组合模型来说过于简单，而且不知道从哪开始设置一个稳健性更好的环境。

鉴于此，写作本书的想法诞生了。本书的重点是让读者都可以对交易策略进行量化回测。

本书中的交易策略

这不是一本将1000美元一周内变成百万美元的超级交易策略秘籍。尽管这本书中有很多聪明的交易策略，但这并不意味着这些交易策略是最前沿的、革命性的。我想大多数读者会学到一些关于交易模型的有趣的事情，但那不是本书的主要目的。

为了教你如何使用Python进行测试，我需要展示一些用于测试的交易想法。我会展示几个交易模型，希望对你有所帮助。你会看到不同复杂程度的ETF、股票和期货的完整交易模型。我会将这些交易策略作为工具来解释你需要什么样的能力以及如何实现这些交易策略。

我常强调本书中所展示的交易策略只是教学工具，而不是让你出去交易用。我会在书中再重复几次。我非常不鼓励任何人复制别人的交易策略然后盲目地使用这些策略进行交易。但这毕竟是本书的切入点。

我的建议是，你应该阅读别人的交易策略，借鉴它们，构建合适的回测环境并对策略进行建模，然后弄清楚你喜欢什么、不喜欢什么。修改你喜欢的部分，找到方法将它们融入你自己的方法中，并想出方法来提高你的交易水平。

你需要自己构建模型以完全理解模型，只有理解模型才能完全信任它们。本书将给你必要的工具和技能集来做到这一点。

如何阅读本书

如果你下定决心认真学习交易策略的量化回测，那么这本书应该是你想花相当多时间阅读的首选。对于许多书来说，只要从头到尾读一遍，内容就很容易消化。我之前的书可能就是这种情况，每一本书都只传递少量的关键信息，并对它们进行了大篇幅的解释。

与我以前的书不同，本书有相当多的源程序代码。我的指导原则是，任何对计算机与交易有一定了解的人都应该能够理解和吸收本书的内容，而不需要任何事先的编程知识。

但我也假设，没有编写程序代码经验的人可能需要把本书翻看好几遍，并在附近找一台电脑来尝试代码样例。

这是一本实用的书，没有什么能代替你自己去尝试。

我的建议是，你先把整本书从头到尾读一遍。这样能给你一个很好的主题概览，而你会发现哪些领域是你最感兴趣的。

如果你对 Python 不熟悉，可以从本书前面比较简单的示例开始。确保你理解了基础知识后，再开始着手深入的部分。

从技术的角度来看，本书中最困难的部分是让你把自己的数据导入 Zipline 回测模块，以使你能够基于这些数据进行回测。我会尽力让这一部分对你来说越简单越好，但其中也会有很多你可能出错的地方。

我这里最重要的建议是不要放弃。最初的学习曲线可能稍微有些陡峭，但有价值的东西通常不会轻而易举地获得。不要被这些技术词汇和看起来可怕的程序吓倒。当然，对于大多数读者来说，学习这些需要花费一些工夫，但实话实说，任何读者都能学会。

本书是如何写成的

我的目的是给读者一个循序渐进的指导，引导你从零技术知识开始，到你拥有构建复杂量化交易策略的技能集为止。

本书是一个实用的指南，我的设想是，大多数读者读完本书或其中一个章节，会走到电脑前，尝试他们读过的内容。

本书写得很有条理，至少在你读到更高级的章节之前是这样。每一章都假定你已经获得了前一章的知识。这意味着，除非你已经精通 Python，否则最好还是尽可能按顺序阅读本书。

程序是如何编写的

程序代码就像写书一样，有不同的编程风格和不同的编程目的。本书的代码写得清晰易懂。它可能并不是最有效的编码方式，或者执行速度最快的方式，但这些都不是重点。重点是方便学习。

通常有一些任务可以用多种不同的方式完成。我尽可能地选择一种方式并坚持使用，而不是描述所有可能的解决方法。

如果你想深入了解 Python，还可以阅读其他优秀的书籍，如《利用 Python 进行数据分析》（McKinney, *Python for Data Analysis*, 2017）或《Python 金融大数据分析》（Hilpisch, *Python for Finance*, 2018）。而如果你对系统交易感兴趣，你应该阅读一下《系统化交易》（Carver, *Systematic Trading*, 2015）。

本书是这些思想的集合体，但对上述主题相对没有那么深入。本书的目的是给你实用的技能，将这些主题结合起来，并获得切实的成果。

本书包含了相当多的源代码。你将在本书中看到，所有程序代码都使用不同的字体和背景突出显示，以便与描述性文本区分开。

支持

我努力让自己平易近人。自从我的第一本书出版以来,我非常高兴收到大量的电子邮件。我认识了来自世界各地许多有趣的人,并与他们中的不少人保持联系。

但当我开始写这本书的时候,我担心一件事,那就是它可能会导致那种寻求技术建议、代码、调试等方面帮助的邮件。我恐怕得说,我没有时间在这些事情上帮忙。如果我这样做了,我就会被困在全职调试其他人的代码这件事上。

如果在技术问题上我无法帮助你,请予谅解。我很喜欢和所有的读者交流,但我恐怕不能提供个人支持。我希望得到你的理解,我将尽我最大的努力在本书中涵盖你需要的所有内容,并及时在本书网站更新勘误表和相关文章。

第二章
系统交易

　　这是一本关于系统化交易（Systematic Trading）的书。系统化交易是指使用计算机进行建模、测试和执行如何进行交易的数学规则。与这个领域中一些新手的看法相反，这种工作方式并非捷径。实际上，建立具有预测价值的坚实数学模型，是一项艰巨的任务，需要你努力地工作和研究。然而，这种工作方式可以测试你对市场的见解，尤其是，它可以测试你的交易想法在过去的表现如何。

交易方法验证

　　进入系统交易和量化建模领域的一个很好的理由是，验证你的想法，或者其他人的想法。你看过的一些书或网站可能告诉你，当一些指标达到某个值时，比如线的交叉或类似的事情，你就应该买入。也许这是一种有效的方法，也许不是。你可以通过在这些规则上下注来找到答案。或者，你可以将它们构建成一个交易模型并对其进行测试。

　　当你第一次以这种方式测试想法时，它会让你大开眼界。你可能会意识到的第一件事是，大多数这样的建议只是拼图游戏的一小部分，或者它们可能很难，甚至不可能变成坚实的交易规则。

　　不管你是否想走完整个过程、实现系统交易规则，测试和验证想法的能力都是非常有价值的。许多市场参与者依赖有关市场如何运作的陈词滥调和所谓的常识，而从不费心去验证这些想法。

就拿"五月卖出离场"（Sell in May and go away）这句老话来说吧，人们普遍认为市场在冬季表现最好。我们不需要对系统交易有更深入的了解，就能发现这种方法是否有价值。

你可能听过的其他"智慧"包括，你应该如何长期持有70%的股票和30%的债券，在10月份永远不要持有股票等。读完本书后，你应该有一个足够的工具箱，来验证你可能听到的任何这样的想法。

拥有测试想法的这种能力，也有助于你提升批判性思维。一旦你理解了测试一个想法需要什么、组成一个完整的交易模型的逻辑部分，以及你需要整理的细节，你将能很快判断出提出的交易方法是否可以建模。这将帮助你理解，别人的建议是一个完整的方法，还是只是方法的一小部分。

一旦你开始以这种方式思考，并寻找将他人的文本转换成交易规则的方法，你就会开始对宣称的各种市场方法进行更具批判性的思考。许多看似基于数学原理的市场研究方法，一旦你开始围绕它们构建模型，就会发现它们无法量化。如果你尝试用一种可测试的方法将斐波那契（Fibonacci）或艾略特波浪（Elliot Wave）的想法实现，你会发现自己陷入了一个无底的逻辑深渊，深渊的中间还漂浮着一个瓷茶壶[①]。

科学方法

系统交易追求科学的交易方法。我的意思是"追求"，学术研究人员会对大多数系统交易者走的捷径提出异议。作为交易从业者，系统交易者不是在从事寻求真理的事业，而是在赚钱。有时，这可能意味着，一些科学原则可能会被缩

[①] 来源于美国哲学家伯特兰·拉塞尔提出的茶壶论证，指的是一个思想实验，用于说明科学理论的验证性问题。他设想一个在太空中飞行的茶壶，此茶壶既不能被观察到，也不能被推翻其存在的可能性，因为找不到证据去证明或反驳其存在。这个例子提醒我们，科学理论需要能够被证明或反驳才能被认为是科学有效的。而茶壶这个例子正是暗示了某些科学理论可能纯粹是主观想象而非客观存在的。——译者注

减,但重要的是要保持这些原则的完整性。

在科学中,先形成假说,然后设计测试验证假说。默认情况是任何给定的假说都是错误的,需要测试来试图证明假说的正确性。如果测试不能证明我们的假说是正确的,假说就会被拒绝。

这是直觉交易和科学交易的关键区别。如果你的想法不能论证现实世界中的结果,你要抛弃自己的想法,重新评估自己的信念。

为了做到这一点,你首先需要将你的假说的每一个方面形成坚实的规则。这本身就是一种有价值的技能,能够将你的想法分解成逻辑构件。

下一步,是为这些规则构造一个测试。为此,你需要一个能够测试规则的回测环境。你还需要相关数据,并确保这些数据是正确、干净的,适合于测试你的想法。测试可能相对简单、便宜,也可能有点棘手,这取决于你选择的资产类别、时间框架和复杂程度。

当构建和执行你的测试,也就是所谓的回测时,你应该始终保持怀疑的心态。你默认思维方式应该是找到拒绝规则的方法,显示它们没有增加价值,应该被丢弃,而你需要重新开始。

另一种工作方式,即找到显示规则价值的方法,则简单一些。如果你故意尝试构建测试来显示你的规则有多聪明,那么你的自我确认偏见将推动你接受那些不太可能有预测价值的想法。

回测是对历史价格序列应用一套交易规则的过程,以研究如果你在过去进行了这些交易,理论上会发生什么。本书将详细介绍如何使用 Python 设置这种回测环境,以及如何编写代码来测试历史业绩。

然而,本书不会深入到利用科学原理来构建交易模型的各个方面。这是一个庞大的主题,需要另一本书来完成。幸运的是,这样的书已经存在了——《系统化交易》(Carver, *Systematic Trading*, 2015)。

方法的一致性

交易常常会让人精神疲惫。自主交易(Discretionary Trading)需要持续的关注，并且在很大程度上取决于你在任何特定的一天中的精神和情绪状态。外部因素很容易影响你的交易表现。如果你有感情问题，或者如果你爱的人有健康问题，甚至如果你最喜欢的足球队刚刚输了一场重要的比赛，你可能会发现你的脾气或者注意力不集中，会极大地影响你的表现。

情绪也是与你的交易直接相关的因素，它让你的思维变得不清晰。例如，如果你刚刚遭受了巨大的损失，你可能发现自己会试图让市场把钱还给你，或者通过更激进的交易来证明自己和自己的能力。当然，亏损也可能让你变得胆怯，交易更加谨慎，或者干脆不交易。这取决于你的性格。

在市场低迷时期，这种现象会影响我们大多数人。当新闻播报器上出现大标题，导致价格暴跌，并出现剧烈的盘中波动时，大多数人都会赔钱。大多数人每天都在沮丧、恐惧或肾上腺素飙升的情形中度过。对于大多数人来说，这并不是一个做出重要决定的好心态。

虽然某些性格类型的人在市场危机引起的高压环境中茁壮成长，但大多数人在这种情况下会做出非常糟糕的决定。

这就是系统交易真正的亮点。它通过提供明确的规则，消除交易中的情感因素。如果你的工作做得很好，建立了可靠的交易规则，你只需让系统做事。

当市场崩溃，你周围的人都陷入恐慌时，你可以平静地继续遵循规则，因为这些规则已经在这种市场环境下得到了测试，你知道会发生什么。没有必要在遭受打击的情况下，做出草率的决定。要做的只是遵守你的规则。

即使在更加正常一些的市场环境下，你也可以通过有规则的、系统的方法实现更一致和更可预测的表现。你能否获得更高的回报，当然是一个与此完全不相关的问题。

时间管理

大多数系统交易者不需要整天坐在屏幕前看着市场。虽然这并不一定意味着他们可以整天待在海滩上，但他们通常可以更自由地规划他们的日程。

整天盯着图表看，会让人上瘾。如果你进行短线交易，并根据你在市场上看到的情况来做决定，那么你可能需要整天坐在彭博社或路透社的行情终端前面。如果考虑到全球市场交易和交易所的营业时间，这可能意味着你永远不能真正下班。

许多系统交易员工作很辛苦，工作时间很长，但你有更大程度的灵活性。如果你的目的是交易你自己的个人账户，你可以制定每天、每周甚至每月交易的规则。这可以让你把交易当作一种爱好，同时保持你的日常工作。你可以制定适合自己时间表的交易规则。

大多数系统交易者手工执行他们的交易，特别是在业余交易领域。也就是说，即使规则是精确的，并且遵循所有的交易信号，进行交易的任务仍然是你要自己完成的。以这种方式工作并没有什么错，只要你能阻止自己凌驾于那些经过考验的规则之上。

例如，你可能有一个每天在交易所开市时进行交易的交易模型。你的交易模型生成当天的交易列表，你在每天工作之前将订单发送到市场中。这是业余交易员在长期交易模型中常用的方法。

当你更为先进后，你甚至可以自动化你的交易，让你的代码直接把订单发送给经纪人。这会非常方便，并允许你更快地进行交易，但它也会带来代码故障的额外危险。如果小数点错了，你最终会有十倍的敞口。这可能会让你开心，也可能很快毁掉你的生活。在你真正知道自己在做什么之前，不要走自动化路线。

在此背景下需要理解的重要一点是，即使你的模型是自动化的，它也不应该是无监督的。训练一个算法为你交易，然后去度假，回来后发现你的账户上有几百万美元，这是一个很有诱惑力的想法。

把交易模型留在它的运行设备中，让它在无人监督的情况下进行交易，这并不是一个好主意。电脑只和编程的人一样聪明，通常甚至没有那么聪明，因此要持续监控自动交易模型。

第三章
开发交易模型

交易策略（Trading Strategy）可以分解为一系列构件（Component）。这些构件通常是策略的一部分，也是策略所必需的。如果不关注所有这些构件，很可能会导致一个有缺陷的、不良的模型。

人们往往只关注其中的一个构件，而忽略了其他构件。人们似乎最关注的是进场方法（Entry Method），即如何决定开仓时机。

事实上，进场方法在各种类型的策略中的重要性有很大差别。对于某些类型的交易策略，进场方法是非常重要的；而对于其他一些策略，这并不重要。例如，对于一个长期趋势跟随模型（Long Term Trend Following Model），准确的进场方法和时间不是很重要。相反，对于短期均值反转模型（Short Term Mean Reversal Model），进场方法至关重要。

模型的目标

诚然，你的模型需要有一个目标，但这个目标不是"赚钱"。任何有价值的交易模式都是为特定目标而设计的，并通过交易特定的市场现象实现特定的目标。如果你不知道你的模型的目标是什么，很可能你得到的只是一堆混杂在一起的各种指标，直到模拟显示出一些积极的回报。一组过度优化的规则，在现实中很可能失败。而一个可靠的模型，交易真实的市场现象，目标是获取特定类型的回报。

你真正想要避免的，是我所说的"偶然模型（Accidental Model）"。据我所知,很多非专业人士开发的模型,实际上都是"偶然模型"。

一个"偶然模型"产生的原因是,你在开始的时候没有事先的计划。当你的目标只是找出一些赚钱的模型时,你将一些指标放在一起,调整设置,运行优化器,切换指标、数值和工具,直至匆忙得到了一次回报强劲的回测。

构建一次回报强劲的回测并不那么困难,关键在于找到能预测未来价值的模型。如果你只是对算法的设置进行试验,直到结果看起来不错,那么你所做的就是将算法与已知数据进行匹配。这没有任何预测价值,也不太可能继续从实际的数据中获得有吸引力的回报。

一个恰当的交易模型需要从一个市场行为理论开始。它需要在交易的市场现象中有一个明确的目标、一个存在的理由。

我必须承认,当我第一次被告知这个想法时,我认为它是废话。我记得那是在20世纪90年代中期的某个时候,有人告诉了我这个想法。这听起来像是废话。毕竟,我当时对市场的全部信念就是,只要找到交易系统指标和设置的正确组合,就能迅速致富。如果说当时我有一个关于可被利用的市场行为的理论,这个想法似乎有点牵强。

如果你的第一反应和我当时一样,也不必担心。你会理解的。

有两种常见的方式来看待模型的目标。对于那些尚未在金融行业工作过的人来说,其中一种方式可能会让他们感到惊讶。

第一种方法相当直接,你可能也会想到。这种方法从你在市场上观察到的,或者是你读到的某种理论开始。现在你想测试它是否真的有效,制定数学规则来测试这个假设。大多数成功的交易模式都是这样开始的。

第二种可能令人惊讶的方式是,基于一种感知到的需求或商业机会。全职从事交易算法开发工作的人可能无法想象自己想要的任何东西。你可能会得到一个基于公司需求或公司认为的市场需求而制定的特定简报。

举例来说,这个简报可能是构建一个只做多的、持有期足够长的股票模型,以满足缴纳长期资本利得税所需的资格,同时要与现有股票策略的相关性较低,并有一个下跌保护机制。或许,这个简报的目标是研究与我们进行竞争的资产管理公司似乎正在扩展的一种策略类型,看看我们能否参与这些资产配置的竞争。

通常情况下，交易模型的回报潜力可能不那么重要。模型的目标可能只是为了实现与当前使用的方法接近零或负的相关性，同时规模能够扩展到数亿美元，并且最好每年有一个适度的预期正回报率。这样的模型可以极大地提高大公司经营的多元化，从而提高公司资产的整体长期表现。

特别是在较大的量化交易公司，模型简报可能始于业务需求。它不是要寻找一个产生最大回报的方法，因为那样很少有商业意义。

在量化交易行业内，从零开始，没有特定的要求，只是要求提出一个能赚最多钱的模型，这种投资主题非常少见。这个行业的道理与其他行业类似。在汽车行业，没有必要每个人都试图制造比布加迪更快的汽车，而需求量更大的可能是现代品牌汽车。

不管怎样，在开始考虑交易规则或数据之前，你都需要先制定一个计划。

规则和变化

一般来说，你应该以尽可能少的规则和尽可能少的变化为目标。

一旦形成了一个模型目标，你就需要弄清楚如何用交易规则来阐明这个目标。这些规则应该尽可能简单、尽可能少。稳健的交易模式，即那些长期有效的模式，往往会使事情简单化。

你增加的任何复杂性都需要付出代价。你应该将复杂性视为一种本质上的不利因素，需要证明其存在的必要性。你想要添加到模型中的任何复杂性，都需要有明确且必要的好处。

此外，你添加的任何复杂性或规则，都需要有一个现实的解释。你不能仅仅因为规则似乎可以提高回测性能就添加它。规则需要符合模型目标的逻辑，并在实现该目标时发挥明确的作用。

有了一套测试你的市场理论的规则后，你可能想要尝试一些变化。请注意，测试模型的变化和优化之间有着天壤之别。

举个例子，假设你想测试均值回归类型的策略。你认为，当一只股票的价格跌破 60 日线性回归线 4 个标准差时，它往往会再次反弹 2 个标准差的高度。

现在已经有了多个参数。建模和测试这些规则是一项相当简单的任务。你可以尝试一些模型的变化，也许可以使用 30 或 90 天回归或改变目标反弹高度来预期反弹 3 或 5 个标准差。

像这样做一些变化是有用的，既可以测试参数的稳定性，也可以实际应对规则的一些变化，以减少过度拟合的风险。

你不需要做的是，运行一个优化器来计算最佳的进场点位是比 73 日回归线低 3.78 个标准差，反弹目标是 1.54 个标准差。这样的数据毫无用途。

优化器会告诉你过去的最佳参数是什么。它们还会让你产生一种虚假的安全感，让你相信它们有任何预测价值，而实际并非如此。

跳过优化，但使用合理的、有意义的数字对规则做一些改变。

处理数据

如何使用数据来制定交易策略、测试策略和评估策略是一个有争议的话题。它本身也是一个值得用整本书来描述的主题，但本书并不打算深入探讨这个主题。

在此背景下，有几件事需要理解。最重要的是要理解，你在一组时间序列数据上测试的策略越多，你的测试就会越有偏见。无论有意识与否，你都会将模型与过去的数据相匹配。

一个简单的例子是对 2008 年的处理。如果你正在开发长期股票模型，你很快就会意识到，在 2007 年之前似乎很有用的模型，在 2008 年将突然出现大幅下跌。那是一个多事之秋。如果有读者年龄太小，还没有意识到这一点，我只能说你们很幸运。

所以，现在你可能只是在模型中加上某种过滤器来避免这可怕的一年。这种过滤器可能在早些年降低了盈利能力，但从长远来看，它带来了回报。

这是布朗运动（Brownian Motion）的一个很好的例子。

为处理 2008 年而添加一个特定的规则，使你的回测看起来很棒，但它可能会构成过度拟合。这份模拟的"业绩记录"，如果你这么称呼它的话，将会显示你在这异常艰难的一年里会有惊人的表现。但是，你真的愿意这么做吗？

如果该模型是在那一年之前开发的，你可能就不会考虑到全球金融体系几乎崩溃的可能性。

虽然有各种各样的方法来减轻这类错误的风险，但最简单的方法是使用数据序列的一部分进行拟合，而另一部分用于测试。也就是说，你只使用时间序列数据的一部分来开发规则，当你完成时，可以在未使用的部分上测试规则。

这是一个我建议你深入研究的主题，但这个主题如果我讲得太详细，就会占用本书太多篇幅。此外，罗伯特·卡弗（Robert Carver）已经写了一本很棒的书《系统化交易》，比我更好地涵盖了这个主题。

资产类型

在对资产进行分类时，可以采用不同的视角。例如，主要的资产类型是股票、债券、外汇和大宗商品，这也非常合理。对大多数市场参与者来说，这种划分资产类型的方式也最有意义。

但是，对于系统量化交易员来说，另一种定义可能更实用。当我们面对不同的市场时，我们可以用不同的方式对它们进行分组。对资产类型进行分类的另一种方法是，考察用于交易这些资产的金融工具类型。对于系统交易者来说，金融工具的类型往往比基础市场的属性更重要。

这一点在期货交易中尤其明显。你很快就会看到，你可以以一种统一的方式交易任何期货。从机制的角度来看，期货与股票表现非常不同。这种差别在建立交易模型时是非常重要的。

外汇领域也是这一概念的有趣示例。你可以交易现货外汇，也可以交易期货外汇。实际上其基础资产是相同的，但这两种金融工具的机制非常不同，需要以不同的方式建模。

因此，资产在本书的背景下是基于金融工具的机制进行分类的。

在本书中，我们主要讨论股票和期货。这其中有两个原因，而且是不谋而合的。首先，本书中介绍的回测软件只支持这两种资产类型。其次，这些恰好是我个人更喜欢的，也最有经验的资产类型。

投资范围

投资范围就是你计划交易的一系列市场。对于你的交易策略来说，这是一个非常重要的考虑因素。本书的假设是，你的目标是交易一系列市场，而不是单一市场。在单一市场交易通常不是一个好主意，大多数专业级别的策略都被设计成投资组合策略。

如果你的交易是从选择单一市场开始的，那么你已经做出了最重要的决定。当有人打算在道琼斯指数中建立一个捕捉牛市行情的伟大模型时，他已经限制了自己。也许他设计的策略很好，但这个特定的市场可能在未来几年表现不佳。所以，分散投资才是正确的选择。在多个市场应用你的交易策略，成功的概率会大大提高。

如何选择投资范围是非常重要的。大多数人有意识或无意识所做的，是选择那些最近表现很好的市场。

投资范围的选择对不同的资产类型有不同的作用。每种资产类型都有独特的问题和解决方案。你将在本书的每种资产类型的章节中看到细节。不过要记住的一点是，在这方面最可能出现灾难性错误的是股票。

资产配置和风险级别

配置是指你想分配给某个对象多少风险。这个对象可以是一个头寸、一个交易模型、一个交易模型的变种或一个投资组合等。这是一个比简单的确定头寸规模更广泛的话题。

最终，你想要回答的问题是应该持有多少某种资产。你得到答案的方法可能相当复杂，有许多构件在起作用。

当你考虑采取何种配置方式时，你需要考虑风险。我说的风险，是指这个术语在金融中的含义。这是一个经常被散户交易者误解的概念。

本书第三章将更多地讨论金融风险这个重要的话题。如果你想从业余交易转向专业领域，最重要的一点是要理解风险及其与配置的关系。

本书中的模型将寻求机构资产管理认为可接受的范围内的风险水平。它们的目标是获得值得费心、有足够吸引力的回报，同时将风险状况保持在可用于专业设置的水平上。

另一方面，如果你正在寻找更刺激的东西，我建议你看看《杠杆交易》（Carver, *Leveraged Trading*, 2019）。是的，这是对同一位作者的第二次推荐。我真的很喜欢他的书。

进场规则和离场规则

这是大多数人在设计交易模型时想到的第一件事。这是最明显的部分，但不一定是最重要的部分。

诚然，任何交易模式都需要规则来规定何时开仓和何时平仓。对于某些类型的策略，这些事件发生的准确时间可能是至关重要的。但也有一些策略，通常是长期策略，其中确切的进场点位和离场点位是次要的。

说进场规则和离场规则不重要，这是不公正的。但要记住，它们不是策略中唯一重要的部分。许多基于投资组合的模型，更多地依赖于在任何给定时间你持有的头寸组合，而不是你具体在什么时候开仓。

再平衡

再平衡（Rebalancing）是交易模型中经常被忽视的部分。虽然对许多短期交易模型来说它不是必要的，但它可以对持有时间较长的模型产生重大影响。

再平衡就是维持一个理想的配置。如果你被邀请查看一个系统交易公司的流水账，你可能看到交易的笔数比预期的要多。即使是长期趋势策略，你也会发现头寸规模经常调整，甚至每天都在调整。来来回回有很多小的变化，但没有明显的原因。

你可能看到一个多头头寸，在一年中的1月份开仓，在9月份平仓。但在这些时间点之间，可能有大量较小的交易，使头寸规模上下变化。你可能想知道是什么导致了这个头寸的增加或减少，但没有发现事情的本质。

这些交易是再平衡交易，旨在保持期望的风险水平。它们并没有改变头寸，只是维持头寸配置。记住，大多数专业交易模型的目标是，在一个头寸上保持一定大小的投资组合风险。风险计算与金融工具的波动性和投资组合的规模相关。这些都不是一成不变的。

当市场波动性发生变化，或者你的投资组合由于其他头寸的变动而整体发生变化时，你的头寸的风险就会发生变化，就需要做出调整，以保持相同的风险水平。这就是再平衡的意义所在。

当然，并不是每个模型都需要再平衡。但是，即使你决定不进行再平衡，你仍然应该理解再平衡的概念和含义，以及不进行再平衡的原因。

第四章
4 金融风险

金融风险是指单位时间内潜在的价值变化。

上面这句话非常重要，值得单独写一段。在金融行业工作的人都非常清楚，风险是一个非常基础的概念。如果你有金融专业的大学学位，或者你在这个专业领域工作过，这一点对你来说应该了如指掌。

然而，不幸的是，风险的概念在业余交易者中经常被误解和误用。大量针对业余交易者的书籍和网站混淆了风险的概念，并继续滥用这个术语，推广基于赌博、数字命理学和伪科学的方法论。

在这一章中，我将试图解释风险在金融语境下的含义，以及如何测量风险并用于系统交易模型，最后解释这个术语通常被误用的方式和可能造成的危险。但首先，我们再来看看这个关键的句子：金融风险是指单位时间内潜在的价值变化。

量化风险

量化风险最常用的方法是测量历史波动率。波动率（Volatility）这一术语与资产在一定时期内趋向于上下波动的幅度有关。例如，你可能会得出这样的结论：过去几个月，微软公司股票的价格平均每天波动约 0.5 个百分点，而特斯拉公司股票价格每天的波动是这个数字的两倍。

这意味着特斯拉公司的股票价格比微软公司更不稳定，但它是否更有风险取决于你在这只股票上投资了多少钱。如果微软公司股票价格的波动恰好是特斯拉公司的一半，那么在理论上，如果你在微软公司的投资是特斯拉的两倍，将会获得同样的风险水平。理论上，你会看到在两支股票的投资每天都将有相同的价值变化。

这就是如何看待金融风险的简单方法。

在我冒犯真正的金融风险专家（尤其是我的爱人，她就是一位金融风险专家）之前，我应该指出，金融风险可能是一个极其复杂的话题。如果你是一名风险经理或风控人员，管理着更大的投资组合或多个投资组合，甚至整个银行，那么风险可能需要很多高深的数学计算。但这超出了本书内容的范围。本书涵盖的风险只涉及交易单一或少量的投资组合。

从时间这个角度来看，最重要的是要理解风险就像回报一样，总是包含时间因素。在不知道时间窗口的情况下，如果你将得到10%的回报，不可能说它是好还是不好。一个月10%，一年10%，或者十年10%有天壤之别。

风险方面也是如此。一天损失2%与一年损失2%，风险是不一样的。这就是为什么我们使用资产的历史波动率来衡量它们的每日涨跌幅，以计算风险敞口。

你只要理解这个概念，即风险与单位时间内的潜在价值变化有关，那么你已经从业余交易的思维方式提升了一大步。

当然，这个简单的概念还有一些潜在的复杂因素。虽然我不会详细讨论这些因素，因为它们本身就足以写成一本书，但我还是会简要地解释相关的内容。

第一个问题就是相关性。当你开仓多个头寸时，你应该考虑到这些头寸之间的相关性。如果你持有两支相似的股票，它们之间的相关性很高，那么你就是在增加相同或相似的风险因素。

与此相反，如果你持有一只股票和一种商品，它们可能完全不相关，同时持有两者比只持有其中一种风险更低。如果这对你来说过于复杂，你不用担心，本书中我将通俗易懂地进行讲解，而不是深入到协方差矩阵分析等复杂话题。

第二个问题是使用近期波动率来预测未来波动率。这种联系并不总是有效。这意味着，有时未来的波动率可能与过去大不相同。或者，简单来说，没有一成不变的事物。

但总的来说，使用历史波动率来估计未来波动率，利大于弊。

这种波动率的概念也适用于过去。过去的变化情况比未来少一些。以投资组合交易的历史表现为例。仅仅看到投资组合 A 比投资组合 B 表现出更高的回报是不够的。你需要把它放在达到这个业绩目标而承担多大风险的背景下，要考虑回报的波动性有多高。

这就是为什么夏普比率（Sharpe Ratio）仍然是最常用的比较方法之一。夏普比率等于总回报减去同期的无风险利息，再除以标准差。

逐日盯市

"逐日盯市"（Mark to Market）这个术语指的是，在考虑所有已知因素的情况下，以当前的市场价格来评估资产的价值。这似乎是一个显而易见的概念，但它往往被那些未接受过金融教育或缺乏市场经验的人所忽视。

你的持仓以及整体投资组合，应该始终按照当前的市场价格来计算价值。这并不像看起来那么复杂，但最好还是解释一下，因为有些人违反了这条规则。

人们似乎喜欢以赌博来类比。一个人走进赌场，在 21 点的赌桌上放了 100 美元筹码。打了一圈好牌后，他现在手头有 200 美元的筹码。在他看来，他现在是在用银行的钱在玩。他可以输掉 100 美元，也不会有损失的风险。

但事实并非如此。他把钱翻倍后，按市场价格计算的投资组合的价值是 200 美元。如果他在离开前输了 10 美元，他会得到 190 美元。这相比于他刚坐下来开始玩时是盈利的，但与他的峰值市值相比是亏损的。

现在来看下交易中的类似情况。有人以每股 20 美元的价格购买了 500 股 Initech 公司股票，计划在这次交易中最多损失 1000 美元。Initech 公司的股价立即飙升，升至每股 30 美元。现在你的初始头寸的价值，从 1 万美元上升到了 1.5 万美元。然后，股票价格开始一直下跌。最后，股票价格到了每股 18 美元，投资组合价值是 9000 美元，看起来是损失了 1000 美元。

但事实并非如此。这个头寸一度价值 1.5 万美元，因此他损失了 6000 美元。

从估值的角度来看，你是否平仓并不重要。你所持有的头寸的价值乃至投资组合的价值，并不受你是否还有未平仓敞口的影响。当前价值才是真正重要的。如果头寸未平仓，当前价值是基于股票最新市场价格；如果已平仓，则是基于现金收益。

要理解逐日盯市，你需要从投资组合状态的角度来思考。考虑一下你的投资组合的现状，现在价值多少。

常见的风险谬论

我在前一节中使用赌博进行类比并非偶然。赌博类比在写给业余交易者的书中很常见，不幸的是，很多人也以赌博的方式来对待风险。这种方法不仅非常危险，而且往往非常荒谬，忽视了基本的经济学原理。

这些方法通常被统称为"资金管理"。这是一个你不太可能在金融行业听到的术语，但在业余交易领域中却很常见。

在这个领域，一个流行的想法是应用所谓的金字塔加仓法。其前提是，你在成功后增加头寸，因为你现在是在用银行的钱在玩，因此你的风险较低。

如前所述，这违背了风险是什么以及它的内涵这个最基本的概念。我还将在这里展示为什么它没有任何意义。

一名交易员以每股 10 美元的价格买入 1000 股 Pierce & Pierce。几天后，价格平稳上升，现在交易价格为每股 20 美元。这时，我们无畏的交易员决定将他的持仓翻倍，再买 1000 股。股票价格上下波动。几天后交易员发现该股票的价格是每股 25 美元，于是他又买了 1000 手。

这就是金字塔加仓法的一般概念，即增加赢者的头寸，但这毫无意义。金字塔加仓法如图 4-1 所示。

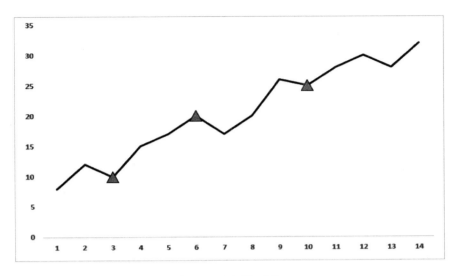

图 4-1 金字塔加仓法

在这个简单的例子中,我们不知道为什么这名交易员决定买 1000 股,但这是开始的持仓。几天后,他的风险增加了一倍,仅仅因为第一个买点被证明是盈利的。

问题在于,你过去的交易缺乏影响未来的神奇能力。你以 10 美元买入的事实不会影响价格从这里向上或向下移动的概率。然而,这名交易员决定将他的持仓加倍。

问问你自己,如果你因为某种原因错过了第一个 10 美元的买点,你会怎么做。当你回来看屏幕时,价格已经是 20 美元了。现在该做什么?你会买 1000 股吗? 2000 股吗?还是放弃交易?

这是一个重要的问题。这又回到了思考现状的重要性,而你对这个问题的回答将表明你是否遵循了金融逻辑。

如果你按照最初的计划,以每股 10 美元的价格进行第一次交易,而现在持股数量翻倍,当前持有 2000 股。从逻辑上讲,如果你错过了第一次交易,现在应该买进全部 2000 股。这是你最终获得与最初预期相同的投资组合状态的唯一方法。

如果你的答案是你应该只买 1000 股或者不做交易，那么你似乎相信自己过去的交易可以神奇地影响未来。这就是金字塔加仓法以及大多数其他所谓的"资金管理策略"的真正问题所在。它们是基于常见的赌博谬论，没有逻辑学、数学或金融学的基础。

有一个类似的概念是每笔交易的风险。第一次有人问我每笔交易的风险是多少，我很困惑。我不明白这个问题是什么意思。每笔交易的风险？每日的风险？

这又是一个危险的谬论。每笔交易的风险是指，在未来不确定的某一时刻，如果一个假定的止损点被击中，你将损失多少钱。这种思考风险的方式，从各个方面来看，都是完全错误的。这种定义风险的方式，是对这个词在金融语境中含义的误解。

以两个投资组合为例，每个投资组合一开始都有 100 万美元。我们只买 IBM 的股票，现在的价格是 180 美元。在组合 1 中，我们购买了 4000 股，总名义风险敞口为 72 万美元。在组合 2 中，我们只购买 2000 股，因此风险敞口是组合 1 的一半，36 万美元。

我们将投资组合 1 的止损点设为 170 美元，投资组合 2 的止损点设为 155 美元。表 4-1 中，哪个投资组合风险更大？

表 4-1 每笔交易的风险

	组合价值 / 美元	持有股票数量 / 股	股票价值 / 美元	止损点 / 美元	"每笔交易的风险"
组合 1	1000000	4000	720000	170	40000
组合 2	1000000	2000	360000	155	50000

如果你的答案是投资组合 2，你需要重新考虑如何看待风险。这是一个非常重要的问题，而真正问题在于业余交易的书籍中是如何模糊这个主题的。

根据这种奇怪的每笔交易风险的推理方式，如果触及 170 的止损点，投资组合 1 可能损失高达 4 万美元，而如果触及 155 的止损点，投资组合 2 可能损失高达 5 万美元。但是，这不是风险。显然，投资组合 1 的风险是投资组合 2 的两倍。

如果 IBM 股票明天下跌 1 美元，投资组合 1 将损失 4000 美元，投资组合 2 将损失 2000 美元。风险就像回报一样，总是包含时间因素的。

以风险为代价取得回报

投资业绩总是要考虑到所承担的风险。博弈从来不是关于谁在一年内拥有最高的回报，而是关于谁的单位风险回报最高。一个赌徒把他所有的财富都押在 17 号上，转动轮盘然后赢了，赚了很多钱。然而，这种风险极大。

要成为一名专业的交易者，最重要的步骤之一就是，理解什么是可能的，什么是不可能的。许多进入这个领域的人相信，能够几乎没有风险就获得神奇的回报数字。不幸的是，层出不穷的骗子们乐于帮助兜售这样的梦想。他们有丰富多彩的故事，讲述他们如何在短时间内赚到数百万美元以及如何发现市场的秘密。然后，他们开始了指导别人或者销售交易系统的生意。

如果你的目标是三位数的年回报率，那么你进入了错误的领域。这将事与愿违。没有人能做到，你也不会成功的。

在单独一年中，任何事情都有可能发生。任何人都可以时不时地有个好年景。但是，期望持续得到三位数的复利，就相当于在两秒钟内跑完 100 米。

想象一下，如果那些骗子是对的，将会是什么场景。你为他们的交易系统和指导付钱，然后每年可以获得 100% 的稳定回报。这意味着什么？很简单就能计算出来。卖掉你的车然后投入 1 万美元。一年后，你会有 2 万。两年后你就有 4 万了。10 年后，你将拥有 1000 万美元。20 年后，你将自豪地拥有 100 亿美元。26 年后，你将第一次看到一万亿美元。如果这些幻想能奏效，那当然好。但是，事实证明，魔法都是骗人的。

任何想要实现三位数年回报率的人，如果他们继续留在赌桌上，肯定会损失掉所有的钱。在这种博弈中，你玩的时间越长，破产的概率越接近于 100%。

相比之下，世界上一些最好的对冲基金的实际年复合回报率约为 20%。这些都是精英中的精英。这个联盟中就有巴菲特和索罗斯。

那么我们能期待什么呢？

首先要明白的是，你愿意承担的风险越大，可能获得的回报就越高。就像轮盘赌桌上的人一样，如果你不介意有很高的概率失去所有的钱，你就有一丝可能获得巨大的收益。

知识、努力工作和技能可以提高你的成绩，但它不能完成不可能的事情。

坏消息是，长远来看你的实际年回报率可能低于15%。好消息是，如果你能做到这一点，你就能在这一行赚很多钱。但是，业绩当然需要付出代价，其中包括波动性。

没人喜欢波动性。如果我们每天都能获得一点收益，然后收益直线上升，那就太好了。但不幸的是，波动性是创造回报的必要条件。我们试图实现的是，以尽可能少的波动，作为取得投资业绩的代价。这由夏普比率来衡量。

夏普比率可能是使用最广泛的、最著名的业绩指标。这是一种非常有用的分析方法，它能让你大致了解一种策略的风险调整后的业绩表现。当然，你需要更深入地分析细节，以便进行适当的策略评估。但是，夏普比率将为你提供一个很好的概览作为起始点。

夏普比率的计算很简单，即年化回报率扣除无风险利率，再除以年化回报率的标准差。

$$夏普比率 = \frac{年化回报率 - 无风险利率}{年化回报率的标准差}$$

这个公式中最容易引起问题的部分是无风险利率。至少在我看来，正确的做法是使用短期货币市场或国债收益率。也就是说，一个无风险利率的时间序列，从每天的策略收益中减去当天的无风险利率，而不仅是减去一个固定值。

但这是一本实用的书，我会给你一个实用的建议。对于本书的大多数读者来说，无风险利率似乎带来了不必要的复杂性。如果你的目的只是简单地比较彼此的策略，你可能想要采取的捷径是使用零作为无风险利率。

根据这个公式，我们显然希望夏普比率高而不是低。我们希望在低波动性的情况下获得高回报。但是，你需要现实一点。你会发现夏普比率超过1.0的情况非常罕见，而夏普比率低于1.0并不一定是个问题。

一些策略可以非常成功，盈利性很好，同时显示夏普比率是 0.7 或 0.8。特殊情况下，实现 1.0 以上的夏普比率是可能的，也是一个是有意义的目标。

夏普比率为 3 甚至 5 的策略确实存在，但它们往往属于所谓的负偏态类型，即回报率分布的形状偏向左侧。这意味着你在大多数时候都是小赢，直到你突然遭受了巨大的损失。对于这类策略，你可能会看到长期的持续胜利，却会遭受突然的、有时是灾难性的损失。

夏普比率并不能说明全部问题，仅凭它自身不能用来评估、选择或放弃策略。它与其他指标和详细分析结合使用才有意义。

夏普比率之所以如此有用，是因为它直接反映了本章试图灌输的核心概念——必须在波动的背景下考虑回报。通过理解夏普比率的逻辑，你将理解金融风险的概念。

第五章
Python 介绍

读者朋友，你已经读到这里了。你买了这本关于交易的书，而我也总是能让事情变得通俗易通。你可能被我的前两本书深深吸引。这两本书都遵循一个简单的规则：以每个人都能理解的方式，各自介绍一种策略，并用几百页的篇幅，循序渐进地详解一个简单的概念。如果你开始意识到你买了一本编程书，现在要退书已经太晚了。

既然你已经买了这本书，你不妨留下来学点东西。我将在本书里教你一些编程知识。但不会太困难，甚至一点也不难。我们的旅程即将开始，你可以让自己舒服一些，因为还有很长的路要走。

学习须知

在许多读者出生之前，我就开始使用电脑了。这是一件痛苦的事。在 1980 年代，电脑大多被认为是无用的玩具。平心而论，它们都是很有趣的玩具。但即使在 1990 年代早期，也没有人把电脑当回事。在那些日子里，像我这样的斯堪的纳维亚的小书呆子们会编写小的"演示程序"，用跳跃和闪烁的文字来表明我们有多聪明，然后用我们所能想到的最酷的美国街头俚语，把它保存在 5.25 英寸的软盘上，与完全合法的电脑游戏拷贝一起，放在纸质信封里，寄给世界各地志同道合的人。那是一个不寻常的时代。

一个巨大的转变发生在 1995 年底。对我们这些计算机人来说，看着这一切是相当痛苦的。当时，我既是大学计算机俱乐部的成员，也参加了主要的兄弟会聚会。这看起来有些奇怪，所以我小心翼翼地把两者尽量分开。但是，当兄弟会的主席在 1995 年底来找我，问我是否值得把他的 9600bps 调制解调器升级到新的 14.4k 时，我知道我们过去的世界结束了。野蛮人就在门口，我们没办法阻止他们。

我的预感被证明是真的，就像希腊神话中卡桑德拉（Cassandra）的预言，我无法改变它。突然间，所有人都认为电脑是最酷的东西。在 1994 年，电子邮件是为一小群电脑爱好者准备的。而到了 1996 年，你的祖母都有一个主页。这是一次痛苦的经历。

但是，这也不全是坏事。突然之间，即使是最基本的计算机技能也变成了可转让资产。计算机现在几乎成为所有职业中不可或缺的一部分。如果不使用电子邮件、Word 或 Excel，你就无法正常工作。这在现在是很难想象的，但在 1994 年，世界上几乎没有人知道文件（file）和文件夹（folder）的概念，尽管我们在当时称它们为目录（directory）。

我相信你们都在想，这段回忆是否有意义，或者我只是老了，所以在喋喋不休地回忆过去。其实，这番话暗含深义，信不信由你。

今天，大多数人把编程看作是技术宅们的某种专门任务。编程是那些整天除了编程外什么都不做的程序员们该干的工作。

就像以前人们认为打字是一项困难并且卑微的工作，只有秘书才会做。或者在 1994 年，学习文件系统的想法对人们来说是多么的古怪。然而，今天如果你不能以适当的速度打字，甚至如果你不了解基本的计算机用法，那么在大多数技术职业中，你就会处于严重的劣势。

你不必成为一名程序员，总有人比你更擅长编程。但是，这并不意味着你应该对这个问题保持无知。

编程并不像大多数人想象的那么难。一旦你开始学习，在屏幕上看到程序运行的结果，会让你感到非常快乐，况且你并不需要深入研究。

你学会了一些基本的编程技能之后，就可以自己完成工作。你不再需要依靠专家来为你做这些事情，就像你不再需要口授信件而让秘书打字一样。

所以，如果我们现在克服了技术恐惧症，我们就继续前进。

Python 成为合乎逻辑的选择

从金融和交易的角度来看，Python 在客观上是一种特殊编程语言。它不仅是另一种有着不同语法和细微差别的语言，还是一个值得你真正注意的、潜在的游戏规则改变者。

Python 很容易学。无论你是编程新手，还是经验丰富的 C++ 程序员，你都可以很快地学会 Python。它的语法设计得易于读懂。即使你对 Python 一无所知，展示一些 Python 代码给你看，你也能马上看懂代码的功能。但是，对于大多数编程语言来说，情况并非如此。

Python 在很大程度上是为金融而设计的。有一些工具是由对冲基金量化分析师设计的，并免费提供给所有人。在 C 风格的语言中需要大量程序代码才能完成的任务，在 Python 中通常可以在一行代码中完成。在过去的 30 年里，我用过许多不同的语言编程，但从来没有见过一种语言能像 Python 那样快速而轻松地完成工作。

Python 是一种解释型语言。这意味着你不用将代码编译成二进制文件。如果你不懂什么是"解释型语言"，也没有必要担心，这并不重要。

如果你使用 Window 系统，你在电脑上看到的 .exe 和 .dll 文件，都是编译后的二进制文件。如果你在文本编辑器中打开它们，会看到看似随机的杂乱无章的画面。编译后的代码比解释型代码运行速度快，但构建和维护却不那么容易。与之相反，解释型代码只是一个文本文件，在运行时一边解释一边执行。

在过去几年里，Python 已经成为量化分析师的首选语言。这就产生了大量的社区和大量的开源工具。对于在金融行业工作的人，量化社区出乎意料地非常乐于分享。

当然，Python 也有一些明显的问题。考虑到目前大多数使用 Python 的人都是硬核量化专家，他们倾向于假设你已经知道一切，所以文档对用户十分不友好。对于进入这一领域的人来说，首先要克服的障碍看起来像是某种技术傲慢。

大多数使用 Python 的人，几乎是在文本编辑器下完成所有工作。虽然偶尔会生成一个简单的图形，但大多数情况下只有文本。Python 中缺少图形环境并不是技术上的原因，而是文化上的原因。

通过本书，我希望让交易者更容易理解 Python。Python 真的是一个伟大的工具，不要让它把你吓跑。

编程教学方法

与大多数的编程书籍不同，我不会一开始就介绍所有的数据类型、控制结构等。不管怎样，你以后会掌握这些窍门的，一开始这些并不是特别重要。事实上，我认为编程书籍通常的结构方式会吓跑读者，或让很多读者感到厌烦。此外，已经有很多这样的书，它们的作者在深入解释技术方面，比我更有能力。

我将采取一种不同的策略：我要把你扔水里，让你自己游。这是一本实用的、动手操作的书，我的目的是让你尽快上手。一开始就学习元组和集合之间的具体区别并不重要。随着学习的深入，你将获得足够的知识，来完成重要的任务。

这也就是说，我不会解释完成事情的每一种可能的方式。我会选一个我认为现在对你有帮助的方式。大多数时候，可以使用多种方式、方法、程序库或工具，但在本书中我不会一一解释。我将向你展示其中一种完成事情的方式。一旦你有足够的信心去探索，你会发现同样的任务可以用许多不同的方式来完成。

首先，我将向你展示，如何在计算机上安装和设置 Python。然后，我们将上手尝试一些 Python 代码，并感受一下它是如何工作的。

在此之后，我们将安装一个基于 Python 的回测引擎。它在本书中用来运行模拟。首先，我们要做一些基本的简单模拟。随着本书的深入，我们将接触到越来越复杂和真实的模型。我的目标是让你在阅读本书的过程中越来越习惯于使用 Python 进行回测。

在 Python 这样的语言环境中工作，总存在着有一些软件功能会发生变化的风险。在本书出版之后，新版本的 Python 将陆续发布，而旧版本中的一部分功能可能已经无法正常工作了。我会尽我最大的努力来减少这种风险，但这是无法避免的。如果出现这样的问题，请查看我的网站以获得更新和解释。

在你的计算机上安装 Python

Python 可以在许多类型的计算机上运行。它甚至可以全都放到服务器上，通过一些网站运行，由他人进行管理。对于某些事情来说，这可能是个好主意，但在本书中，我们将在你自己的机器上本地运行所有代码。这样，你就可以完全控制你的代码、数据和环境。

就本书的目的而言，无论你的电脑基于 Windows 系统、MacOS 还是 Linux 系统，都没关系。我使用的是 Windows 系统，这意味着屏幕截图将来自于 Windows 环境。如果你在不同的操作系统上，可能会有细微的差异，但这不会有什么重大影响。

我找不到任何理由宣称这些操作系统谁比谁更好或更适合。我使用 Windows 系统，是因为我的电脑上有些财务软件只能用于 Windows 操作系统，而且我也更喜欢用 Windows 系统工作。操作系统只是一个工具。用情感上的理由来选择工具是愚蠢的，选一个能完成任务的就行。

一个非常有用的 Python 软件包是 Anaconda。它就是我们将在本书中使用的软件。这是一个免费的软件包，可以在 Windows、MacOS 和 Linux 上使用。

Anaconda 实际上是使用 Python 进行开发和测试的行业标准软件包。它是一系列程序的集合，当下载 Anaconda 主软件包时，所有这些程序都会被安装。

使用 Anaconda，你将获得一些很好的图形化工具，这样我们就不必在命令提示符下完成所有的工作。它让 Python 的使用变得更简单。

前往 Anaconda 网站（https://www.anaconda.com/download/），下载适合你的操

作系统的最新软件包。你会看到，网站让你选择下载 Python 版本 3 或版本 2。选择前者。

Python2 现在已经相当陈旧了，没有什么理由去使用它。除非你有很好的理由选择这个版本，否则就使用版本 3。

让我们运行一些代码

你可以在许多不同的应用程序和环境中编写和运行 Python 代码。此时，你的计算机上已经安装了两个最常见的程序，因为它们被预先打包，与 Anaconda 一起进行了安装。

我想先简单地提一下，这个很有用但名字拼写起来很麻烦的应用程序 Spyder，然后再详细介绍拼写同样很麻烦的 Jupyter Notebook（Jupyter 记事本）环境。我们将在本书的其余部分使用这个环境。

Spyder 的外观和行为，非常接近于大多数人对编程环境的期望。如果你以前有编写代码的经验，可能感到非常熟悉。

Spyder 环境非常适合使用多个源文件、创建或编辑 Python 文件以及构建代码库。随着你对 Python 越来越熟悉，我非常鼓励你仔细研究一下这个环境。我发现 Spyder 是一个有用的工具，它很好地补充了 Jupyter 环境。

本书没有使用 Spyder 的唯一原因是，许多读者可能对 Python 和编程都很陌生，而我希望避免使用两个具有不同行为的应用程序带来的额外混乱。

出于交易策略建模的目的，我认为 Jupyter 记事本更有优势。我相信一些有经验的程序员会对此提出异议，但总的来说，我认为 Spyder 非常适合正式的编程，而 Jupyter 则更适合修补和测试程序。由于建立交易模型是一个修补和测试的过程，我们将在本书中专门使用 Jupyter 记事本。

在安装 Anaconda 时，实际上同时安装了几个不同的程序，它们都是 Anaconda 软件包的一部分。先打开 Anaconda Navigator 程序，它是一个集成器，是所有新的 Python 工具的主控制中心。我们将在本书中更多使用这个程序，我相信你会发现它非常有用。

当你打开 Anaconda Navigator 时，你应该会看到类似于图 5-1 的内容。其中显示了 Anaconda 软件包中的一些应用程序。你会看到，Jupyter 和 Spyder 等应用程序都列在这里。

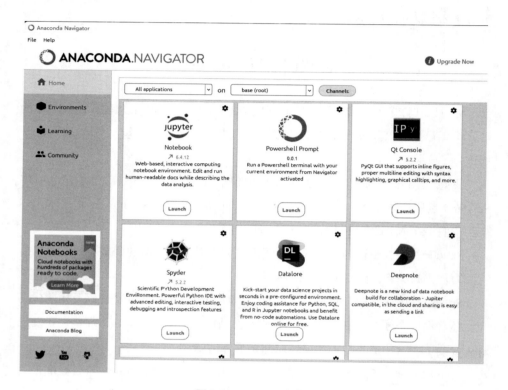

图 5-1　Anaconda 导航

点击 Jupyter 记事本的启动按钮，看看会发生什么。你可能会惊讶地发现，一个网络浏览器启动了，你的面前出现了一个网页，网页上列出了你的用户文件夹中的文件和文件夹，如图 5-2 所示。

信不信由你，这个看似奇怪的网页实际上是一个强大的工具。我们将在本书中使用它来构建和测试正式的交易模型。

我们将创建一个新文件，在其中编写我们的第一行代码。为了保持整洁有序，你可能需要先为它创建一个新文件夹。你可以通过右侧的"New"下拉菜单，创建一个文件夹和一个新的 Python 文件，如图 5-2 所示。

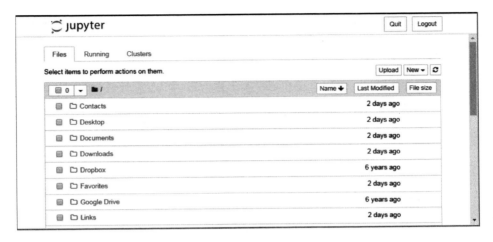

图 5-2　Jupyter 记事本

在创建一个新文件后，你会看到一个新的网页，类似于图 5-3。文本"In [ ]:"后面的文本框称为单元（Cell）。在运行代码之前，你可以在这种记事本的单元中编写代码。由于我们还没有给这个记事本命名，所以可以在顶部看到文件名"Untitled"。如果你愿意，可以点击它，重命名你的记事本，文件名会自动更新。

图 5-3　空白 Jupyter 记事本

现在是时候编写并运行你的第一行 Python 代码了。这是一段简单的代码，旨在教授关于这一特定语言的一些重要概念。

单击新记事本中的单元,并输入以下代码:

```
people = ['Tom','Dick',"Harry"]
for person in people:
    print("There's a person called " + person)
```

现在运行代码。你可以直接在记事本中运行它,单击工具栏中的"运行"按钮,或者简单地按下"Ctrl+Enter"组合键。如果你不是在 Windows 平台上运行的话,可以按下对应的组合键运行程序。代码将立即运行,结果输出将显示在单元下方,如图 5-4 所示。

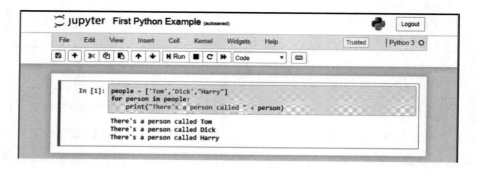

图 5-4　你的第一段 Python 代码

它的输出应该是这样的:

```
There's a person called Tom
There's a person called Dick
There's a person called Harry
```

你看到了,查看一段 Python 代码,并立即检查它的功能是非常容易的。这是这门语言最伟大的地方之一。它也非常易于读懂。现在仔细看看这一小段代码,看看它到底做了什么。

第一行,`people = ['Tom','Dick',"Harry"]`,定义了一个列表。列表就是其他语言中所谓的数组,即一组元素构成的集合。注意,我们不需要告诉 Python 我们要创建什么类型的变量。如果你习惯了其他语言,可能会注意到

Python 中不需要声明变量和类型。这有很大的帮助，减少了声明变量类型带来的头疼和担心。

在第二行，`for person in people:`，启动一个循环。这也比大多数其他语言简单得多。我们只是告诉代码，循环遍历 `people` 列表中的所有项。首先，要注意该行末尾的冒号，这表明我们将要提供一个代码块用于本例的循环遍历。冒号是一个代码块的导入符号。

你可以把冒号看作是在说："现在去做我下面要告诉你的事情。"冒号的下面是一个代码块，要做什么的指令就在这个循环中。后面在创建条件语句时，你将看到类似的语法，比如告诉代码，如果等号成立，那么就运行一个代码块。

下一个重点是，如何在 Python 中定义代码块。代码块是 Python 中一个非常重要的概念。注意代码块的缩进。

许多语言使用花括号来分组代码块。Python 没有这样做。在这里，代码块是由缩进级别定义的。缩进级别是指代码文本左边空格的数量。缩进相同，即距左边缘的距离相同的代码文本，分为一组。

因此，以 `print` 开始的这行代码，前面的制表符是绝对必要的。制表符表明这是一个不同的代码块，并且从属于前一个代码块。在本书中，你会经常看到这个概念。

在这个简单的例子中，我们只有一项循环执行的操作，结果是打印了几行文本。如果想做更多的事情，我们可以添加更多的指令，也就是在相同的缩进级别上，在打印语句下面增加更多的行。

你可能已经注意到，在第一行代码 `people = ['Tom','Dick',"Harry"]` 中，有一个奇怪的单引号和双引号的组合。我故意使用了一个糟糕的语法，其中一些字符串用单引号括起来，而另一些用双引号括起来。我这样做是为了表明这并不影响程序运行，使用单引号或双引号都可以。

但是，我在打印语句 `print("There's a person called " + person)` 中，使用两种引号的原因是为了演示其他内容。我试图打印出句子的单引号，它是句子的一部分。在这种情况下，最简单的解决方案是将整个句子用双引号括起来。

打印语句将一个文本字符串与每个人的名字连接起来，并输出到控制台。因此，从这段微不足道的代码示例中，你现在已经了解了列表、循环、缩进、引号和控制台打印。

如果你觉得这很复杂，那么请花点时间尝试一下这段代码。你也可以稍微改变一下，创建不同类型的列表，打印不同的东西。掌握它的最好方法就是自己试一试。

使用 Jupyter 记事本工作

在前面的示例中，我们在 Jupyter 记事本的一个单元中编写代码。当单元执行时，结果将显示在该单元的正下方。一个记事本可以有很多单元，每个单元都有自己的代码。有时，将代码分解成几个不同的单元非常有用，这样可以更容易地跟踪代码，并可以避免在更改一小部分代码时，重新运行所有的代码。它使修补代码变得更容易。

需要理解的重要一点是，记事本中的单元共享一个公共命名空间。这意味着每个单元都知道其他单元的结果。一旦在一个单元中执行了代码，你就可以在其他单元中引用该单元的变量。

为了测试这个概念，我们在同一个记事本中，在之前使用列表的单元下面，创建一个新的单元。你可以单击工具栏中的加号，会得到一个全新的单元。

在这个新的单元中，编写以下代码：

```
print("The first person is " + people[0])
```

对于这一行，我想展示两件事：①第二个单元知道我们在第一个单元中创建的变量 people。②列表的下标是从零开始的。也就是说，我们用 people [0] 语法获取这个列表的第一个元素。因为列表的下标是以 0 为起始点的，所以第一个元素的下标是 0，第二个元素的下标是 1，以此类推。

相应的代码以及其输出如图 5-5 所示。类似这样使用单元、在单元中编写和执行代码块的想法，在你修补 Python 程序时将非常有用。

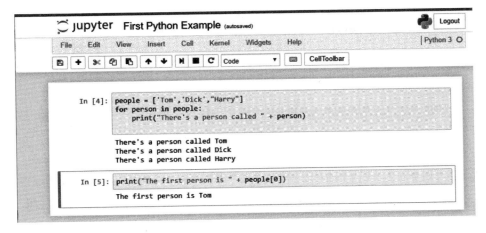

图 5-5 使用 Jupyter 记事本中的单元

字典查找

你经常会遇到的两个非常相关的概念是，列表（List）和字典（Dictionary）。在前一节中，你看到了列表如何工作的示例。列表就像它听起来的那样，是一组任意元素构成的集合。而字典是一个查找表，就像一本真正的字典那样，将两个项目相互匹配。

如上所述，列表是用方括号定义的，像这样 `[1,2,3]`。而字典的定义使用花括号。这使得在代码中，你很容易判断正在处理的是一个列表还是一个字典。

为了让你了解字典是什么，以及它是如何工作的，让我们尝试一个简短的例子。我们可以使用花括号新建一个字典，就如下面所示的，由股票名称和匹配的公司名称构成的字典。

```
stocks = {
    "CAKE":"Cheesecake Factory",
    "PZZA":"Papa John's Pizza",
    "FUN":"Cedar Fair",
    "CAR": "Avis Budget Group",
}
```

上面定义字典的代码只有一行。但可以将代码分成多行以使其更容易阅读。

字典定义了由冒号分隔的项目对。在这段代码中，冒号后面跟着公司名称。

注意，我在字典的最后一项后，留下了一个逗号。显然，这不是必需的，因为逗号之后没有任何东西。然而，我留了一个逗号在那，是为了表明这并不影响程序运行。与大多数其他编程语言不同，Python 不会在乎这一点。这也使 Python 变得更简单。

现在，我们可以在这个字典中查找值，或者我们可以遍历并逐个获取每个项目。为了查找股票名称 PZZA 后面的公司名称，我们只需写 `stocks["PZZA"]`。

```
print(stocks["PZZA"])
```

或者，如果我们想要迭代打印所有的项目（Item），我们可以使用下面的这种逻辑。

```
for ticker, name in stocks.items():
    print("{} has ticker {}".format(name, ticker))
```

这在 Python 中是一个很聪明的做法，以后你还会看到。我们拆开项目对，并在每个循环中都获得公司名称和股票名称。

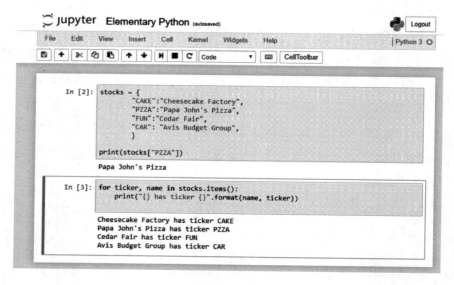

图 5-6　使用字典

这里我还使用了一种有用的 Python 方法来构造文本字符串。以前，我们只是简单地使用加号来构造字符串，但现在这种方式要简单得多。使用加号，我们可以像这样连接字符串：

```
name + " has ticker " + ticker
```

这可以很好地运行。但更方便的是先编写整个字符串，然后将变量值插入到正确的位置。这种方式还有一个优点，那就是允许我们选择输出格式，比如数值型变量的显示格式。我们稍后会展示这一点。

```
"{} has ticker {}".format(name, ticker)
```

这一行代码将输出相同的字符串，但更易于管理。文本字符串中的花括号，显示了我们希望插入变量的位置，函数 format（）将为我们处理字符串的显示格式。我们可以通过这种方式，将任意数量的变量插入到文本字符串中。

条件逻辑

下一个需要了解的基本概念是如何创建条件语句。例如，告诉代码，如果某个值高于另一个值，则执行某些操作。大家可以先考虑一个交易逻辑：你想在价格高于移动平均线或类似的价格时买入。当然，我们将在本书后面创建这个策略。

条件语句的工作方式与我们刚才看到的循环类似。我们用 `if` 这个词来表示我们想要创建一个条件语句，并用冒号结束语句，就像我们在循环中做的那样。我们还需要对冒号后面的代码块进行缩进。

在前面刚刚学习的列表知识的基础上，我们看看下面的代码。

```
bunch_of_numbers = [
        1, 7, 3, 6, 12, 9, 18
        ]
for number in bunch_of_numbers:
    if number == 3:
        print("The number three!")
    elif number < 10:
```

```
        print("{} is below ten.".format(number))
    else:
        print("Number {} is above ten.".format(number))
```

在这段简短的代码中有几个要点需要学习。我们从创建一个列表开始，这次是一串数字构成的列表。在那之后，我们开始一个循环，遍历所有这些数字，就像我们在本章前面做的那样。到目前为止，还没有新的知识。

但接下来是第一个条件句。注意，这里使用的是双等号，这不是打字错误。在 Python 中，就像在大多数其他编程语言中一样，单个等号用于赋值，而双等号用于比较。在本例中，我们的意思是"如果当前数等于 3，那么执行以下操作"。

这里，还要注意嵌套缩进。在开始循环语句之后，下一个代码块有一个缩进。之后是 `if` 语句，它需要缩进来表明，在满足条件时应该运行哪个代码块。

在 `if` 语句之后，你会看到一个类似的新词 `elif`，这是 else if 的缩写。如果数字是 3，则满足第一个条件，将不会到达 `elif` 行。当数字不是 3 时，不满足第一个条件，`elif` 语句才会运行。

`elif` 语句检查数字是否小于 10。如果小于 10，打印一行文本，循环到下一个数字。

最后，如果两个条件都不满足，则满足 `else` 语句运行。此时，这个数字不是 3 而且不小于 10。

常见的错误

在现在这个时点上，尽早提出一些最常见的错误来源，可能是一个好主意。记得当我第一次开始使用 Python 时，一直困扰我的是缩进逻辑。

请记住，Python 根据代码块距左边缘的距离对它们进行分组。大多数时候，这个缩进是由编辑器自动完成的。例如，当你以冒号结束一行时，当你按下 Enter 键时，大多数 Python 编辑器将自动从距左边缘更远的一个制表符开始新的一行。它知道你将要创建一个新的代码块。

但是，这并不能避免偶尔的错误。例如，如果在行开始处意外留下空格，代码将无法运行。下面的代码，与我们前面展示条件语句时使用的代码相同，但是其中有一个故意的错误。看看你能不能发现它。

```
bunch_of_numbers = [
        1, 7, 3, 6, 12, 9, 18
        ]
for number in bunch_of_numbers:
    if number == 3:
        print("The number three!")
     elif number < 10:
        print("{} is below ten.".format(number))
    else:
        print("Number {} is above ten.".format(number))
```

上面这段代码的错误在于：以 elif 开头的行，其前面有一个额外的空格，使其与 if 和 else 语句没有对齐。如果你尝试运行这段代码，会得到一个"IndentationError"（缩进错误）消息，如图 5-7 所示。本书是黑白印刷的，但如果你尝试在 Jupyter 记事本上这样做，你会看到代码中的单词 elif 将自动以红色高亮显示，以表明这里有错误。

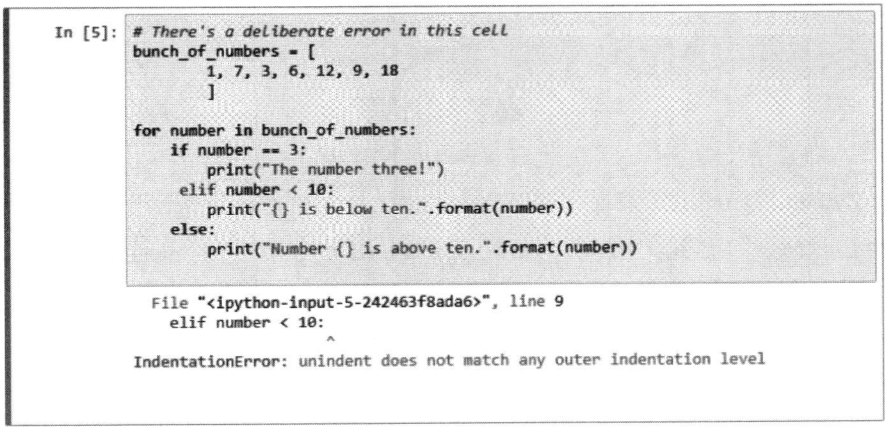

```
In [5]: # There's a deliberate error in this cell
        bunch_of_numbers = [
                1, 7, 3, 6, 12, 9, 18
                ]
        for number in bunch_of_numbers:
            if number == 3:
                print("The number three!")
             elif number < 10:
                print("{} is below ten.".format(number))
            else:
                print("Number {} is above ten.".format(number))

          File "<ipython-input-5-242463f8ada6>", line 9
            elif number < 10:
            ^
        IndentationError: unindent does not match any outer indentation level
```

图 5-7　缩进错误

有时，Python 错误提示消息是友好的、有帮助的，但有时它们可能是令人困惑的。一条友好的错误消息的良好示例是，当你忘记打印语句的括号时出现的提示。这是一个非常常见的错误,因为以前的 Python 版本不需要这样的括号。

在图 5-8 中,你会看到第 7 行代码缺少括号。在控制台中,你可以看到错误消息如何指出你的错误,并提出修复建议。

```
In [6]: # There's a deliberate error in this cell
        bunch_of_numbers = [
            1, 7, 3, 6, 12, 9, 18
        ]
        for number in bunch_of_numbers:
            if number == 3:
                print "The number three!"
            elif number < 10:
                print("{} is below ten.".format(number))
            else:
                print("Number {} is above ten.".format(number))

  File "<ipython-input-6-9c419f40eebe>", line 8
    print "The number three!"
                            ^
SyntaxError: Missing parentheses in call to 'print'. Did you mean print("The nu
mber three!")?
```

图 5-8　缺少括号

安装程序库

Python 程序库的安装通常在终端上完成。终端就像以前的命令提示符一样,可以运行命令和程序。实际上,在普通的命令提示符中也可以做到这一点,但我在这里展示的方式更简单。

在这里,我提到命令行安装,只是因为你在阅读其他有关该主题的书籍或在线文章时,可能会遇到这个问题。虽然使用命令行的文本命令来处理安装很常见,但现在可以避免这种额外的麻烦。

我猜想,本书的大多数读者会尽可能地避免使用文本命令。因此,我将向你展示一种完成相同任务的可视化方式。

如本章前面所述,在安装 Anaconda 软件包时,安装的应用程序之一是 Anaconda

Navigator。找到并打开这个应用程序,它可以帮助简化许多常见的 Python 任务。

打开 Anaconda Navigator 时,会在左侧看到一个侧边栏菜单,其中一个菜单项是 Environments(环境)。我们将在后面更多地讨论环境,因为我们很快将要创建一个新的环境。创建多个环境的能力非常有用,我们可以为特定目的安装带有特定的程序库和软件版本的环境。

如果你是刚刚新安装的 Anaconda,这里可能只有一个条目,称为"base(root)",即根环境或基础环境。

选择根环境,屏幕的右侧将更新,以准确地显示在这个环境中安装了哪些程序库。如图 5-9 所示,有一个下拉菜单,可以在其中选择查看已经安装的或者可获取但尚未安装的程序库。

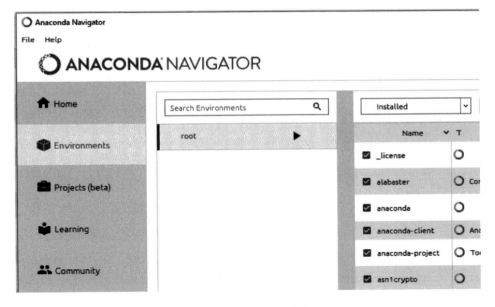

图 5-9　Anaconda 程序库

安装新的 Python 程序库最简单的方法是,到这里的下拉菜单中选择"Not installed",这样就可以看到可获取但尚未安装的程序库。找到你需要的程序库,选中它,然后单击底部的"Apply"按钮,这样就可以完成安装了。

此时，你可能想知道需要安装哪些程序库，以及为什么要安装。我在前面提到如何安装程序库，是因为你时不时地会遇到一些代码示例，它们使用了你还没有安装的程序库。当你确实需要它时，最好提前知道该怎么做。

在本书的前几章，我们将用到一些非常常见的程序库，因此，在继续下一章之前，请确保你已经安装了这些程序库。根据你的安装情况检查一下。

在下拉菜单中，选择查看所有程序库，如图 5-9 所示，然后找到 Pandas。你也可以使用顶部的搜索框更快地找到它。如果这个程序库旁边有一个复选标记，表示它已经安装好了。接下来，用同样的方法验证是否安装了 MatPlotLib。如果没有安装，请单击它旁边的复选框并点击"Apply"按钮。

这是两个非常常见的程序库。从现在开始，我们将在本书的所有示例代码中使用它们。第一个程序库 Pandas，革新了时间序列的处理方式，是 Python 在金融建模中崛起的首要原因。第二个程序库 MatPlotLib 是用于可视化数据的。

重要的一点是，要记住，如果你正在使用多个环境（我们很快将在本书中这样做），那么你刚刚安装的程序库并没有安装到所有环境中，而只是安装到你选择的那个环境中，在本例中是指根环境或基础环境。

一些更复杂的程序库可能依赖于其他程序库。在这种情况下，它们将自动确保所有依赖项都安装好了。例如，大多数回测程序库都需要安装一组其他程序库。当我们安装这些回测程序库时，它们将负责为我们安装所有其他必需的程序库。

第六章
Pandas 程序库介绍

我之前告诉过你,我会把你扔进深渊,你要自己学会游泳。如果你在开始时就发现自己的知识有了真正的用处,那么学习起来会更有趣。所以让我们继续做一些有用的事情。

Pandas 程序库绝对是 Python 世界的游戏规则改变者。有很多书都是关于 Pandas 的,最著名的是《Python 数据分析》(McKinney,*Python for Data Analysis*,2017)这本书,作者是真正编写了 Pandas 程序库的韦斯·麦金尼(Wes McKinney)。我不会像他那样详细地讲述,但会在本书中不断地使用他编写的卓越的程序库。

Pandas 是一个处理结构化数据的程序库。通常都用小写字母来拼写它的名字,其中的原因我还没有完全理解,因此我拒绝遵守这个习惯。对我们交易者来说最重要的是,它擅长处理时间序列数据。

我们的下一个技巧是,我们将从文件中读取时间序列数据,计算移动平均,然后显示图表。这听起来比你之前做的循环要复杂一些,对吧?

第一个问题是,我们从哪里得到这些数据。如果你随便拿一本 2017 年之前写的 Python 书,它们可能会告诉你,如何用一行代码自动从雅虎或谷歌获取数据。但事实是,代码并没有获取到数据。这不是作者的错,而是因为雅虎和谷歌都决定在没有事先通知的情况下关闭这些服务,导致书籍中和网站上成千上万的代码示例永久失效。

作为第一个练习,我假设你本地有一个逗号分隔的文件,其中包含一些我们可以使用的数据。如果你手边没有，可以从我的网站 www.followingthetrend.com/trading-evolved[①] 下载。为了使第一个时间序列实验简单些，文件布局只有两列，第一列是日期，第二列是价格。这是我的文件的样子：

Date,SP500

2009-06-23,895.1

2009-06-24,900.94

2009-06-25,920.26

2009-06-26,918.9

2009-06-29,927.23

2009-06-30,919.32

2009-07-01,923.33

2009-07-02,896.42

2009-07-06,898.72

2009-07-07,881.03

2009-07-08,879.56

2009-07-09,882.68

2009-07-10,879.13

2009-07-13,901.05

2009-07-14,905.84

2009-07-15,932.68

2009-07-16,940.74

2009-07-17,940.38

2009-07-20,951.13

……

如果你居住在大西洋的另一边，你可能对我选择的日期格式提出异议。我使用 yyyy-mm-dd 格式，这种格式在我这里很常见，但在你那里可能不常见。不用

---

① 该网站为本书的英文版网址，提供配套的源代码和部分数据。本书中文版对相关代码和数据进行了校正，读者请扫码关注公众号"颉腾文化"进行下载使用。

担心，这没关系，你可以使用任何觉得舒服的日期格式。Pandas 稍后会帮你解决的。

为了方便起见，请将此 csv 文件放在你用于保存 Python 代码的同一个文件夹中。当然，你也可以把它放在任何你喜欢的地方。但是，如果它们不在同一个文件夹中，你就必须在代码中指定一个路径，这样我们才能找到文件。

现在我们已经准备好构建代码了。回到 Jupyter 记事本，创建一个新文件。这一次，我们将学习更多的新概念。第一个概念是，导入一个我们在代码中使用的程序库，在本例中是 Pandas。

我们要做的就是编写代码，读取文件中的这些数据，计算移动平均线，并显示图表。代码如下：

```
%matplotlib inline
import pandas as pd
data = pd.read_csv('sp500.csv', index_col='Date', parse_dates=['Date'])
data['SMA'] = data['SP500'].rolling(50).mean()
data.plot()
```

还不错，是吧？想想看，与其他大多数编程环境相比，这是多么容易。

下面是这段代码的作用。第一行看起来很奇怪的代码是 `%matplotlib inline`。从现在开始，你将经常看到它。为什么要写这行代码的细节原因目前并不重要，但需要它以确保图形显示在记事本中。如果你忘记了这一行，你将只得到文本输出，而没有图形。

接下来，我们告诉代码，想要使用 Pandas 库，即 `import pandas as pd`。通常，我们为 Pandas 创建一个别名，这样我们就可以用这个别名 `pd` 代替 `pandas` 来引用程序库。这只是为了避免一遍又一遍地输入整个单词，因为这个程序库可能会被经常使用。你会经常看到这个别名，当本书中的代码提到 `pd` 时，那就是对 Pandas 程序库的引用。

在这之后，我们看到下一行代码 `data = pd.read_csv('sp500.csv', index_col='Date', parse_dates=['Date'])`，它将盘中的文件读取到名为 data 的变量中。我们在这里指定带有标题 `Date` 的列为索引，并

第六章　Pandas 程序库介绍

且希望 Pandas 解析这个列的日期格式。我曾告诉过你，你选择的日期格式并不重要，尽管欧洲的日期格式在我看来更好一些。这里 Pandas 帮你解决了这个问题。

然后我们看下一行，`data['SMA'] = data['SP500'].rolling(50).mean()`，它添加了一个移动平均值，也被称为滚动均值。我们可以使用相同的语法，以这种方式在滚动窗口上应用其他函数。

这里的滚动均值是在 `SP500` 列上计算的。如果你想知道这个名字是怎么来的，答案很简单。再看看示例 csv 文件的布局，这是第二列的名称，这一列包含指数的收盘价。

Pandas 将读取标题的名称，你可以稍后以这种方式引用它们。我们通过读取 csv 文件创建的对象被称为 DataFrame（数据框架）。这是一个重要的 Pandas 概念，将在本书中多次被提到。

把 DataFrame 想象成电子表格就好了。它有行和列，就像电子表格一样，但更好用。你可以轻松地在上面执行数学函数。DataFrame 有一个索引，可以是行号，也可以是更有用的标识，比如时间序列中的日期。列可以有标题名称，以便于引用它们。

代码的最后一行使用了一个简单的绘图函数 `plot()`，来创建数据图表。输出结果如图 6-1 所示。

很简洁，对吧？我们收集数据、解析日期、计算分析并构建图表，所有这些都只需要几行代码。我希望，即使你是新手，也能够开始清晰地看到 Python 的价值。

这里真正有趣的是计算滚动均值的行。很明显，计算是非常简单的，但这不是关键点。真正令人兴奋的是它完成计算的方式。我们可以简单地取一个时间序列，创建滚动窗口，然后直接做数学运算。

要理解为什么如此简洁，请花些时间考虑一下，如果使用 Excel，你将如何做同样的事情。

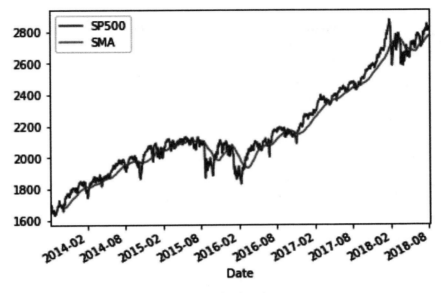

图 6-1 第一幅图表

在 Excel 中打开 csv 文件当然是没有问题的。然后向下滚动到第 50 个数据点，可能是在第 51 行，因为列的标题在顶部第一行。在这里，你可以写一个公式 =AVERAGE(B51:OFFSET(B51,-49,0))。然后你需要把这个公式复制到工作表中。这意味着在工作表中将有大量单独的函数。别忘了，只要你在电子表格中做了改动，Excel 会不断地重新计算每一个公式。这也是 Excel 的主要问题之一。

Excel 中的偏移量是 49 而不是 50，因为起始单元格 B51 也被计算在内。

使用 Python，我们可以一次对整个时间序列应用一个函数。在本例中，这是一个简单的计算，但你稍后将看到，它将以同样的方式处理复杂的计算。

使用 Excel，这个简单的任务需要多个单独的公式，并且在同一个文件中混杂着数据和逻辑。现在想象一下，如果我们想在许多不同的金融时间序列和分析指标之间转换，Excel 文件会变得越来越复杂，很快会变得不可维护。Python 的方式要优越得多。

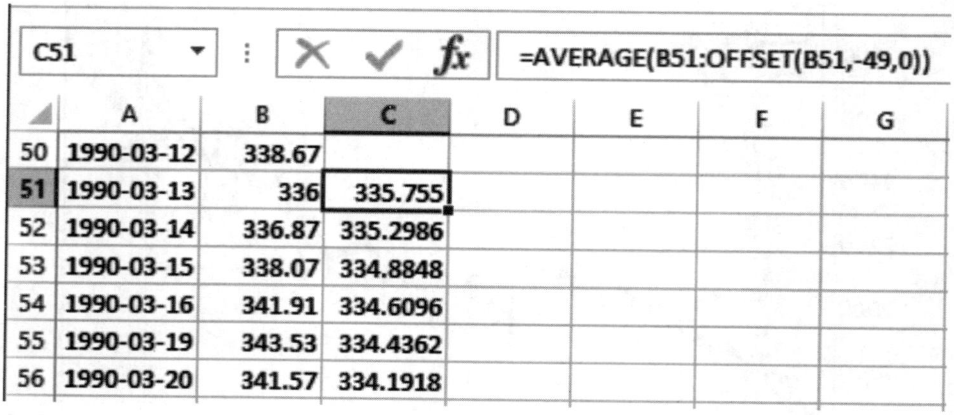

图 6-2 用 Excel 计算移动平均值

文档和帮助

在看了前一节的代码示例之后，你可能会问，如何知道设置 Pandas 索引列或解析日期应该使用什么参数。更不用说，你怎么知道可能还有其他参数。

你可以用两种方法来处理这个问题，这两种方法最终可能会得到相同的信息。一种方法是在互联网上搜索，可能会在搜索引擎返回的前几项结果中，向你提供官方文档和各种使用示例。

另一种方法是在内置文档中查看详细信息。这些信息都在内置文档里，如果你念出咒语，它们就会出现在你的屏幕上。绝大多数的 Python 程序库都有这种内置文档。作为演示，让我们使用 Pandas 来了解内置文档是什么、它是如何工作的、有哪些函数可用，以及最终如何准确地使用 `read_csv()`。

再打开一个新的 Jupyter 记事本。或者，如果你实在想偷懒，也可以从本书网站下载示例[①]，所有的代码示例都可以在那里找到。首先导入 Pandas，就像我们以前做的一样。

```
import pandas as pd
```

---

① 中文版读者请扫码关注公众号"颉腾文化"下载使用。后同。

现在我们可以用别名 pd 来指代 pandas。在下一个单元中，运行这行代码。

```
help(pd)
```

这将向你展示 Pandas 是什么、你正在使用的版本，以及一些你目前可能不太感兴趣的技术信息的概述。代码的输出应该类似于下面的文本。

```
Help on package pandas:
NAME
    pandas
DESCRIPTION
    pandas - a powerful data analysis and manipulation library for
    Python
    ==============================================================

    **pandas** is a Python package providing fast, flexible, and
    expressive data structures designed to make working with
    "relational" or "labeled" data both easy and intuitive. It
    aims to be the fundamental high-level building block for doing
    practical, **real world** data analysis in Python. Additionally,
    it has the broader goal of becoming **the most powerful and
    flexible open source data analysis / manipulation tool available
    in any language**. It is already well on its way toward this
    goal.
    Main Features
    -------------
    Here are just a few of the things that pandas does well:

    - Easy handling of missing data in floating point as well as non-
      floating point data
    - Size mutability: columns can be inserted and deleted from
      DataFrame and higher dimensional objects
    - Automatic and explicit data alignment: objects can be
      explicitly aligned to a set of labels, or the user can
      simply ignore the labels and let 'Series', 'DataFrame', etc.
      automatically align the data for you in computations
    - Powerful, flexible group by functionality to perform split-
      apply-combine operations on data sets, for both aggregating
```

```
    and transforming data
  - Make it easy to convert ragged, differently-indexed data in
    other Python and NumPy data structures into DataFrame objects
  - Intelligent label-based slicing, fancy indexing, and subsetting
    of large data sets
  - Intuitive merging and joining data sets
  - Flexible reshaping and pivoting of data sets
  - Hierarchical labeling of axes (possible to have multiple
    labels per tick)
  - Robust IO tools for loading data from flat files (CSV and
    delimited), Excel files, databases, and saving/loading data
    from the ultrafast HDF5 format
  - Time series-specific functionality: date range generation and
    frequency conversion, moving window statistics, moving window
    linear regressions, date shifting and lagging, etc.
...
```

帮助函数 `help()` 为我们提供了一些关于 Pandas 程序库的概要信息，但缺乏关于其中有哪些对象以及它们如何工作的详细信息。不用担心，我们可以在文档中进行更深入的讨论。

我们也可以在 DataFrame 上运行同样的帮助函数。试着在 Jupyter 记事本中执行以下代码：

```
help(pd.DataFrame)
```

这将为你提供一个相当长的、内置到 DataFrame 对象中的函数列表。一般来说，现在可以忽略所有以下划线开头的内置函数。出现的文本告诉你什么是 DataFrame、它有什么用途、列出的函数和特性。

你可以进一步了解这个帮助函数，并查询关于 `reac_csv()` 函数本身的详细信息。

```
help(pd.read_csv)
```

执行这一行代码，将显示所有可能用于读取 csv 文件的参数、参数的默认值以及每个参数的描述。这应该能告诉你所有关于如何使用这个函数的信息。

在本例中，我们查找关于索引列和日期解析的信息。所以让我们仔细看看这个文档是怎么说的。

```
index_col : int or sequence or False, default None
    Column to use as the row labels of the DataFrame. If a sequence
    is given, a MultiIndex is used. If you have a malformed file with
    delimiters at the end of each line, you might consider index_
    col=False to force pandas to _not_ use the first column as the
    index (row names)
```

这告诉我们，我们可以通过提供数字来选定索引列，也可以不使用数字而通过列的标题进行选定。如果你使用数字，请记住 Python 世界中的所有索引，默认都是从零开始的，所以文件中的第一列的下标是数字 0。

然后，我们将检查相同的文档中关于日期解析的内容。日期解析指的是让代码分析文本字符串，并寻找从中得到日期的方法。

```
parse_dates : boolean or list of ints or names or list of lists or
dict, default False
    * boolean. If True -> try parsing the index.
    * list of ints or names. e.g. If [1, 2, 3] -> try parsing
      columns 1, 2, 3 each as a separate date column.
    * list of lists. e.g.  If [[1, 3]] -> combine columns 1 and 3
      and parse as a single date column.
    * dict, e.g. {'foo' : [1, 3]} -> parse columns 1, 3 as date and
      call result 'foo'
    If a column or index contains an unparseable date, the entire
    column or index will be returned unaltered as an object data
    type. For non-standard datetime parsing, use ``pd.to_datetime``
    after ``pd.read_csv``
```

这段文本告诉我们，如果想要解析日期，一种方法是简单地设置 `parse_dates=True`。如果我们这样做，Pandas 将尝试从索引列中确定日期。有时，我们可能希望告诉它解析其他列。因此，我们还可以通过提供列号或列名来指定将哪些列作为日期进行解析。

这种获取文档的方式实际上可以用于任何对象。如果你感到迷惘，可以在搜索引擎中输入函数名，或者使用内置的帮助功能。

简单的 Python 模拟

现在，我们将通过另一个小演示，来进一步了解如何用 Python 快速创建可用程序。在这个演示中，我们将使用相同的标准普尔 500 指数数据构建一个模拟。如果我们在 50 日移动均线穿过 100 日移动均线以上时开仓，当它回到 100 日移动均线下方时平仓，会发生什么？

然而，我不是说这是个好的交易策略。这只是一个例子，而且很容易编写代码。此外，我们的目标并不是实际的策略，策略相关的内容不在本章中。本章只介绍与 Python 相关的内容。所以，目前事情还尽量保持相对简单些。

在这个模拟中，我们将再次使用 Pandas 程序库，以及一个非常有用和常见的程序库 Numpy。Numpy 是 Numerical Python 的缩写，是一个包含各种有用的数学函数的程序库。它们使 Python 世界中的生活变得更容易、更快捷。就像 Pandas 通常的别名是 pd 一样，Numpy 通常的别名为 np。这也是我在本章以及整本书中，使用程序库的方法。

虽然 Numpy 很可能已经安装在你的根环境中，但正如第四章中所述，你可以在 Anaconda Navigator 中进行查看。如果没有安装，请继续安装。这是另一个你可能会经常使用的程序库。

我们将循序渐进地展示，以确保你能跟上逻辑。相信我，这不是什么复杂的东西，至少现在还不复杂。我们最多只需要 10 行代码。当然，用更少的代码也可以完成。

```
# Make sure the plot shows up
%matplotlib inline

# Import libraries that we need
import pandas as pd
import numpy as np
```

对这几行初始代码大家现在应该清楚了。第一行确保图形出现在记事本中，然后是两个导入语句，这样我们就可以使用 Numpy 和 Pandas 的功能。

```
# Read the data from disk
data = pd.read_csv('sp500.csv', index_col='Date', parse_dates=['Date'])
```

这一行我们以前见过。我们正在从一个文件读取数据，导入到一个 Pandas DataFrame 中。

```
# Calculate two moving averages
data['SMA50'] = data['SP500'].rolling(50).mean()
data['SMA100'] = data['SP500'].rolling(100).mean()
```

这几行代码，计算我们将要用于模拟的两条移动平均线。你会看到，它们分别只引用了跨度为 50 行和 100 行的滚动时间窗口，并计算其平均值。

```
# Set to 1 if SMA50 is above SMA100
data['Position'] = np.where(data['SMA50'] > data['SMA100'], 1, 0)
```

下一行代码检查哪些天我们应该持有多头，哪些天应该空仓。策略是，如果较快的移动均线向上穿较慢的移动均线，我们将多头开仓。也就是说，当 SMA50 高于 SMA100 时，我们将持有多头，否则空仓。

上面代码所做的是将 `Position` 列中 `SMA50` 高于 `SMA100` 的这些天设置为 `1`，并将其他天设置为 `0`。

但是，这里有一个很重要的逻辑。在这行代码中，头寸（Position）列在均线变化的同一天发生改变。也就是说，我们根据收盘价计算均线，发出开仓信号，然后以收盘价进行交易。这显然是在作弊。为了让交易更加公平，我们需要将交易推迟到信号发出后的第二天。幸运的是，这很容易做到。

```
# Buy a day delayed, shift the column
data['Position'] = data['Position'].shift()
```

接下来，我们计算策略的每日变动率。如果你仔细想想，这很简单。我们知道指数的每日变动率，而如果 50 日移动均线高于 100 日移动平均线，我们将做多该指数 100% 的头寸。如果没有信号，我们就不持有任何头寸。

```
# Calculate the daily percent returns of strategy
data['StrategyPct'] = data['SP500'].pct_change(1) * data['Position']
```

我们取指数的每日变动率，然后乘以我们刚刚创建的 `Position` 列。记住，如果我们持有多头，这一列是 1，否则为 0。

你可以看到，我们只是在 Pandas DataFrame 中引用这一列，并调用函数 `pct_change()`，就可以很容易地从指数中得到回报率。

```
# Calculate cumulative returns
data['Strategy'] = (data['StrategyPct'] + 1).cumprod()
```

接下来是计算我们的策略回报的时候了。我们已经知道了每日的回报率，只需要用它来创建一个时间序列。最简单的方法是，将数字 1 加到所有的回报率上，然后使用 Pandas 函数 `cumprod()`。这将计算该序列的累积乘积。

请注意，在上面的一行代码中，我们只需使用加号，就可以向列中的每一行添加一个数字。其他编程语言会抱怨我们在混淆概念，试图将一个静态数字添加到一个数字列表中。但是 Pandas 会明白我们的意思，并将数字加到每一行。

```
# Calculate index cumulative returns
data['BuyHold'] = (data['SP500'].pct_change(1) + 1).cumprod()
```

在我们的策略的旁边画出"买入并持有"（Buy and Hold）方式的权益曲线是很有用的，这样我们就可以对两者进行比较。这里计算"买入并持有"的回报的方法和我们计算策略回报的方法是一样的，不同的地方只是前者以实际的标准普尔指数时间序列为基础进行计算。

```
# Plot the result
data[['Strategy', 'BuyHold']].plot()
```

最终，最后一行代码画出两条线。上次绘图时，我们没有指定要绘制哪些列，因为只有两列，我们想同时绘制它们。但是，如果我们不指定要绘制哪些列，程序将绘制所有列，那样的话，这么多条曲线看起来将像意大利面一样纷繁交错。这里我们关心的是，在"买入持有"基准旁边显示我们策略的权益曲线。这就是这行代码的作用。

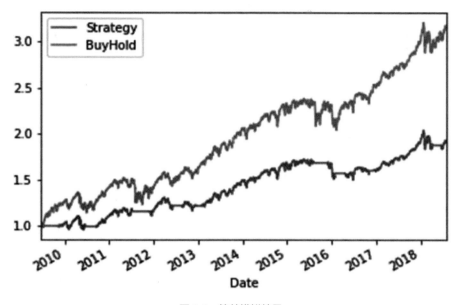

图 6-3　简单模拟结果

考虑到本书是黑白印刷，以及我们还没有学过如何在 Python 的图中绘制虚线或短划线，所以上图以线条黑色的深浅程度进行区分。我们稍后会讲到如何绘制虚线。我们的策略的权益曲线在图表的底部，回报率较低，但波动性看起来也较低。显然，像这样的图表还不足以决定策略的好坏，但那还不是目前我们所关心的。

你刚刚完成了第一次 Python 回测（Backtest）。恭喜你！

与使用 Pandas DataFrames 相比，大多数人可能更熟悉 Excel。看看我们计算的列在 Excel 中是什么样子，可能会有所帮助。我们创建的 DataFrame 的结构如图 6-4 所示。第一列 SP500 直接来自数据文件，其他列都是计算出来的。根据 50 日移动平均值（SMA50）是否高于 100 日移动平均值（SMA100），Position 列将显示 1 或 0。如果它显示为 1，我们假设该策略持有的头寸是投资组合价值的 100%，然后将之前的策略价值与当天指数变动率相乘。

Date	SP500	SMA50	SMA100	Position	StrategyPct	Strategy	BuyHold
2010-06-03	1,102.83	1,158.66	1,137.63	1	0.41%	1.00	1.23
2010-06-04	1,064.88	1,156.60	1,136.81	1	-3.44%	0.97	1.19
2010-06-07	1,050.47	1,154.29	1,135.95	1	-1.35%	0.96	1.17
2010-06-08	1,062.00	1,152.20	1,135.11	1	1.10%	0.97	1.19
2010-06-09	1,055.69	1,149.85	1,134.18	1	-0.59%	0.96	1.18
2010-06-10	1,086.84	1,148.12	1,133.69	1	2.95%	0.99	1.21
2010-06-11	1,091.60	1,146.57	1,133.11	1	0.44%	0.99	1.22
2010-06-14	1,089.63	1,144.80	1,132.62	1	-0.18%	0.99	1.22
2010-06-15	1,115.23	1,143.35	1,132.61	1	2.35%	1.02	1.25
2010-06-16	1,114.61	1,141.86	1,132.84	1	-0.06%	1.01	1.25
2010-06-17	1,116.04	1,140.53	1,133.03	1	0.13%	1.02	1.25
2010-06-18	1,117.51	1,139.15	1,133.28	1	0.13%	1.02	1.25
2010-06-21	1,113.20	1,137.53	1,133.44	1	-0.39%	1.01	1.24
2010-06-22	1,095.31	1,135.50	1,133.55	1	-1.61%	1.00	1.22
2010-06-23	1,092.04	1,133.40	1,133.73	1	-0.30%	0.99	1.22
2010-06-24	1,073.69	1,130.66	1,133.58	0	0.00%	0.99	1.20
2010-06-25	1,076.76	1,127.96	1,133.31	0	0.00%	0.99	1.20
2010-06-28	1,074.57	1,125.61	1,133.08	0	0.00%	0.99	1.20
2010-06-29	1,041.24	1,122.48	1,132.86	0	0.00%	0.99	1.16
2010-06-30	1,030.71	1,118.95	1,132.51	0	0.00%	0.99	1.15
2010-07-01	1,027.37	1,115.38	1,132.22	0	0.00%	0.99	1.15
2010-07-02	1,022.58	1,111.66	1,131.74	0	0.00%	0.99	1.14
2010-07-06	1,028.06	1,107.88	1,131.34	0	0.00%	0.99	1.15
2010-07-07	1,060.27	1,104.84	1,131.15	0	0.00%	0.99	1.18
2010-07-08	1,070.25	1,102.57	1,131.10	0	0.00%	0.99	1.20
2010-07-09	1,077.96	1,100.30	1,130.93	0	0.00%	0.99	1.20

图 6-4 简单模拟数据的 Excel 表

如果截至目前你一直在学习这个示例，那么你可能对 Python 如何真正快速和轻松地完成任务有了一些印象。然后，也许你已经开始对这个例子进行分析，并质疑这个模拟的有效性。

现在，一些人会质疑这是否真的是一个合理的模拟，如它没有考虑交易成本。如果这就是你对有效性的担心，你可能忽略了最重要的一点。我们正在"交易"标准普尔 500 指数，但它并不是可交易的证券，你不能交易指数。当然，还有其他问题。

所以，我们刚刚做的模拟，并不是为现实情况而设计的。这其中存在许多问题，我们也有充分的理由不使用如此简单的逻辑进行所有的模拟。但这不是本章的重点。本章的重点是演示 Python 语言的一些巧妙之处。

在进行真实的模拟之前，我们将看几个更简单和有趣的例子，以让每个人了解 Python 以及它为我们所做的奇妙的事情。

制作相关性图

在继续学习之前，我想向你们介绍几个更常见的概念。首先，在 Jupyter 记事本中打开一个新文件。这次我们要做一个图表来显示标准普尔 500 指数和纳斯达克指数之间的相关性。

这次我想要演示的最重要的一点是，函数在 Python 中的工作方式。我们将创建一个灵活且可重用的函数来从磁盘中获取数据。这个函数可以用来读取不同的 csv 文件。我们获取这些数据后，将使用这些数据来计算滚动相关性（Rolling Correlation），然后绘制结果。

当计算相关性时，大多数从业者更喜欢使用对数结果。这样做的原因是，在处理和分析时间序列数据时，使用对数结果非常方便，而且对最终结果没有明显的影响。

这里的重点是演示概念，现在我将坚持使用原有的回报率。这没什么错，但重要的是要理解，为了使相关性有意义，你需要使用这两者之一：对数回报或回报率。计算价格水平本身的相关性是没有逻辑意义的，使用金额变动进行计算也是如此。

下面是绘制相关性图的代码。

```
%matplotlib inline
import pandas as pd

def get_returns(file):
    """
    This function get_data reads a data file from disk
    and returns percentage returns.
    """
    return pd.read_csv(file + '.csv', index_col=0, parse_dates=True).pct_change()
```

```
# Get the S&P time series from disk
df = get_returns('SP500')

# Add a column for the Nasdaq
df['NDX'] = get_returns('NDX')

# Calculate correlations, plot the last 200 data points.
df['SP500'].rolling(50).corr(df['NDX'])[-200:].plot()
```

注意，在这段代码中，有一些注释帮助解释发生了什么。在代码中编写注释是一个好主意，既可以帮助自己记忆，也可以帮助他人阅读。

这里你会看到，有两种注释方式：一种方式是块注释，用三个引号括起来，写在三个引号之间的任何内容都将被视为注释；另一种方式是使用#符号，该符号之后的所有内容都将成为注释。

现在我们查看实际的代码。看到以关键字 def 开始的行了吗？它定义了一个函数。函数是一段代码，封装了一些可以重用的功能。这个简单的函数 get_returns 以文件名作为参数。我们传递给这个函数一个文件名，如果该文件和程序存在于同一个文件夹中，它将从盘中读取该文件，并返回每日回报率。我们以前学习过相关内容。

这里，我们将调用这个函数两次。首先，将标普 500 指数数据从磁盘读入一个 Pandas DataFrame 中，然后再将纳斯达克数据添加到该 DataFrame 中。

在进行试验时，你可以使用自己的数据，也可以从 www.followingthetrend.com/trading-evolved 下载示例文件。

这是我使用的文件内容布局：

Date,SP500

1990-01-02,359.69

1990-01-03,358.76

1990-01-04,355.67

1990-01-05,352.2

1990-01-08,353.79

1990-01-09,349.62

1990-01-10,347.31

1990-01-11,348.53

1990-01-12,339.93

1990-01-15,337

1990-01-16,340.75

1990-01-17,337.4

1990-01-18,338.19

...

在这之后，就变得有趣了。这一行的目的是教你一些关于 Pandas 的知识，以及如何轻松地使用它进行计算。

我们拥有了包含两个时间序列的 DataFrame 以后，就可以使用一行代码来进行多个复杂的操作。在代码示例的最后一行中，我们执行了以下操作：

- 在回报率的 50 日滚动窗口中应用相关性的计算公式。
- 丢弃除最后 200 行外的所有数据。
- 绘制结果图表。

现在想象一下在微软 Excel 中如何做同样的事情。在 Excel 中，你需要大量的公式，每次单独的计算都要一个公式。但是，如果使用 Python，你只需要一行代码就能完成任务。

这里的函数 `get_returns(file)` 在其他代码调用它之前不会被执行。即使代码是按顺序从上到下执行的，函数也会被跳过，直到其他代码调用它为止。

我们可以多次调用同一个函数，使用不同的参数来读取不同的文件，而不用每次都重复编写这段代码。这减少了我们需要的代码量，并使维护和查找错误更容易。

现在，在调用函数两次（读取每个文件都调用一次）之后，变量 `df` 保存了一个 DataFrame，其中包含每日回报率数据，内容差不多类似于表 6-1。这里要记住的重要一点是，DataFrame 可以被看作是一个电子表格。

表 6-1 每日回报率数据

Date	SP500	NDX
1990-01-03	-0.0025855597875948932	-0.007135799758480665
1990-01-04	-0.008613000334485421	-0.006125608137992011
1990-01-05	-0.009756234711952194	-0.007008877912021982
1990-01-08	0.004514480408858601	0.0017925965761405038
1990-01-09	-0.011786653099296274	-0.010557394649727048
1990-01-10	-0.006607173502660046	-0.02091057057600143

案例中，源数据文件 SP500.csv 和 NDX.csv 包含从 1990 年起的数据。文件是每日数据，每天一行。其中有很多数据点，而我们只需要绘制最后 200 行数据。

为此，我们将运用一个强大的功能——切片（Slicing）。使用这个技巧，我们可以引用 DataFrame 的一部分。同样的逻辑也适用于许多其他类型的对象。

它的基本原理非常简单，可以在对象后面使用语法 [start:stop:step] 对对象进行切片。这个功能很重要，我们会花点时间来查看。切片应该是你真正想要了解的概念。

如果我们有一个名为 data 的对象，想要引用从第 100 行开始到第 200 行结束的片段，并且每隔一行取一行，我们将使用语法 data[100:200:2]。简单而直接。如果不想设置步长，可以去掉第三个参数，这样将获取其中所有行。

语法 data[50:60] 将提取从第 50 行到第 60 行之间的行。语法 data[-50:-20] 将提取从倒数第 50 行开始到倒数第 20 行之间的行。如果你简单地说 data[-10:]，你会得到从最后 10 行到最后一行的数据。

在这个例子中，我为了让图表更容易阅读，只绘制最后 200 个点。我们可以通过使用负数作为起始点来实现这个功能。Pandas 会将其解释为从终点开始的行数，而不是从起点开始的行数。

请记住，我们在示例中创建的变量名为 df。当然，这是一个完全随意取的名称。如果我们输入 df[-200:]，它将引用 df 对象的最后 200 个数据。我们需要在这里加上冒号，以表明我们要进行切片。如果你写成 df[200]，将会得到第 200 行。

但我们不是要画出 df 对象本身，而是要根据 df 中的数据绘制相关性图。

查看代码示例中的最后一行，df['SP500'].rolling(50).corr(df['NDX'])[-200:].plot()。它实际上在一行中做了很多事情。它从列 'SP500' 开始，引用一个 50 行的滚动窗口。然后计算与列 'NDX' 的相关性。这是一个非常简单的计算时间序列相关性的方法。

接下来会看到方括号，这是对数据进行切片。切片从倒数第 200 行开始，直到序列结束。最后是绘制相关性序列，输出结果如图 6-5 所示。

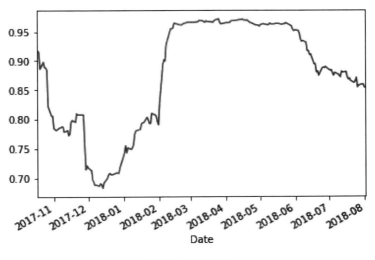

图 6-5　相关性图

至此，你会看到 Python 在处理金融数据方面是多么有用。你应该已经掌握了如何处理时间序列的基本知识。随着本书的深入，我将介绍更多的概念、工具和技巧来供你使用。

不管你开始读本书时技术水平如何，我都想在本书阅读结束时，让你能够舒服地使用 Python 进行金融建模，并能够发挥自己的创造力，解决重要任务。

也许最重要的是，你应该能够构建真实的交易回测，来测试和验证自己的交易想法。

绘制更美观的图表

到目前为止，我们已经绘制了一些简单的图表，看到了这是多么简单。一旦我们在 DataFrame 中拥有了整洁的数据，我们只需在末尾标记一个 `.plot()` 就可以了。

这种可视化显示的方式，对于只是想快速浏览一下的特定计算非常有用。但是，这是非常基本的。通常，你可能想要制作更复杂、外观更好看的图表，并且希望能够控制显示的每个方面。

在本章的前一节中，我们安装了 matplotlib。它就是我们在这里将要使用的程序库。有了这个程序库，就可以制作非常详细和复杂的图表。在使用 Python 时，有时你想要的只是一个快速的图形输出，但有时你想要的是能够让演示材料留下深刻印象或清晰的图表，以便同事能够理解和使用。

这仍然是一个介绍性的章节，我们将保持事情相对简单。我们将使用与上面相关性示例相同的数据。这一次，我们将绘制三幅子图（Subplot），也可以称之为图表窗格（Chart Pane）。第一幅子图将显示重新设定基准的两个指数的比较。两个指数用相同的起始值 1 重新计算，并在半对数坐标上显示。第二幅子图将显示纳斯达克指数相对于标准普尔 500 指数的相对强度。第三幅子图将显示两个指数之间的相关性。

与本书中的所有代码示例一样，我们的目的是使其易于阅读和理解，而不是编写最高效或最漂亮的代码。编写高效且漂亮的代码是有价值的，但你首先需要了解基础知识。

我将逐一向你展示代码，并解释重要的部分。在本节的最后，我会完整地展示全部代码。

在下面的代码中，我们将使用与前面示例类似的技术来计算所需的数据。代码中有两个函数。到目前为止，这两个函数看起来都很熟悉，也很容易理解。

```
def get_data(file):
    """
    Fetch data from disk
    """
    data = pd.read_csv(file + '.csv', index_col='Date', parse_dates=['Date'])
    return data

def calc_corr(ser1, ser2, window):
    """
    Calculates correlation between two series.
    """
    ret1 = ser1.pct_change()
    ret2 = ser2.pct_change()
    corr = ret1.rolling(window).corr(ret2)
    return corr
```

第一个函数 `get_data`，从文件中读取数据并返回给我们。第二个函数 `calc_corr`，以两个时间序列和一个时间窗口作为输入，计算并返回得到的相关性序列。

然后，我们设置打算绘制数据的数量。如果你改变这个值，输出图形也会相应改变。

```
# Define how many points we intend to plot. Points in this case would
be trading days.
points_to_plot = 300

# Go get the log return data.
data = get_data('indexes')
```

看看下面的部分，我们在这里重新设定了数据的基准，使数据序列从相同的初始值开始，以便我们在绘图时可以直观地比较它们。这里有一些巧妙的技巧，我来展示一下。

```
# Rebase the two series to the same point in time, starting where the
plot will start.
```

```
for ind in data:
    data[ind + '_rebased'] = (data[-points_to_plot:][ind].pct_
    change() + 1).cumprod()
```

在这段代码中,我们循环遍历 DataFrame 中的每一列。对于它们中的每一列,我们为重新设定基准的数值新建一个列。我们想要实现的是,让这两个序列从相同的值开始,这样就可以在图表中直观地比较它们。通常,在重新设定基准时,你将从 1 或 100 开始,重新计算所有序列。

在本例中,如前面代码中 points_to_plot 的定义所示,我们只想绘制最后的 300 行数据。重新设定基准的重点是让数据在图中看起来更美观,更容易进行视觉比较。因此,我们重新计算所有内容,从倒数第 300 行数据开始,数据的起始值都是 1。

注意我们是如何使用与前面相同的切片功能来选择数据的。在这段代码中,我们使用相同的语法来切取最后 300 个点,然后每次获得一列的回报率,并加上数字 1。当我们加上这个数字时,它会被加到每一行。在这个操作之后,每一行都包含了每日回报率加上 1。但这一行代码还没结束。

现在,我们执行 cumprod(),计算累积乘积,这将提供给我们一个从 1 开始的、重新设定基准的序列。所有这些功能都在一行简单的代码中完成。

再看看这行代码。阅读描述它的文本可能看起来很复杂,但代码却非常简单。可以把它想象成一个 Excel 电子表格。我们一次取一列,逐行计算变动率,加上 1,然后计算累积乘积。也就是说,我们从一开始把这些行相乘,一直乘下去。

在此操作之后,DataFrame 数据应该与表 6-2 大致相同。我们添加了两个新列,它们的值是重新设定基准的指数。

表 6-2 DataFrame 内容

Date	SP500	NDX	SP500_rebased	NDX_rebased
2017-05-26	2415.82	5788.359	1.00031055	1.001727995
2017-05-30	2412.91	5794.632	0.999105616	1.002813594

续表

Date	SP500	NDX	SP500_rebased	NDX_rebased
2017-05-31	2411.8	5788.802	0.998646002	1.00180466
2017-06-01	2430.06	5816.511	1.006206859	1.006599954
2017-06-02	2439.07	5881.458	1.0099376	1.017839621
2017-06-05	2436.1	5878.117	1.008707822	1.01726143
2017-06-06	2429.33	5856.769	1.005904591	1.013566965
2017-06-07	2433.14	5877.59	1.007482185	1.017170228
2017-06-08	2433.79	5885.296	1.007751328	1.018503821
2017-06-09	2431.77	5741.944	1.006914813	0.993695458
2017-06-12	2429.39	5708.18	1.005929435	0.987852292
2017-06-13	2440.35	5751.817	1.010467605	0.99540407
2017-06-14	2437.92	5727.066	1.009461423	0.991120686
2017-06-15	2432.46	5700.885	1.007200619	0.986589826
2017-06-16	2433.15	5681.479	1.007486325	0.983231442
2017-06-19	2453.46	5772.223	1.01589602	0.998935514
2017-06-20	2437.03	5726.311	1.009092904	0.990990026
2017-06-21	2435.61	5782.394	1.008504929	1.000695697
2017-06-22	2434.5	5779.37	1.008045315	1.000258896

计算相对强度很容易，只需一个序列除以另一个序列。相关性的计算，目前为止你应该很熟悉了。

```
# Relative strength, NDX to SP500
data['rel_str'] = data['NDX'] / data['SP500']

# Calculate 50 day rolling correlation
data['corr'] = calc_corr(data['NDX'], data['SP500'], 100)
```

现在，我们需要的所有数据都在DataFrame中，已经计算好并准备进行显示。此时，你可能想要停下来检查一下数据，以确保它看起来与你预期的一样。当然，有一些有用的小工具可以帮助你。

在你从本书网站下载的代码示例文件中，我将代码划分为不同的单元，以便于管理。到目前为止，你在本节中看到的代码，都在一个单元中。这个单元在不进行数据可视化的情况下获取和计算数据。

如果你在执行了第一个单元之后，在下面创建一个新单元，你可以停下来查看 `DataFrame` 的构成。

一种查看的方法是，将整个 DataFrame 复制到剪贴板中。这样，你就可以将其粘贴到 Excel 中并仔细查看。

```
# You could use this copy the DataFrame to clipboard,
# which could easily be pasted into Excel or similar
# for inspection.
data.to_clipboard()
```

也许，你想确保表格的布局正确，数值看起来合理。你可以使用 `head()` 或 `tail()` 来查看 DataFrame 的头部或尾部。

```
# We can take a look at the data in the DataFrame
# Using head or tail to print from the start or the bottom.
data.tail(20)
```

如果你对 DataFrame 现在的样子感到满意，那么我们将继续对数据进行切片。使用之前的切片逻辑，有效地去掉其他数据点，只保留最后 300 个数据点。

```
# Slice the data, cut points we don't intend to plot.
plot_data = data[-points_to_plot:]
```

现在，我们已经准备好了所有数据，现在需要做的就是创建一个美观的图表。这里你会看到，与之前使用的简单的 `.plot()` 相比，我们有更多的自主权来格式化和设置图形。

在本例中，我们首先通过定义确切的尺寸，让图形的尺寸更大。

```
# Make new figure and set the size.
fig = plt.figure(figsize=(12, 8))
```

另一个重要的知识点是 `subplot` 函数，我们提供三个数字作为函数参数。你会看到，我们第一次调用这个函数时，传入参数数字 311。前两个数字 31 的意思是，创建一张由排列成纵向三行、横向一列的三张子图构成的图形。最后一个数字 1 表示，我们现在正在定义这三张子图中的第一张。

对于第一幅图表窗格（这里称为子图），我们首先设置一个标题，然后绘制两个半对数曲线。注意我们是如何使用 `linestyle` 将一条线设置为实线，另一条线设置为虚线，并设置标签和线宽的。

```
# The first subplot, planning for 3 plots high, 1 plot wide, this being the first.
ax = fig.add_subplot(311)
ax.set_title('Index Comparison')
ax.semilogy(plot_data['SP500_rebased'], linestyle='-', label='S&P 500', linewidth=3.0)
ax.semilogy(plot_data['NDX_rebased'], linestyle='--', label='Nasdaq', linewidth=3.0)
ax.legend()
ax.grid(False)
```

为了生成第二幅图，我们再次调用 `add_subplot()`，这次提供数字 312，表明我们正在处理该图形的第二张子图。这里我们添加了相对强度曲线，并为它添加了一个标签。最后，我们再加上第三张子图，就大功告成了。

```
# Second sub plot.
ax = fig.add_subplot(312)
ax.plot(plot_data['rel_str'], label='Relative Strength, Nasdaq to S&P 500', linestyle=':', linewidth=3.0)
ax.legend()
ax.grid(True)

# Third subplot.
ax = fig.add_subplot(313)
ax.plot(plot_data['corr'], label='Correlation between Nasdaq and S&P 500', linestyle='-.', linewidth=3.0)
ax.legend()
ax.grid(True)
```

还要注意，我们在代码中为图形添加了图例，并为最后两张子图添加了网格线。我添加这些东西，只是为了教你相应的方法。

这段代码的输出，应该显示一张包括三张纵向排列的子图的图形。我们为每一条曲线定义了名称，为整幅图形定义了标题。第一张子图设置为半对数坐标轴，最后两张子图上加上了网格。运行这段代码，你应该可以看到与图6-6非常相似的结果。

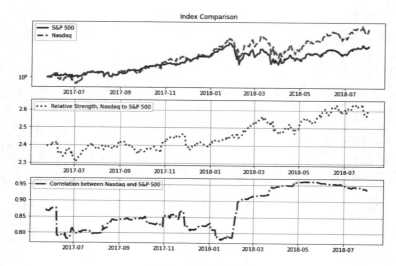

图6-6　更美观的图形

完整的代码如下所示。

```
import pandas as pd
import matplotlib.pyplot as plt
def get_data(file):
    """
    Fetch data from disk
    """
    data = pd.read_csv(file + '.csv', index_col='Date', parse_
    dates=['Date'])
    return data

def calc_corr(ser1, ser2, window):
    """
```

```python
    Calculates correlation between two series.
    """
    ret1 = ser1.pct_change()
    ret2 = ser2.pct_change()
    corr = ret1.rolling(window).corr(ret2)
    return corr

# Define how many points we intend to plot. Points in this case would
be trading days.
points_to_plot = 300

# Go get the data.
data = get_data('indexes')

# Rebase the two series to the same point in time, starting where the
plot will start.
for ind in data:
    data[ind + '_rebased'] = (data[-points_to_plot:][ind].pct_
    change() + 1).cumprod()

# Relative strength, NDX to SP500
data['rel_str'] = data['NDX'] / data['SP500']

# Calculate 50 day rolling correlation
data['corr'] = calc_corr(data['NDX'], data['SP500'], 100)

# Slice the data, cut points we don't intend to plot.
plot_data = data[-points_to_plot:]

# Make new figure and set the size.
fig = plt.figure(figsize=(12, 8))

# The first subplot, planning for 3 plots high, 1 plot wide, this
being the first.
ax = fig.add_subplot(311)
ax.set_title('Index Comparison')
ax.semilogy(plot_data['SP500_rebased'], linestyle='-', label='S&P
500', linewidth=3.0)
ax.semilogy(plot_data['NDX_rebased'], linestyle='--', label='Nasdaq',
```

```
linewidth=3.0)
ax.legend()
ax.grid(False)

# Second sub plot.
ax = fig.add_subplot(312)
ax.plot(plot_data['rel_str'], label='Relative Strength, Nasdaq to S&P
500', linestyle=':', linewidth=3.0)
ax.legend()
ax.grid(True)

# Third subplot.
ax = fig.add_subplot(313)
ax.plot(plot_data['corr'], label='Correlation between Nasdaq and S&P
500', linestyle='-.', linewidth=3.0)
ax.legend()
ax.grid(True)
```

当然,这仍然是一个相当简单的图形。但是,它表明 Python 在数据可视化方面有相当大的灵活性。现在,你已经了解了基本知识,希望你对其中的规律也有所体会。我们将在本书中制作更多的图表。

第七章
交易策略回测

在本章中，我们将看一下 Python 中的回测是如何工作的。正如第三章所述，执行简单的特定测试非常容易。但是，这并不是我们在本书中所追求的。我们要把事情做得更好。

当开始写第一本书时，我决定确保读者能够复制和验证我所写的一切。我所在行业的大多数公司都在软件、数据和量化分析师上投入了大量资金。我不想写那些只有拥有大量预算的公司才能使用的书。如果我写的东西无法得到证实，它们就毫无用处。我不会相信一本不展示所有细节、不允许复制的书。当然，如果我期待其他人会这样做，也是不合理的。

我做的第一件事就是，研究那些足够好的廉价工具。我不想让人们一个月花几千美元在市场数据上。如果你有足够的预算，那么没问题，但我假设大多数读者都没有这么多预算。

我最终做的是构建一个预算少的量化环境，并在我的书中只使用这个量化环境。2013 年，在我的第一本书《趋势交易》(*Following the Trend*) 中，我使用了大约 500 美元的软件和每月 100 美元左右的市场数据。在这个行业内，那真是太便宜了。但让我惊讶的是，只要做一点研究，就能找到高质量的、廉价的工具。

话虽如此，散户交易者使用的大多数回测平台都非常糟糕。我不会特别指出是哪个平台，但我敢说，绝大多数非专业人士使用的东西很糟糕。

我在第一本书中，使用的开发环境就是 RightEdge。这是一个我至今仍在使用和推荐的可靠软件。它基于 C#，快速且可靠，但需要相当多的编程知识才能入门。一旦你学会了，就会发现 C# 是一门很好的语言。它比 C++ 简单，是一种快速且稳定的语言，可以做任何你需要的事情。很难说哪款软件是最好的，选择往往取决于目的和偏好。丢掉那些不好的东西，直到剩下几个够用的好东西，选择起来就更容易些。

我仍然喜欢 RightEdge，尽管它在十年里几乎没有更新。多年来我一直在大量使用它，并花了很多时间根据我的需要修改它。在我的第二本书《趋势永存：打败市场的动量策略》(*Stocks on the Move*)中同样使用了这个平台。

在《趋势交易》中，我使用了来自 CSI Data 的期货数据，而在《趋势永存：打败市场的动量策略》中，我使用了来自 QuantQuote 和 Norgate Data 的数据。

我敢肯定，有些人会问我为什么要提到这些，这些公司给我了多少报酬。好吧，再次声明，我没有因为提到了它们而得到报酬。我只是想把我用过的东西说出来。这些公司是最好的吗？我不知道，但在当前环境下，我认为很难找到最好的。我发现这些解决方案已经足够好了，也符合我对低成本解决方案的要求，能让读者重现我的工作。

我最终需要每年几千美元的预算来购买那些研究所需的工具，这对我来说似乎是划算的。

在 Python 世界中，你会发现几乎所有的软件都是免费的。它不会像我们大多数人习惯的那样精雕细琢，也不是那么完美。大多数 Python 软件都需要你在安装、适应和配置方面做大量工作，然后才能真正使用它们。但是，免费软件大都如此。

然而，数据往往不是免费的。虽然有一些免费的数据源，但趋势是它们都在转向付费。它们逐渐减少或限制访问，并提供付费服务。

你可以找到一些基本的股票数据，但如果你想要可靠的数据，免费似乎不是一个可靠的选择。

在本书中，我使用了两个数据源。对于股票，我使用 Norgate Data；对于期货，我使用 CSI Data。这两种服务都是低成本的，质量足够好，适合大多数日常算法建模，而且对散户来说价格合理。

Python 回测引擎

首先需要了解的是，在 Python 中运行金融工具的回测没有单一的方法。这就像在 C++ 或其他语言中没有单一的编程方法一样。编程语言只是一种语言。为了使用它进行回测，我们要么需要构建一个可以为我们处理所有细节的引擎，要么需要安装并使用别人已经制作好的引擎。

如果你购买的是现成的软件包，如 AmiBroker、RightEdge、TradeStation、NinjaTrader、MultiCharts 等，这就是后一种情况。Python 世界的主要不同之处在于，通常你需要自己多做一些工作。你不会得到像那些现成软件包一样成熟、精细、可视化的软件。

另一方面，使用 Python 比使用大多数现成的软件包具有更大的灵活性和潜力。一旦接触了 Python，你就会发现它的好处，可以用它做任何事情。再强调一次，Python 是免费的。

Python 回测仍处于早期阶段。它还没有受到普通人的欢迎，可能是因为在可用性和文档方面有时让人非常头疼。到目前为止，使用它的主要是数据科学家、量化专家和早期使用者。但我们看到用户群正在增长，更重要的是，正在变得更加广泛。随着这种趋势的持续，可用性和文档方面可能会得到改善。

在 Python 的世界中，不要指望下载一个安装文件，就能获得一个图形化的安装程序，考虑到所有细节，安装一个闪亮的 Windows 应用程序，而你只需点击应用程序，改变一些设置，运行回测，就能得到一些彩色分析页面来显示所有的细节。这不是 Python 的方式，至少现在还不是。

另一方面，Python 回测引擎不仅完全免费，而且是开源的。是的，你可以不花一分钱就得到软件，而且会得到完整的源代码。这样，你就可以进行任何你认为合适的修改。

当你开始寻找 Python 回测引擎时，你会发现有众多引擎可供选择，甚至数不胜数。而随着你深入挖掘，你会发现它们各有千秋，往往有自己独特的优势和不足。

当我第一次开始深入研究这些细节时，我询问了金融行业的朋友。他们使用

Python 回测的时间比我长得多。通常情况下，他们会建议我创建自己的引擎。

我知道这句话对某些人来说是有道理的，但我不想在这里白费力气。当我需要使用电子表格应用程序时，我只需打开 Excel。即使我不一定同意微软的所有设计选择，我也不会从头开始建立我自己的电子表格应用程序。

我更喜欢使用已经建成的，最好是我可以修改的软件。我可以改变不喜欢的地方，添加我认为缺失的部分，但仍然使用现有解决方案的核心功能。

接下来的问题是，在众多可用的 Python 回测引擎中选择哪一个。在本书中，我只打算用其中一个。我不想遍历每一个可能的 Python 回测引擎，并在每个引擎中展示代码示例。这会让各位读者完全陷入困惑中。

相反，我会选择一个回测引擎，并在本书的所有示列中使用它。这样，你就有机会在本地计算机上复制本书中的所有内容，并在此基础上构建你自己的回测环境。

Zipline 与 Quantopian

我在本书中使用的回测引擎，是由 Quantopian 开发的 Zipline。Zipline 软件包可能是目前所有可用的软件包中最成熟的一个。它具有更丰富的功能，并且可以很好地扩展到大量的数据。Zipline 如此优秀的原因，还要从构建 Zipline 的公司的背景说起。

Quantopian 是一家总部位于波士顿的技术和资产管理公司。它经营着一家同名网站。在它的网站上，你会发现一个完全免费的回测环境。你可以对美国股票和期货的分钟序列数据进行真正的回测。所有这些都运行在它们的服务器上。它们能提供丰富的功能和分钟序列数据，而且完全免费。

不过，Quantopian 公司在 2020 年末倒闭了，它们优秀的在线回测网站也随之关闭。这真的很遗憾。成千上万的量化交易员失去了其所依赖的、如此有价值的工具。

好消息是，这不会影响到那些希望在本地使用 Quantopian 程序库的人。它们创建的程序库，包括 Zipline 回测引擎，仍然是开源的，可以在互联网上免费获得。更好的是，在 Quantopian 倒闭后的前六个月里，我们已经看到了显著的进步，开源社区接管了这个软件，改进和增强了这个软件。

在本书中，我将使用 Zipline 程序库作为教学工具，把它安装在你自己的计算机上。一旦你有足够的信心独立进行测试，你可以随意尝试其他的回测程序库，并发现它们之间的差异和相似之处。

进行本地设置自然会有点复杂。它也不像 Quantopian 网站那样提供分钟级别的免费数据。

因此，对于本地设置，我们必须在数据方面进行一些临时处理。这实际上是我们要解决的最复杂的任务。最简单的解决方案（虽然不是最好的）是使用像 Quandl 这样的数据源提供的免费数据。这些功能内置在 Zipline 软件包中，你可以在几分钟内启动和运行。

但是，一个免费的互联网数据源自然不适合进行真正的回测。我们先使用 Quandl 数据源进行一些基本的建模和测试。在本书的后面，我们将更深入地研究合适的数据，以及如何将数据连接起来。

优点和缺点

在没有向导的情况下，建立一个基于 Zipline 的模拟环境是非常痛苦的。我们可能需要做一些工作才能把所有的部分都准备好，如安装正确的程序库、设置自己的数据源等。在本书中，我将尽我最大的努力来引导你完成这些部分。当然，这个问题不一定是 Zipline 的问题，而更多的是 Python 的问题。

Python 用户群正在扩大，但大多数代码和文档都是具有深厚编程背景的数据科学家的。一般来说，Python 社区中的文档很差。但是，随着越来越多的人加入这一领域，这种情况可能会改变。

Zipline 文档也不例外。就 Python 文档而言，它并不差，但与你可能已经习惯的软件文档相比，它实在是相形见绌。

将你自己的数据源连接到 Zipline 并非易事。相关文档寥寥无几，要历经坎坷才能让一切正常工作。在本书中，我希望帮助你解决这个问题，并在后面的章节中提供完整的源代码和示例。

Zipline 最严重的缺点之一是，它只支持单一的币种。也就是说，它不知道证券可能以多种货币计价。如果你只交易美国股票，这应该没有关系。但如果你在全球股票市场或全球期货市场中交易，那就有点问题了。

Zipline 也有很多很优秀的功能。这里的关键点在于、与其他的回测程序库不同，这个程序库曾经由全职人员进行开发。这当然有助于推动改进和漏洞修复，这也是 Zipline 集合了如此丰富功能的原因。

与目前大多数替代方案相比，Zipline 可以进行更逼真的模拟，处理更大数量的数据，而且速度非常快。它还有一个相当大的在线用户社区，这意味着当你陷入困境时，更容易找到问题的答案。

Zipline 适用于股票和期货。它在这两个领域都有一些巧妙的特性，我们稍后会详细介绍。

当写这样一本书时，总会面临着出版之后发生一些重要的变化的风险。这取决于你什么时候读到这本书。也许有一些其他的回测引擎已经超越了 Zipline，或者是 Zipline 发生了一些重大的改变。为了降低这种风险，我将尽量使本书中的所有内容都足够通用化，使你能够在尽可能少修改的情况下，弄清楚如何将其应用于不同的环境。

这里的重点是学习方法，而不是特定回测引擎的专门接口。

Zipline-Reloaded 程序库

记住，Zipline 只是另一个 Python 程序库，不是一个独立的应用程序。在其他应用程序中，你下载一些可执行文件，然后得到一个图形安装程序来指导你完成安装过程，但 Python 的工作方式通常不是这样的。

如果你是 Python 新手，可能需要一段时间来适应这里的工作方式。请耐心听我说，我将带你走完一个典型的 Zipline 安装过程。

在 Quantopian 倒闭之后，Zipline 程序库的开发加快了速度，我们已经看到了由熟练的程序员创造的多种优秀的版本。在本书中，我将使用史蒂芬·詹森（Stefan Jansen）创建的 Zipline-Reloaded 程序库。他的工作非常出色，更新了

Quantopian 代码，以使它能在新的 Python 版本上很好地运行。

他的网站上有所有最新的文档和大量的资源，你可以通过网站 https://zipline.ml4trading.io/ 访问这些资源。

最初，Zipline 被设计成可以在 Python 2.7 或 Python 3.5 上运行。而史蒂芬的更新，使它可以在更高的 Python 版本上运行。在撰写本书时，所有必要的程序库都能正常工作的最新版本是 Python 3.8，因此我们将在本书中使用这个版本。

Python 能够在一台计算机上拥有多个环境。你可以将环境看作是运行在计算机上的虚拟机。你可以设置任意多的环境，而且它们在各个方面都是完全独立的。在不同的环境中，你可以运行不同版本的 Python，安装和运行不同的程序库。

为不同的任务设置不同的环境是个好主意。一个复杂的程序，比如 Zipline 或者其他的回测引擎，对于它需要安装的其他程序库的版本可能有非常具体的要求。例如，它可能需要一个特定版本的 Pandas。

想象一下，如果你想尝试另一个回测引擎，或者你想自己构建完全不同的东西，需要所有程序库的最新版本，那么软件版本就会产生冲突。

这就是为什么你应该为每种类型的活动建立一个新的和独立的环境。像 Zipline 这样的回测引擎应该有自己的环境。这样，一切都可以根据它的需要进行安装和设置，而不会干扰你想在计算机上用 Python 做的其他事情。

因此，这里的第一步是为 Zipline 设置一个全新的 Python 环境，运行在 Python 3.8 版本上。在本书的大部分内容中，我们都将使用这个环境。

最快速和简单的方法就是，使用 Anaconda 命令提示行（可以在 Anaconda Navigator 环境视图中单击启动）。这非常类似于常规的命令提示符。但不同之处在于，在 Anaconda 命令提示行中，你的 Python 环境和命令也被激活了。Zipline 使用 Anaconda 进行安装，以使 Zipline 出现在你的 Anaconda 开始菜单中。

输入以下内容以创建一个新的 Python 3.8 环境。

```
conda create -n zip38 python=3.8
```

现在我们已经准备好安装实际的 Zipline 库了。

在前一章中，我们看到了如何在 Anaconda Navigator 中安装程序库。在这里，我们将继续在命令提示符下安装程序库，因为你可能会在网上找到的各种文档中看到这样的安装方式。

使用以下命令，激活新的 Python 环境。

```
activate zip38
```

一旦环境被激活，你所执行的任何操作都将在该环境上执行。这意味着如果你现在开始安装的程序库，将被安装到你刚刚创建并激活的 Python 3.8 环境中。

要在终端中安装 Zipline-Reloaded 程序库，输入以下命令。

```
conda install -c ml4t -c conda-forge -c ranaroussi zipline-reloaded
```

Zipline 程序库提供了一个依赖项列表，也就是它运行所依赖的其他特定版本的程序库。conda 安装程序知道这一点，并会询问你是否继续安装所有这些程序。

完成此过程后，你就在计算机上完成安装 Zipline 了。当然，这只是进行回测的几个步骤之一。

Zipline 及数据

如前所述，Zipline 与 Quantopian 网站上使用的回测引擎基本上相同，但也有一些非常重要的区别。其中，最重要的区别是如何获得金融数据。

在 Quantopian 网站上，美国股票和期货的分钟级别数据是免费的，随时可以使用。而本地安装的 Zipline 却并非如此。连接基本的、免费的股票数据是相当容易的，但要将 Zipline 与你选择的高质量数据源连接起来就比较困难了。

在本书中，我们将两者兼顾。首先，我们将使用互联网上的免费数据。我会解释为什么这可能很简单和方便，但对于真正的回测来说可能不是一个好主意。在本书的后面，我们将学习如何让你的自定义数据运行起来。

谈到 Zipline 和数据，有两个词需要解释。它们是这个程序库的核心术语：集束（bundle）和摄取（Ingest）。它们都是 Zipline 特有的术语。如果你使用其他的回测引擎，这两个术语很可能并不适用。

集束（bundle）是将数据导入 Zipline 的接口。Zipline 以自有格式存储数据，这样做是有充分理由的。Zipline 能够以增量方式读取数据，并且在任何给定的时间只在内存中保存一部分数据。

如果你根据每日数据对一些股票进行回测，这种存储方式可能无关紧要。但是，如果你在分钟级数据上运行几百只股票，那么处理的数据量将会很大，读取全部内容并保存在内存中是不可取的。

Zipline 的解决方案是，首先导入所有数据，然后以允许增量读取的特殊格式存储数据。集束是一个接口，它从实际的数据源中读取数据，并将数据交给 Zipline 进行处理和存储。

每个数据源都需要有自己的集束。Zipline 包含了一些基本的集束。但是，一旦你开始十分认真地进行回测，你就可能希望编写自己的回测集束。我们会讲到这些内容。

然后是第二个词：摄取（Ingest）。这个词是指在集束的帮助下读取数据，并以 Zipline 自有格式存储的过程。在进行回测之前，我们需要先摄取一个集束。你可以从终端运行命令执行这一操作，告诉 Zipline 使用一个特定的集束来读取并存储数据，为回测做好准备。

Zipline 处理数据的方式是这个回测库的核心优势，但也是它的最大弱点。这是一种先进的方法，可以快速访问大量数据。它的扩展性非常好，可以在非常大的数据集上运行高度复杂的策略。这是我尝试过的任何其他程序库都无法做到的。但另一方面，这种先进的功能是有代价的。为了进行正确的模拟，你需要正确的数据。这可能需要购买商业数据，并且需要在自己的设备上构建一个集束来导入数据到 Zipline。

现在，重要的是你要理解这两个词的含义。稍后，我们将进一步研究集束，以及如何构建它们。

摄取 Quandl 集束

这个标题是什么意思？如果你正站在书店里，考虑买一本关于交易的书，然后翻到了这一页，那么你可能会感到困惑。这是可以理解的。

Quandl 是一个金融数据提供器（Financial Data Provider），或者更准确的说法是聚合器（Aggregator）。你可以使用它从互联网上下载数据。互联网上有一些数据是免费的，但大部分需要订阅。

过去，从互联网上获得免费的基本股市数据更容易。如果你拿起一本 2017 年年中以前写的关于金融建模的书，你可能会看到一些例子，说从雅虎财经或谷歌财经可以轻而易举地获得这些数据。这确实非常简单并且有用，能满足各种目标。虽然它们从来没有被认为是高质量的专业金融数据，但这没关系。对于特定用途来说，它们已经足够好了。

但到 2017 年年中，这两家一直在免费提供 API（Application Programming Interface，应用程序接口）访问金融数据的公司，突然在没有任何警告的情况下停止了这种服务。

了解这些免费的在线股票数据的小历史是件好事，因为你可能会再次遇到这些事情。无论你是在一本更老的书中读到过，或者在网上搜索的例子中得知了这些资源，很多人都在使用它们，但这些资源都有可能突然停止服务。

其中一个数据源，至少到目前为止仍然是免费的，它就是基本的 Quandl 访问。Zipline 包含一个集束（bundle），它能从 Quandl 读取股票数据。我们将在最初的示例中使用这些数据。

为了能够使用免费的 Quandl 数据，你需要向它们申请注册一个账户。不花一分钱，就可以去 Quandl.com 注册一个免费账户[①]。完成后，你可以在账户设置中找到你的 API 密钥。把这个密钥复制出来，我们需要它来下载数据。

接下来，转到 `zip38` 环境的终端。记住，你可以从 Anaconda 的环境视图中启动终端。执行如下命令。

```
Set QUANDL_API_KEY=your_own_api_key
```

请确保在 Quandl.com 设置中输入你自己的密钥。密钥只需要在你的计算机上

---

① Quandl.com 已被 Nasdaq Data Link 收购，注册网址更新为 https://data.nasdaq.com/sign-up。

设置一次。在这之后，设置已被保存和记住。然后，我们就可以下载数据了。为此，我们需要摄取 Quandl 集束。

```
zipline ingest -b quandl
```

这行代码运行摄取过程，使用名为 quandl 的集束从互联网上下载免费股票数据，然后存储在本地。你应该能看到进度条在移动，可能需要几分钟才能完成[①]。

在此之后，你可以访问每日股票价格，以用于回测。当然，这是一次性的过程，明天不会自动更新数据。当需要新的数据时，必须重复这个过程，或者想办法让它自动化。

如果 Zipline 命令没有执行，而是留下了一个不太有帮助的错误消息"Failed to create process（创建进程失败）"，那么有一个简单的方法可以修复这个已知的故障。这是一个仅在 Windows 环境中才会出现的错误，并且只在 python.exe 文件的路径中含有空格的情况下才会出现。在写本书的时候，这个故障还没有修复。因此，你需要找到一个名为 zipline-script.py 的文件，这个文件可能位于用户配置文件或程序数据文件夹中，具体的位置取决于你的本地安装。如果你遇到了这个特定的故障，那么搜索一下该文件就能找到它。

然后，在记事本或类似的文本编辑器中打开该文件，并在 python.exe 的路径上加上引号。

如果该文件的最顶端的一行文字看起来像这样：

```
#!c:/path to/your/python interpreter/python.exe
```

将它改为：

```
#!"c:/path to/your/python interpreter/python.exe"
```

---

① 读者在运行过程中可能会遇到地址报错提示，读者可根据提示找到名为"quandl.py"的文件，在里面的地址代码前加一个"r"，即：QUANDL_DATA_URL=r "https://……"。

安装有用的程序库

在第四章中,我们安装了一些非常有用的程序库。它们可以帮助我们在 Python 世界中更轻松地完成工作。当你安装程序库时,它们将只被安装在一个特定的 Python 环境中。当时,我们只有一个默认的根环境。现在,我们已经为 Zipline 创建了一个专门的新环境。这意味着我们之前安装的库,没有安装在 zip38 环境中,我们需要再安装一次。

你可以按照我们在前一章中所做的完全相同的方法来进行安装。但我将向你展示另一种更直观的安装程序库的方式,以满足那些喜欢这种方式的用户的需要。

转到 Anaconda Navigator,单击"Environments"视图,然后单击我们创建的 zip38 环境。在屏幕的右侧,可以看到为该环境安装的程序库。将顶部的下拉菜单改为"Not Installed",可以看到尚未被安装的程序库。

向下滚动到 matplotlib,如图 7-1 所示,选中复选框。现在对 nb_conda 进行同样的操作。选中它们之后,只需单击底部的"Apply"按钮,它们就会被安装到 `zip38` 环境中。

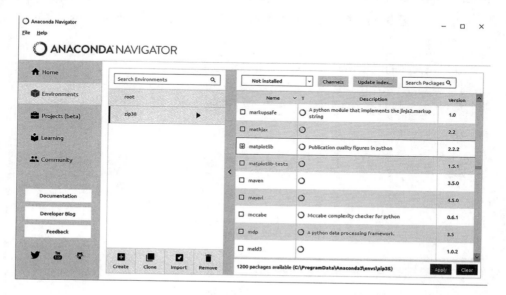

图 7-1　使用图形用户界面(GUI)安装程序库

在哪里编写回测算法

Python 中通常做同一件事有不止一种方法。虽然可以使用多种软件解决方案来编写 Python 回测程序，但就如本书的前几章一样，我会使用 Jupyter 记事本。

Jupyter 记事本非常适合在回测开发中进行程序修补。这是一个很好的测试代码的环境，可以快速地获得输出结果。

在使用 Jupyter 记事本时要确保激活了正确的环境。在上一节中安装过 nb_conda 程序库之后，你应该知道怎么做。

要在新的 `zip38` 环境中启动 Jupyter 记事本，首先打开 Anaconda Navigator，然后转到"Environments"视图。如图 7-1 所示，单击 `zip38` 环境旁边的三角形，选择"Open with Jupyter Notebook"命令。

进入 Jupyter 界面后，你可以通过在"New"下拉菜单中选择 `zip38` 环境来创建一个新的记事本，如图 7-2 所示。

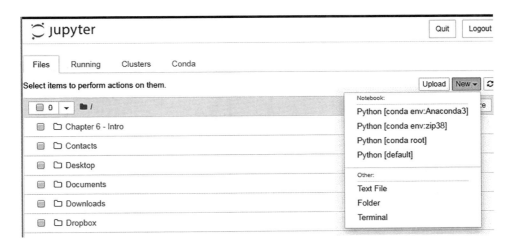

图 7-2　创建一个新的代码文件

第一次 Zipline 回测

对于第一个交易算法,我们不需要担心策略的真实性或可行性。目前,我们只关注创建算法回测的基础知识。

我们首先创建的策略只交易一只股票:苹果(Apple)公司。如果苹果公司股价收于 100 日移动平均线上方,我们将买入股票。反之,我们就持有现金。在本例中,数据将来自 Quandl。我们将使用 Quandl 集束,就像在前几节中讨论的那样。

这个策略的实际逻辑非常简单。因此,我们要为它编写的大部分代码,都是关于如何显示结果,而不是计算策略。为了显示结果,我们将使用一种非常类似于上一章中描述的、如何制作更美观的图表的方法。

与前面一样,我将在介绍代码片段时,逐段地展示它们,然后在解释之后再展示完整的代码。

首先,和往常一样,我们需要导入打算使用的多种程序库。不导入程序库,单独使用 Python,功能是非常有限的。要执行复杂的操作,比如回测,我们需要一些额外的程序库。

对于这样的简单模型,我们不需要很多 import 语句。每次运行 Zipline 回测时,都需要导入 `run_algorithm`。此外,我们还需要一些 `zipline.api` 中的模块,而具体需要哪些模块取决于我们想在回测中做什么。在本例中,我们需要的功能包括按照目标比例发出交易订单,以及根据股票名称查找股票代码。`order_target_percent` 和 `symbol` 可以做到这一点。稍后,你将看到我们可以从这个程序库中获得更多的方法。

```
# Import Zipline functions that we need
from zipline import run_algorithm
from zipline.api import order_target_percent, symbol
```

我们还要导入 `pandas` 程序库。我们将在本书中的很多地方都使用这个程序库。在这个简单的示例中,我们需要它来定义开始日期和结束日期的时间戳。

```
import pandas as pd
```

最后一个导入语句是用于 matplotlib 的。这样，我们就可以根据回测的结果绘制一些图形。

```
# Import visualization
import matplotlib.pyplot as plt
```

该算法的代码中有三个函数。在本书中，你会多次看到这三个函数：initialize(初始化)、handle_data(处理数据)和 analyze(分析)。

函数 initialize 将在回测开始之前执行。在这个函数中，我们将设置参数，并且准备运行前需要的内容。在本节中，正如下面的这段代码中所示，我们做了两件事：设置想要交易的股票和移动平均线窗口（Moving Average Window）。这次回测，我们只需要这两个设置。

在下面的代码中，你可以看到我们是如何使用刚才导入的函数 symbol 的。我们根据股票名称查找股票代码。

```
def initialize(context):
    # Which stock to trade
    context.stock = symbol('AAPL')

    # Moving average window
    context.index_average_window = 100
```

下一个函数是 handle_data，针对每个新数据点执行。因为我们在这里处理的是每日数据，所以这个函数会每天调用一次。它就是交易逻辑的函数。何时买进、卖出以及买卖数量的规则，都是在这个函数中完成的。

我们在 handle_data 中做的第一件事，是提取历史时间序列。这是一个重要的概念，因为在进行回测时几乎总是需要这样做。

```
def handle_data(context, data):
    # Request history for the stock
    equities_hist = data.history(context.stock, "close",
                                 context.index_average_window, "1d")
```

如上面代码所示，我们使用了一个名为 `history` 的函数。`history` 函数是 `data` 对象的成员函数，而 `data` 对象是在 `handle_data` 函数的定义中传递给我们的。`history` 函数可以同时为单个或多个股票代码提取历史时间序列。在本例中，我们只提供一只股票。如果有兴趣，你可以提供一个完整的股票列表作为函数的第一个参数。

作为 `history` 函数的第二个参数，这里用了字符串 `"close"`。这是因为这个模型只需要收盘价这一个字段。如果需要，我们也可以在这里提供一个字符串列表，如 `['open', 'high', 'low', 'close']`。

接下来，在同一个 `history` 函数中，要指定需要多少数据点。我们需要做的就是用这个模型中的数据来计算一条移动平均线。我们已经知道移动平均窗口有几个周期，不是吗？记住，我们已将该值存储在变量 `context.index_average_window` 中。

最后，我们用字符串"1d"告诉 `history` 函数，我们正在寻找每日数据，周期是一天。

现在我们拥有了可用的历史数据，是时候编写交易逻辑了。你还记得规则吗？如果价格高于移动平均线，我们希望持有多头，否则空仓。

```
# Check if price is above moving average
if equities_hist[-1] > equities_hist.mean():
    stock_weight = 1.0
else:
    stock_weight = 0.0
```

这段代码使用 `if` 语句，检查价格是否高于请求的历史时间序列的平均价格。我们请求了与移动平均周期数量相同的数据点，要做的就是计算这些价格的平均值。实际上，没有必要真正"移动"窗口以计算平均值，因为在 `equities_hist` 中已经完成了窗口移动，只需要进行平均值计算就可以了。还有，要记住缩进的重要性，在 `if` 和 `else` 之后需要有起始制表符。

在这一部分，我们实际上并没有进行交易。现在还未到交易部分，我们只是

设置了变量 `target_weight` 的值。

交易是在下一行，在 `handle_data` 的最后一行。

```
order_target_percent(context.stock, stock_weight)
```

我们在这里使用了一个名为 `order_target_percent` 的发出订单的方法。如果你想自动设定敞口率，这是一个很方便的方法。如果你愿意，还可以使用 `order_target` 方法，计算期望的股票数量。`order_target` 方法也需要在程序头部导入（import），就像现在的 `order_target_percent` 方法一样。

最后，是函数 `analyze`。这个函数将在回测完成后被调用。在此函数中我们计算分析指标，并对结果进行可视化。当这个函数运行时，我们接收 `context` 和 `perf` 对象，其中包含我们需要的关于回测结果的所有信息。在下一章中，我们将更详细地了解这些对象的用途。

在代码示例的底部，开始回测之前，我们设置了开始和结束日期。注意启动回测时使用的输入参数。

```
# Set start and end date
start_date = pd.Timestamp('2003-01-01',tz='UTC')
end_date = pd.Timestamp('2017-12-31',tz='UTC')

# Fire off the backtest
results = run_algorithm(
    start=start_date,
    end=end_date,
    initialize=initialize,
    analyze=analyze,
    handle_data=handle_data,
    capital_base=10000,
    data_frequency = 'daily', bundle='quandl'
)
```

在这段代码中，我们告诉 Zipline 引擎何时开始和结束回测。我们告诉它在回测之前、回测期间和完成之后运行哪些函数，以及开始时需要多少资金。最后，我们还定义了数据频率，以及使用哪个数据集束。

以下是 Zipline 第一次回测的完整源代码。与本书中的所有源代码一样，你也可以从本书的网站上下载它。

```python
# This ensures that our graphs will be shown properly in the notebook.
%matplotlib inline

# Import Zipline functions that we need
from zipline import run_algorithm
from zipline.api import order_target_percent, symbol

# Import pandas
import pandas as pd

# Import visualization
import matplotlib.pyplot as plt

def initialize(context):
    # Which stock to trade
    context.stock = symbol('AAPL')
    
    # Moving average window
    context.index_average_window = 100

def handle_data(context, data):
    # Request history for the stock
    equities_hist = data.history(context.stock, "close",
                                 context.index_average_window, "1d")
    
    # Check if price is above moving average
    if equities_hist[-1] > equities_hist.mean():
        stock_weight = 1.0
    else:
        stock_weight = 0.0
    
    # Place order
    order_target_percent(context.stock, stock_weight)
```

```python
def analyze(context, perf):
    fig = plt.figure(figsize=(12, 8))

    # First chart
    ax = fig.add_subplot(311)
    ax.set_title('Strategy Results')
    ax.semilogy(perf['portfolio_value'], linestyle='-',
                label='Equity Curve', linewidth=3.0)
    ax.legend()
    ax.grid(False)

    # Second chart
    ax = fig.add_subplot(312)
    ax.plot(perf['gross_leverage'],
            label='Exposure', linestyle='-', linewidth=1.0)
    ax.legend()
    ax.grid(True)

    # Third chart
    ax = fig.add_subplot(313)
    ax.plot(perf['returns'], label='Returns', linestyle='-.',
    linewidth=1.0)
    ax.legend()
    ax.grid(True)

# Set start and end date
start_date = pd.Timestamp('2003-01-01',tz='UTC')
end_date = pd.Timestamp('2017-12-31',tz='UTC')

# Fire off the backtest
results = run_algorithm(
    start=start_date,
    end=end_date,
    initialize=initialize,
    analyze=analyze,
    handle_data=handle_data,
    capital_base=10000,
    data_frequency = 'daily', bundle='quandl'
)
```

执行这段代码，在一分钟左右的时间后，你应该会看到下面弹出的三幅图形式的结果，见图 7-3。在这段代码中，你应该能够看到我们是如何逐个创建这三幅图的。第一幅图展示了权益曲线，即我们的虚拟投资组合的价值增长情况。

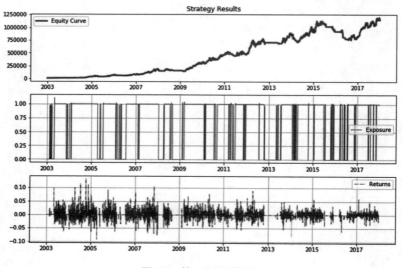

图 7-3　第一次回测输出

第二幅图展示了敞口（Exposure），Zipline API 更喜欢称之为杠杆（Leverage）。最后，第三幅图显示了日回报率。

这些基本的输出，大致向我们展示了这个简单的算法会为我们做什么。当然，这只是理论上的结果。

如果你对输出的细节没有印象，请不要担心。Python 的一个关键优势就是完成回测后的时间序列分析。这就是这个算法的全部内容。从这里开始，我们将学习许多如何切片（Slice）、切块（Dice）和显示数据的方法。

投资组合回测

在之前的回测中，我们在单一工具上使用了非常简单的策略。这可能不是你们大多数人的做法。过去，业余交易者和行业专业人士之间存在明显的分歧，前者倾向专注于单一模型、单一资产策略。但是，随着越来越多的先进工具可供公众所用，这种情况已经不复存在了。

不久之前，可供公众使用的唯一工具，要么是单一的资产策略平台，要么是在平台中提供的相当拙劣的投资组合市场扩展功能。

单一市场策略的核心问题是不可能实现多样化。它们变成了纯粹的市场时机选择模型，而这类模型在现实生活中很少奏效。多样化绝对是专业交易的关键。

单一市场策略的另一个问题是单一市场的选择问题。虽然你的交易规则可能是系统化的，但是你对单一股票或其他资产的选择显然是自主决定的。选择某种资产，是你整个策略设计中的最重要选择。

诚然，在前面的例子中，我选择苹果公司股票的唯一原因是，知道它会展示出很好的结果。一个多头趋势跟随逻辑，在一支走势强劲的股票上运行，除了能确保一个看起来很好的回测结果外，并不一定具有任何预测价值。

在构建股票模型时，正确处理金融工具范围的选择至关重要。也就是说，你需要仔细考虑你的算法将包括哪些股票。为了能有难得的机会显示出一些预测价值，你的工具选择需要符合现实情况。如果你回溯十年测试一个策略，回测中十年前的工具选择需要与当时现实合理的选择相似。

可能最糟糕的选择回测股票的方式是，选择那些现在很热门的股票。它们现在当然很热门，因为它们的表现很好。但是，这意味着你的回测在开始之前，就已经严重扭曲了。

在第十一章中，我们将开始使用现实的投资范围，其目的是将偏差风险最小化。但在这之前，我们进行一次投资组合回测（Portfolio Backtest），只是想感受一下在多个市场中工作的机制。

事实上，我们在这里要做的事情有一个严重的逻辑缺陷。这是故意的，但我们还是继续，在我解释之前，看看你们是否能发现逻辑错误。

我们的第一个投资组合模拟，将交易道琼斯工业平均指数成分股。对于这30只股票中的每一只，我们将每天检查其价格是高于还是低于各自的100日移动平均线。

如果价格高于移动平均线，我们将以1/30或约3.33%的名义配置做多。这意味着在一个大牛市中，如果所有 30 只股票价格都高于它们各自的移动平均线，整体投资组合的风险敞口将是 100%。但是，大多数时候会低于这个水平。

在这个例子中，我们将在初始化函数 initialize 中定义我们想要交易的股票，即投资范围。你会看到，我们再次使用了 context 对象，并将一个股票列表附加其上，以便稍后读取。一些熟悉编程的读者可能会问，我们是否可以只使用全局变量来实现这个功能。如果你愿意，那也可以。

如前例所示，Zipline 在股票代码对象和股票名称字符串之间做出了区别。我们需要的是一个股票代码列表，但为了使程序更易于阅读和编辑，我首先列出了股票名称字符串，然后在下一行中创建了包含所有相应股票代码对象的一个新列表。

```
def initialize(context):
    # Which stock to trade
    dji = [
        "AAPL",
        "AXP",
        "BA",
        "CAT",
        "CSCO",
        "CVX",
        "DIS",
        "DWDP",
        "GS",
        "HD",
        "IBM",
        "INTC",
        "JNJ",
        "JPM",
        "KO",
        "MCD",
        "MMM",
        "MRK",
        "MSFT",
        "NKE",
```

```
    "PFE",
    "PG",
    "TRV",
    "UNH",
    "UTX",
    "V",
    "VZ",
    "WBA",
    "WMT",
    "XOM",
]

# Make a list of symbols from the list of tickers
context.dji_symbols = [symbol(s) for s in dji]
```

在 `handle_data` 函数中，我们将使用一些 Pandas 技巧来轻松完成逻辑。首先，我们需要获取历史数据，我们以前见过这个函数。而这一次，我们将获取所有股票的历史记录。

```
# Get history for all the stocks
stock_hist = data.history(context.dji_symbols, "close", context.index_average_window, "1d")
```

接下来，我们将施展一些 Pandas 魔法。我打算在这里创建一个 DataFrame。其中，有一列表示股票的价格是高于还是低于移动平均，还有一列表示我们想要持有的股票的权重比例。我这样做，是为了教你如何对 Pandas 进行类似的操作。

首先，我们创建一个新的 DataFrame，然后创建一个名为 `above_mean` 的列。如果股票价格高于移动平均，它将被设置为 True，否则将被设置为 False。请注意这个逻辑是如何在下面的一行代码中完成的。我们将最近的价格与移动平均价进行比较。我们可以通过 `iloc` 函数找到最近的价格。`iloc` 函数可以根据数字位置定位 DataFrame 中的某一行。这里的 -1 表示最后一行，也就是最后一个数据。

```
# Make an empty DataFrame to start with
```

第七章　交易策略回测

```
stock_analytics = pd.DataFrame()

# Add column for above or below average
stock_analytics['above_mean'] = stock_hist.iloc[-1] > stock_hist.mean()
```

我们继续使用刚才创建的 DataFrame，并添加一个名为 weight（权重）的列。这里有一个有趣的技巧需要注意。这一次我们使用 loc 函数（定位函数），它可以根据逻辑条件定位 DataFrame 中的行。

下面的第一行代码执行以下操作：定位上面 above_mean 列中值为 True 的行，并为这些行设置其 weight 列。我们之前说过，我们希望权重是 1 除以指数成分股的只数。使用这种定位行和设置值的方法，我们可以快速而轻松地完成工作。考虑一下，如果使用逐个遍历所有行的替代方案，编写代码将麻烦很多。

对于价格低于移动平均的行，我们做同样的事情，并将权重设置为 0。

```
# Set weight for stocks to buy
stock_analytics.loc[stock_analytics['above_mean'] == True, 'weight'] = 1/len(context.dji_symbols)

# Set weight to zero for the rest
stock_analytics.loc[stock_analytics['above_mean'] == False, 'weight'] = 0.0
```

现在，我们知道哪些股票应该做多，哪些股票应该空仓，也知道权重大小。我们可以循环遍历股票列表，逐个进行交易。我们可以使用 .iterrrows()（逐行迭代函数）来获取索引和相应的 DataFrame 行，逐个交易。

为了安全起见，我加了一个检查，查看股票在这个时候是否可以交易。

```
# Iterate each row and place trades
for stock, analytics in stock_analytics.iterrows():
    # Check if the stock can be traded
    if data.can_trade(stock):
        # Place the trade
```

```
order_target_percent(stock, analytics['weight'])
```

这实际上并没有那么多行代码。你看到了，交易逻辑可以在几个简单的语句中完成。这正是你想要的回测环境，可以把注意力放在重要的事情上。你应该把时间花在测试你的交易想法上，而不是为了完成简单的事情而编写冗长的代码。在 Zipline 和 Pandas 的帮助下，Python 可以为你实现这一点。

```
# This ensures that our graphs will be shown properly in the notebook.
%matplotlib inline

# Import a few libraries we need
from zipline import run_algorithm
from zipline.api import order_target_percent, record, symbol
import matplotlib.pyplot as plt
import pandas as pd

def initialize(context):
    # Which stock to trade
    dji = [
        "AAPL",
        "AXP",
        "BA",
        "CAT",
        "CSCO",
        "CVX",
        "DIS",
        "DWDP",
        "GS",
        "HD",
        "IBM",
        "INTC",
        "JNJ",
        "JPM",
        "KO",
        "MCD",
        "MMM",
        "MRK",
```

```
        "MSFT",
        "NKE",
        "PFE",
        "PG",
        "TRV",
        "UNH",
        "UTX",
        "V",
        "VZ",
        "WBA",
        "WMT",
        "XOM",
    ]

    # Make a list of symbols from the list of tickers
    context.dji_symbols = [symbol(s) for s in dji]

    # Moving average window
    context.index_average_window = 100

def handle_data(context, data):
    # Get history for all the stocks
    stock_hist = data.history(context.dji_symbols, "close", context.index_average_window, "1d")

    # Make an empty DataFrame to start with
    stock_analytics = pd.DataFrame()

    # Add column for above or below average
    stock_analytics['above_mean'] = stock_hist.iloc[-1] > stock_hist.mean()

    # Set weight for stocks to buy
    stock_analytics.loc[stock_analytics['above_mean'] == True, 'weight'] = 1/len(context.dji_symbols)

    # Set weight to zero for the rest
    stock_analytics.loc[stock_analytics['above_mean'] == False, 'weight'] = 0.0
```

```python
        # Iterate each row and place trades
        for stock, analytics in stock_analytics.iterrows():
            # Check if the stock can be traded
            if data.can_trade(stock):
                # Place the trade
                order_target_percent(stock, analytics['weight'])

def analyze(context, perf):
    fig = plt.figure(figsize=(12, 8))

    # First chart
    ax = fig.add_subplot(311)
    ax.set_title('Strategy Results')
    ax.plot(perf['portfolio_value'], linestyle='-',
            label='Equity Curve', linewidth=3.0)
    ax.legend()
    ax.grid(False)

    # Second chart
    ax = fig.add_subplot(312)
    ax.plot(perf['gross_leverage'],
            label='Exposure', linestyle='-', linewidth=1.0)
    ax.legend()
    ax.grid(True)

    # Third chart
    ax = fig.add_subplot(313)
    ax.plot(perf['returns'], label='Returns', linestyle='-.',
    linewidth=1.0)
    ax.legend()
    ax.grid(True)

# Set start and end date
start = pd.Timestamp('2003-01-01',tz='UTC')
end = pd.Timestamp('2017-12-31',tz='UTC')

# Fire off the backtest
results = run_algorithm(start=start, end=end,
```

```
initialize=initialize, analyze=analyze,
handle_data=handle_data,
capital_base=10000,
data_frequency = 'daily', bundle='quandl' )
```

运行这段代码后，你应该会看到类似图 7-4 所示的输出。

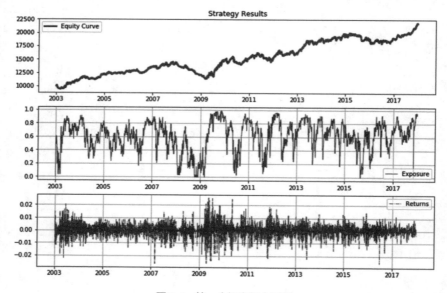

图 7-4　第一个投资组合回测

我之前告诉过你们，这个回测有一些问题。我猜想大多数读者已经注意到了这一点。如果你还没有发现它，请返回查看一下代码。

我并不是指我们没有设置交易成本或者滑点（slippage），甚至也不是指策略本身的有效性。我们从 2003 年开始进行回测，并不是为了让它看起来更好，也不是因为我们可以神奇地立即按照计算时所用的收盘价进行交易。这些都不是，还有一个更根本的问题。

我们在这里所做的，尽管是故意的，却犯了一个非常普遍但很严重的错误。我们专门将投资范围设置为当前道琼斯指数的成分股。然而，在模拟开始的 2003 年，该指数的成分股与现在并不相同。

为什么这很重要？首先想想为什么这些股票会出现在指数中。就像任何指数一样，该指数中的股票之所以被纳入，只是因为它们过去表现良好。当然，一个依靠做多股票来盈利的策略，如果你把它用在那些我们已经知道的、有过巨大收益的股票上，将会有更好的表现。

这是一个非常重要的问题，我们将在本书中再次讨论这个问题。

本书使用的数据

为了能够建立真实的回测，并试验你的交易想法，你首先需要获得质量足够高的金融数据，然后导入数据，以便你的回测软件可以读取它。这可能是一项艰巨的任务，但必须认真对待。为了保持本书的流畅性，并且诱使你先阅读更有趣的部分，我将在第二十三和二十四章更详细地解释数据处理。

在那两章中，你将能够更详细地了解如何让 Zipline 函数使用你自己的数据，并将找到源代码和解释。我猜想，在构建完整的回测环境和尝试所有源代码之前，大多数读者都希望先通读本书。我将给你展示所有你需要的代码。

在本书中，我使用了 Norgate Data 的股票数据和 CSI Data 的期货数据。我选择这两款数据是因为我知道它们都很好，而且它们的定价都在业余交易者和初学者能接受的范围内。

Norgate 为 Zipline 创建了一个专门的程序库，这大大简化了 Zipline 的回测工作。使用它们的 API 就需要订阅它们的数据。但是，我敢说，这是目前为止最好、最简单的 Zipline 解决方案。

Norgate 的好心人也非常热心地将本书中的所有代码，改编为最新的软件包以及方便的 API，你可以从 https://pypi.org/project/zipline-norgatedata/ 下载它们。

第八章
回测结果分析

运行回测和分析结果是两个完全不同的任务。在第七章中,我们编写了一些简单的回测,但我们没有花太多精力分析结果。

分析时间序列是 Python 的核心功能之一。对于如何处理回测结果,我们有很多选择。问它能否计算出你最喜欢的分析没有意义,因为我们当然可以计算和可视化任何能想到的东西。

我们有两种方法来分析回测结果。我们可以安装和使用专用的程序库,或者可以构建一些自定义模块。在本章中,我们将着眼于这两种可能性,并旨在为你提供所需的工具和知识,以判断你的回测是否良好。简单地画一条权益曲线很容易,但它所讲述的故事却不足以作为真正决策的基础。

安装 PyFolio

Zipline 回测库的创造者,也开发了一个有用的程序库——PyFolio 来分析回测结果。它是一个很好的回测分析入门之选。对许多人来说,它可能是你唯一需要的东西。对另一些人来说,这可能是一个好的开始,可以学习和改进它。

史蒂芬·詹森(Stefan Janson)又一次伸出援手,更新了 PyFolio 库,让它能与更新版本的 Python 和其他软件包一起工作。我将在这里继续使用他的版本。

要安装 PyFolio,我们需要使用与以前不同的方法。为了保持一致性,我更倾向于使用相同的安装程序库的方式。但是，在撰写本章时，一个技术问题阻止了我。

因此，我们将使用另一种不同的安装方法。我们再次打开激活了 zip38 环境的终端。最简单的方法是通过 Anaconda Navigator，选择正确的环境，然后从那里启动一个终端窗口。当然，你可以打开任何终端窗口，并使用命令激活你的环境。然后，输入以下命令来安装 PyFolio。

```
Conda install -c ml4t pyfolio-reloaded
```

当你稍后自行探索时，你将发现 PyFolio 可以为你生成相当多的报告。作为演示，我们将创建 PyFolio 中称之为回报概览表（Tear Sheet）的图表，也就是对该策略的回报进行的总体概况分析。要创建回报概览表，我们首先需要一个算法，即一个需要分析的交易策略。

分析投资组合算法

我们当然可以使用我们在前一章中看到的算法，但那样不会很有趣。相反，我将采用我们之前构建的静态道琼斯指数的投资组合模型，并稍微做些改变。

通过使用不同的交易逻辑，我可以借此机会教你们一些新的东西。在我们构建道琼斯交易模型的过程中，我想向你们展示一些巧妙的小技巧。

我们即将用于分析结果的模型，同样是基于道琼斯股票的，但它将使用一个简单的动量方法。这次，我们将每月只检查一次交易规则，以创建一个不存在佣金和税收等额外成本的长期投资算法。

道琼斯工业平均指数由 30 只股票组成。我们的算法将衡量这 30 只股票在过去一个月的回报率，将它们按表现从最好到最差进行排序，然后买入前 10 只股票。股票的买入权重相等，所以每只股票的权重为 10%。

为你的 zip38 环境启动一个新的 Jupyter 记事本，建立模型。如果你已经对 Python 感到很熟悉了，请继续尝试自己创建这些规则。这并不难。

在编写这些新的交易规则的基础上，还有一个小问题，即本章的实际目的是分析回测结果。为此，我们需要导入刚刚安装的 PyFolio 库。

到目前为止，你可能已经注意到一个看似奇怪的对象，它被称为 `context`（上下文）。这是 Zipline 特有的便利。你可以向这个 context 对象中添加任何你喜欢的内容，并且它将持久化，以便你以后可以访问它。在本例中，我在初始化程序中标记了想要交易的股票列表和一些模型设置。然后，我在每日交易逻辑中再次读取这些设置。注意上下文对象是如何传递给我们定期调用的 `handle_data` 程序的。

熟悉编程的人可能会问，为什么我们不把这些设置作为全局对象放在代码的顶部呢？当然，如果你喜欢，也可以这么做。事实上，我自己确实更喜欢这样，因为这样会产生更容易阅读和修改的代码。我将在本书后面的代码中，向你展示这是如何工作的。然而，现在我只想展示如何使用上下文对象，以防你会用到它。

```python
# Import a few libraries we need
from zipline import run_algorithm
from zipline.api import order_target_percent, symbol, \
    schedule_function, date_rules, time_rules
import pandas as pd
import pyfolio as pf

def initialize(context):
    # Which stocks to trade
    dji = [
        "AAPL",
        "AXP",
        "BA",
        "CAT",
        "CSCO",
        "CVX",
        "DIS",
        "DWDP",
        "GS",
        "HD",
```

```
            "IBM",
            "INTC",
            "JNJ",
            "JPM",
            "KO",
            "MCD",
            "MMM",
            "MRK",
            "MSFT",
            "NKE",
            "PFE",
            "PG",
            "TRV",
            "UNH",
            "UTX",
            "V",
            "VZ",
            "WBA",
            "WMT",
            "XOM",
    ]
    # Make symbol list from tickers
    context.universe = [symbol(s) for s in dji]

    # History window
    context.history_window = 20

    # Size of our portfolio
    context.stocks_to_hold = 10

    # Schedule the daily trading routine for once per month
    schedule_function(handle_data, date_rules.month_start(), time_
    rules.market_close())

def month_perf(ts):
    perf = (ts[-1] / ts[0]) - 1
    return perf

def handle_data(context, data):
```

```python
    # Get history for all the stocks.
    hist = data.history(context.universe, "close", context.history_window, "1d")

    # This creates a table of percent returns, in order.
    perf_table = hist.apply(month_perf).sort_values(ascending=False)

    # Make buy list of the top N stocks
    buy_list = perf_table[:context.stocks_to_hold]

    # The rest will not be held.
    the_rest = perf_table[context.stocks_to_hold:]

    # Place target buy orders for top N stocks.
    for stock, perf in buy_list.items():
        stock_weight = 1 / context.stocks_to_hold

        # Place order
        if data.can_trade(stock):
            order_target_percent(stock, stock_weight)

    # Make sure we are flat the rest.
    for stock, perf in the_rest.items():
        # Place order
        if data.can_trade(stock):
            order_target_percent(stock, 0.0)

def analyze(context, perf):
    # Use PyFolio to generate a performance report
    returns, positions, transactions = pf.utils.extract_rets_pos_txn_from_zipline(perf)
    pf.create_returns_tear_sheet(returns, benchmark_rets=None)

# Set start and end date
start_date = pd.Timestamp('2003-01-01',tz='UTC')
end_date = pd.Timestamp('2017-12-31',tz='UTC')

# Fire off the backtest
result = run_algorithm(
```

```
            start=start_date,
            end=end_date,
            initialize=initialize,
            analyze=analyze,
            capital_base=10000,
            data_frequency = 'daily', bundle='quandl'
)
```

如本段回测代码所示，我们每个月只交易一次。我们使用一种新的方式来定义交易频率。查看一下 `initialize` 函数的最后一行代码。在那里，我们设置了一个调度器，以便 `handle_data` 函数中的交易代码在每月初运行。这是设置你的交易频率的一个简便方式。这种方式可以用于其他目的。

在 `initialize` 函数中，我们首先在道琼斯指数（Dow Jones Index，DJI）中定义一个股票名称列表。然后，我们创建一个相应的符号代码列表，并将其存储在上下文中。符号代码对象是一个 Zipline 概念，代表一只特定的股票。

稍后，在 `handle_data` 函数中，你可以看到如何使用一行代码，一次性提取所有这些股票的数据。这种方式要快得多，比我们前面使用的循环遍历也要干净和方便得多。

```
hist = data.history(context.universe, "close", context.history_window, "1d")
```

交易逻辑的下一步真正展示了 Python 之美。注意这段代码，这是一个非常有用的技巧。

我们要做的是，根据 30 只股票的回报率计算出一个排名表。解决这个问题的一行代码是这样的：

```
perf_table = hist.apply(month_perf).sort_values(ascending=False)
```

即使你熟悉其他编程语言，这一行代码也可能会让你感到困惑。对许多人来说，这可能是一个新奇的概念，但它相当容易理解和使用。

从前面的一行代码中，通过请求道琼斯指数成分股的历史收盘价，我们创建了 DataFrame 对象 `hist`。现在，我们在这组数据上应用一个函数。

`month_perf` 这个函数只计算第一个数据和最后一个数据之间的回报率。因为我们请求的是 20 个交易日的历史数据，所以我们得到了向后回溯一个月的股票表现。`month_perf` 函数的定义在下面的代码中。你会看到，我们只需要取最后一个数据点，除以第一个数据点，再减去 1。或者简单地说，我们在检查差异率。

```
def month_perf(ts):
    perf = (ts[-1] / ts[0]) - 1
    return perf
```

当我们在 DataFrame 上应用这个函数时，用了一个巧妙的方法。现在，它将为每只股票计算回报率，并将返回一个表，其中包含每只股票及其回报率。在仅仅一行代码中，我们应用了该函数并获取了这个表。

因为我们对回报率的顺序感兴趣，所以还应该对数据进行排序。这就是这一行的最后一部分 `sort_values()` 所做的事情。你会看到，我提供了参数 ascending=False。因为数据默认是按升序排序，所以如果我们不提供这个参数，那么我们得到的表中，表现最差的股票将被排在顶端。现在我们有了一个可用的排名表，如表 8-1 所示，其中包含了股票代码和回报率。

表 8-1 排名表

Equity (1576 [JPM])	0.044764
Equity (2942 [UNH])	0.031656
Equity (482 [CAT])	0.021828
Equity (2213 [PG])	0.020453
Equity (3156 [XOM])	0.020132
Equity (2204 [PFE])	0.019069
Equity (3056 [WBA])	0.018613
Equity (2975 [UTX])	0.010518
Equity (3045 [VZ])	0.006263

在本例中，我们在数据上应用了一个非常简单的回报率函数。这是为了演示原理，稍后我们将使用相同的逻辑，执行更复杂和更有用的计算。

记住我们约定的规则：我们要买入表现最好的 10 只股票。现在应该很容易了，只需使用 `object[start:stop:step]` 的常用语法截取数据就行。请注意，在如下这个示例中，我们不必在冒号前面显式地写上 0。如果步长（Step）保留默认值 1，我们也不必指定步长。

```
buy_list = perf_table[:context.stocks_to_hold]
```

现在，我们知道了应该持有和不该持有哪些股票。我们下一步要做的就是，检查买入名单上的股票，把它们的目标权重设为 10%，而把其余股票的目标权重设为 0%。

这就是整个模型的代码，也就是获得模型表现数据所需的全部内容。在下一节中，我们将学习如何分析这些数据。

使用 PyFolio 分析策略表现

使用 PyFolio 分析回测结果需要的代码少得惊人。事实上，在前一节中，它已经被添加到示例模型的代码中。它需要的代码非常少，你甚至可能没有注意到我已经把它放在那里了。

获取 PyFolio 报告的完整代码包括导入库、提取相关数据和请求报告三行。当然，我们需要在 `zip38` 环境中安装 PyFolio 库，正如本章前面所解释的那样。

```
import pyfolio as pf
```

现在，我们只需等待回测完成，并等待 `analyze` 函数开始工作。你已经在前面的示例中看到，如果在 `run_algorithm`（运行算法）函数中指定了这个分析函数，那么它是如何在回测结束后自动进行分析的。

幸运的是，PyFolio 程序库是为与 Zipline 一起使用而构建的。实际上，它也可以与其他回测引擎一起使用，但它在 Zipline 上的使用尤其容易。

PyFolio 报告所需的第二行代码的功能是，从回测结果中提取我们需要的信息。具体来说，使用 PyFolio 中 `utils` 模块的一个函数获取回报、头寸和交易。

```
returns, positions, transactions = pf.utils.extract_rets_pos_txn_from_zipline(perf)
```

在上面的代码中，你可以看到 Python 的另一个方便的特性，即一个函数可以返回一个以上的变量，而大多数其他通用语言都做不到这一点。

```
def analyze(context, perf):
    # Use PyFolio to generate a performance report
    returns, positions, transactions = pf.utils.extract_rets_pos_txn_from_zipline(perf)
    pf.create_returns_tear_sheet(returns, benchmark_rets=None)
```

PyFolio 内置了各种类型的概览表（Tear Sheet），用于显示结果的一些方面，以便继续探索模型包含的各种特性。现在，我们将使用回报概览表。

为了让你省去回去检查模型完整代码的麻烦，我在这里再次展示模型的完整代码。

```
# Import a few libraries we need
from zipline import run_algorithm
from zipline.api import order_target_percent, symbol, \
    schedule_function, date_rules, time_rules
import pandas as pd
import pyfolio as pf

def initialize(context):
    # Which stocks to trade
    dji = [
        "AAPL",
        "AXP",
        "BA",
        "CAT",
```

```
        "CSCO",
        "CVX",
        "DIS",
        "DWDP",
        "GS",
        "HD",
        "IBM",
        "INTC",
        "JNJ",
        "JPM",
        "KO",
        "MCD",
        "MMM",
        "MRK",
        "MSFT",
        "NKE",
        "PFE",
        "PG",
        "TRV",
        "UNH",
        "UTX",
        "V",
        "VZ",
        "WBA",
        "WMT",
        "XOM",
    ]

    # Make symbol list from tickers
    context.universe = [symbol(s) for s in dji]

    # History window
    context.history_window = 20

    # Size of our portfolio
    context.stocks_to_hold = 10

    # Schedule the daily trading routine for once per month
    schedule_function(handle_data, date_rules.month_start(), time_
```

```python
        rules.market_close())

def month_perf(ts):
    perf = (ts[-1] / ts[0]) - 1
    return perf

def handle_data(context, data):
    # Get history for all the stocks.
    hist = data.history(context.universe, "close", context.history_
    window, "1d")

    # This creates a table of percent returns, in order.
    perf_table = hist.apply(month_perf).sort_values(ascending=False)

    # Make buy list of the top N stocks
    buy_list = perf_table[:context.stocks_to_hold]

    # The rest will not be held.
    the_rest = perf_table[context.stocks_to_hold:]

    # Place target buy orders for top N stocks.
    for stock, perf in buy_list.items():
        stock_weight = 1 / context.stocks_to_hold

        # Place order
        if data.can_trade(stock):
            order_target_percent(stock, stock_weight)

    # Make sure we are flat the rest.
    for stock, perf in the_rest.items():
        # Place order
        if data.can_trade(stock):
            order_target_percent(stock, 0.0)

def analyze(context, perf):
    # Use PyFolio to generate a performance report
    returns, positions, transactions = pf.utils.extract_rets_pos_txn_
    from_zipline(perf)
    pf.create_returns_tear_sheet(returns, benchmark_rets=None)
```

```
# Set start and end date
start_date = pd.Timestamp('2003-01-01',tz='UTC')
end_date = pd.Timestamp('2017-12-31',tz='UTC')

# Fire off the backtest
result = run_algorithm(start=start_date, end=end_date,
                        initialize=initialize,
                        analyze=analyze,
                        capital_base=10000,
                        data_frequency = 'daily', bundle='quandl' )
```

当你在 Jupyter 记事本中执行这次 Python 回测时，应该会返回给你一个漂亮的信息展示。它首先向你展示一些总体信息和统计数据，然后是一些有用的图表。

表 8-2 PyFolio 关键比率

年化回报（Annual return）	9.606%
累计回报（Cumulative returns）	295.256%
年化波动率（Annual volatility）	18.176%
夏普比率（Sharpe ratio）	0.60
卡玛比率（Calmar ratio）	0.17
稳定性（Stability）	0.78
最大回撤（Max drawdown）	-58.17%
欧米伽比率（Omega ratio）	1.12
索提诺比率（Sortino ratio）	0.86
偏度（Skew）	0.19
峰度（Kurtosis）	10.14
尾部比率（Tail ratio）	0.97
日在险值（Daily value at risk）	-2.247%

如果你不熟悉表 8-2 中的所有分析指标，那么你可能需要阅读一些有关它们

的知识。很有可能其中一些对你和你的市场策略来说不是很有吸引力，但了解更多这类分析指标也无妨。

对于一个策略表现的快速概览，有一些你可能需要马上查看。年化回报率是大多数人首先关注的分析指标，尽管它只说明了一小部分情况。高回报通常比低回报好。但是，如果回报本身没有可参照的背景，那么它只是一个无用数字。

年化波动率、夏普比率和最大回撤有助于将年化回报数字置于某些背景中。这些分析指标考虑到了波动性和下行风险。

这里你应该追求好看的数字，但更重要的是数字的真实性。我经常看到，散户追求的是虚幻的数字，但当现实来敲门时，它们就土崩瓦解了。如果你的回测数据看起来好得令人难以置信，那么它们几乎不可能是真实的。

在现实生活中，你不太可能在较长时间内，每年获得超过 15% 的复利或实现超过 1 的夏普比率，但可能会看到 3 倍于你的长期年化回报的最大回撤。当然，这些都是非常宽泛的指导方针。也许你能做得更好一点，也许不能。

然而，如果你的回测显示年化回报率为 50%，最大回撤为 5%，夏普比率为 10，那么回测就有问题了。这些数字在现实世界中是无法实现的。

关键的比率只是这个回报概览表的第一部分。接下来，我们会看到其中的回撤表，它显示了前五个下跌周期的回撤率、日期和恢复时间，如表 8-3 所示。同样，它将以我本地的日期格式 yyyy-mm-dd 显示，与你的屏幕上日期格式可能看起来不一样。

表 8-3　PyFolio 回撤期间

最大回撤期间	净回撤率 /%	波峰日期	波谷日期	恢复日期	恢复时间 / 天
0	58.17	2007-10-31	2009-03-09	2013-03-22	1408
1	12.98	2015-07-16	2015-08-25	2016-03-11	172
2	11.09	2004-03-05	2004-08-06	2004-10-06	154
3	10.16	2007-07-19	2007-08-16	2007-10-29	73
4	10.00	2003-01-06	2003-03-11	2003-03-21	55

回报概览表还输出相当多的图表,旨在为你提供该策略随着时间的表现。下面展示了一些这样的图表,让你了解这个程序库将自动为你生成什么,并让你看到这个动量策略在道琼斯指数上的表现,如图 8-1 至图 8-4 所示。

你可以看到,PyFolio 程序库能够生成一个标准报告。对于许多读者来说,这可能是大多数时候所需要的。你只需几行代码,就可以自动获得这个报告。这将为你节省不少时间。

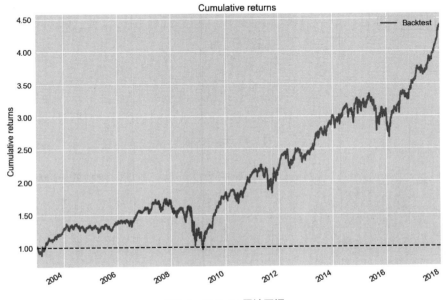

图 8-1　PyFolio 累计回报

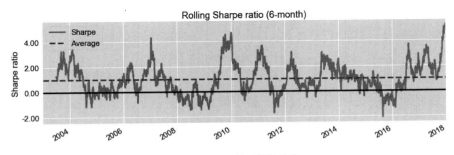

图 8-2　PyFolio 滚动夏普比率

第八章　回测结果分析　117

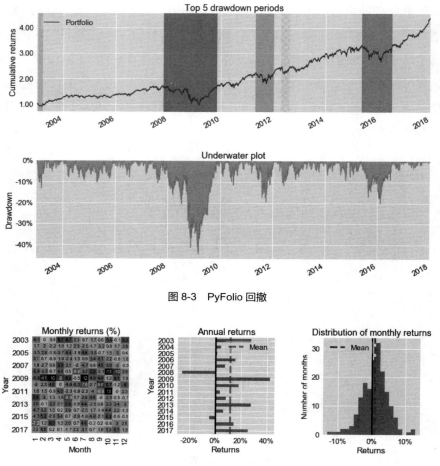

图 8-3　PyFolio 回撤

图 8-4　PyFolio 月度和年度回报

自定义分析指标

你还可以获取各种自定义的分析指标。这就是 Python 和 Pandas 库的魅力所在。它们使得提取、操作和分析时间序列数据变得非常简单。

如果你再回头看下我们这里用于分析的示例模型的代码，你会看到在最后一行中，我们将结果存储在一个变量中，我们称之为 `result`。快速查看一下这个变量实际存储的内容。这个变量 result 实际上是一个 Pandas DataFrame。它大大简化了分析。你可以在下面看到这段代码。

```
# Fire off the backtest
result = run_algorithm(
    start=start_date,
    end=end_date,
    initialize=initialize,
    analyze=analyze,
    capital_base=10000,
    data_frequency = 'daily',
    bundle='quandl'
)
```

假如你刚刚在 Jupyter 记事本上运行了上面的模型，那么现在你可以通过在下面创建一个新的单元来继续分析。单击工具栏中的加号，你将得到一个新的单元，在新的单元中可以编写代码。

你可以单独运行每个单元，它们可以访问在前一个单元中创建的变量。这样，你就不需要重新运行回测，而是可以直接分析已经运行过的回测的结果。

首先，你可能想要检查这个 DataFrame 有什么类型的列。这可以通过这两行简单的代码来完成。

```
for column in result.sort_index(axis=1,ascending=True):
    print(column)
```

这将打印出 DataFrame 中所有列的名称，输出结果如下所示。

```
algo_volatility
algorithm_period_return
alpha
benchmark_period_return
benchmark_volatility
beta
capital_used
ending_cash
```

```
ending_exposure
ending_value
excess_return
gross_leverage
long_exposure
long_value
longs_count
max_drawdown
max_leverage
net_leverage
orders
period_close
period_label
period_open
pnl
portfolio_value
positions
returns
sharpe
short_exposure
short_value
shorts_count
sortino
starting_cash
starting_exposure
starting_value
trading_days
transactions
treasury_period_return
```

这个输出将使你了解这个 DataFrame 的内容，以及如何使用它。我们继续深入下去。DataFrame 中的一行代表回测中的一天。这意味着我们可以选择任何一天，并检查回测在那一天的状态。我们可以很容易地输出某一天的数值，即使这种显示结果的方式不是很有助于分析，但它确实给了我们一个线索，让我们知道可能发生什么。

你可以使用 `.loc` 根据如下所示的简单准则来定位 DataFrame 中的内容。或者，你熟练了以后，可以使用更加复杂的逻辑。

```
result.loc['2010-11-17']
```

这将输出该行中字段的值。你应该能看到这种结果。

```
algo_volatility                                              0.214785
algorithm_period_return                                      0.599224
alpha                                                            None
benchmark_period_return                                           0.0
benchmark_volatility                                              0.0
beta                                                             None
capital_used                                                      0.0
ending_cash                                                  494.89618
ending_exposure                                              15497.34
ending_value                                                 15497.34
excess_return                                                     0.0
gross_leverage                                               0.969054
long_exposure                                                15497.34
long_value                                                   15497.34
longs_count                                                        10
max_drawdown                                                -0.581701
max_leverage                                                 1.017247
net_leverage                                                 0.969054
orders                                                             []
period_close                                 2010-11-17 21:00:00+00:00
period_label                                                  2010-11
period_open                                  2010-11-17 14:31:00+00:00
pnl                                                            -14.28
portfolio_value                                           15992.23618
positions                       [{'sid':Equity(8[AAPL]),'amount':5,'cost_...
returns                                                     -0.000892
sharpe                                                       0.384687
short_exposure                                                    0.0
short_value                                                       0.0
shorts_count                                                        0
sortino                                                      0.557875
starting_cash                                                494.89618
starting_exposure                                            15511.62
starting_value                                               15511.62
trading_days                                                     1985
```

```
transactions                                              []
treasury_period_return                                    0.0
Name: 2010-11-17 00:00:00+00:00,dtype: object
```

每日快照

观察权益曲线，也就是投资组合价值在回测过程中的走势时，往往会产生更多的问题，而不是答案。你可能会看到一些奇怪的向上或向下移动，现在你想知道是什么导致了这样。权益曲线不会告诉你答案，但你可以查看相关交易日的细节。这通常是一种很好的方法，来检查模型是否按照它该有的方式运行、是否按照你所期望的方式交易，以及是否持有你所期望的头寸。

在 Jupyter 记事本中前一个单元的下面创建一个新的单元，并尝试执行以下代码：

```
# Let's get a portfolio snapshot
# Import pandas and matplotlib
import pandas as pd
import matplotlib.pyplot as plt

# Select day to view
day = '2009-03-17'

# Get portfolio value and positions for this day
port_value = result.loc[day,'portfolio_value']
day_positions = result.loc[day,'positions']

# Empty DataFrame to store values
df = pd.DataFrame(columns=['value', 'pnl'])

# Populate DataFrame with position info
for pos in day_positions:
    ticker = pos['sid'].symbol
    df.loc[ticker,'value'] = pos['amount'] * pos['last_sale_price']
    df.loc[ticker,'pnl'] = df.loc[ticker,'value'] - (pos['amount'] *
    pos['cost_basis'])
```

```
# Add cash position
df.loc['cash', ['value','pnl']] = [(port_value - df['value'].sum()), 0]

# Set cash value to 0 if cash value<=0
if df.loc['cash','value']<=0:df.loc['cash','value']=0

# Make pie chart for allocations
fig, ax1 = plt.subplots(figsize=[12, 10])
ax1.pie(df['value'], labels=df.index, shadow=True, startangle=90)
ax1.axis('equal')
ax1.set_title('Allocation on {}'.format(day))
plt.show()

# Make bar chart for open PnL
fig, ax1 = plt.subplots(figsize=[12, 10])
pnl_df = df.drop('cash')
ax1.barh( pnl_df.index, pnl_df['pnl'], align='center', color='green', ecolor='black')
ax1.set_title('Open PnL on {}'.format(day))
plt.show()
```

  这里，我们在代码的顶部选择一个日期，我们想要看到当时的资产配置和未平仓头寸的损益。首先，我们使用功能强大的 .loc 来定位匹配的日期。我们可以使用 .loc[row, column] 语法查找特定行中特定列的值。注意，这段简单的代码中还没有错误处理功能。如果你选择的日期不是 result 对象的一部分，如周末，程序会出错。

  根据与我们给出的日期相匹配的行，我们现在可以找到制作一些图表所需的信息。如前所示，result 对象中有一行保存了一个头寸列表。这段代码所做的是遍历这些头寸，并生成一个包含头寸价值和未平仓头寸损益的 DataFrame。这里原本可以写得更优雅一些，但本书的目的是清晰而不是优雅。

  为了使资产配置饼状图有意义，我们还需要添加一些现金头寸。这里我们讨论的是股票，所以，持有现金的金额等于投资组合总的价值减去持有的股票的价值。在我们添加了现金之后，我们可以使用 MatPlotLib 绘制一个漂亮的饼状图，就像我们在本书前面所做的那样，见图8-5。

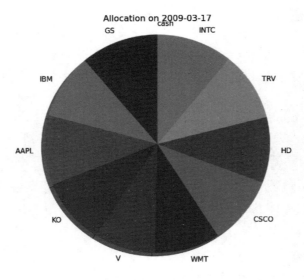

图 8-5 资产配置日快照

为每个头寸制作一个未平仓头寸损益的水平条形图也很简单。这是示例代码的最后一部分所做的，如图 8-6 所示。

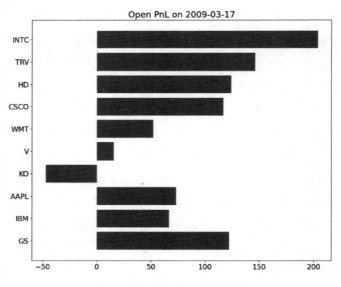

图 8-6 未平仓头寸损益日快照

这个示例说明了，使用 Python 定位某一天，并了解当时的投资组合的情况并不难。

自定义时间序列分析

时间序列分析是 Python 真正的亮点。唯一阻止你的是自己的创造力。你回测做得越多，就会发现自己对输出的回报曲线的许多方面越感到疑惑。

为了让你了解如何快速和轻松地计算各种分析，我将在这里展示一个示例。我们要做一张拥有四张子图的图表。第一张将展示权益曲线本身的半对数图。第二张是随时间推移的敞口。到目前为止，这些都是我们已经掌握的时间序列。但接下来的两张子图我们需要计算。

第三幅图将显示滚动半年的年化回报率。我之所以选择这个分析指标，是因为它是一种很好的练习。这意味着我们需要停下来思考一下它的含义。

我们都知道，或者至少应该知道，年化回报率是指什么。通常，你可能会关注整个回测过程中的年化回报率。有时，你会看到年复合增长率（Compound Annual Growth Rate，CAGR）这一术语，它们是一回事。

举个例子，如果你一开始只有 1 万美元，十年里实现的年化回报率为 10%，你最终会得到 25937 美元。

$$(1+0.1)^{10} \times 10000 = 25937$$

或者反过来说，如果你一开始有 1 万美元，十年后得到 25937 美元，你可以很容易地计算年化回报率。

$$(25937/10000)^{1/10} - 1 = 10\%$$

但在回测期间，这个数字可能会有很大的上下波动。滚动年化回报率可以帮助我们了解在较短的时间框架下，年化回报率会是多少。

这是非常基础的金融数学，计算整年的回报数字也非常简单。滚动年化回报率是一个非常有用的工具，可以在更现实的场景中，例如比一年更短或更长的时间段内，计算年化数字。在现实世界中，你几乎总是要处理这样的时间序列。

我来提供给你一个更通用的公式以处理这个问题。我将首先给出公式，然后你将在下面的代码中看到，我们如何轻松地将这个公式应用到 Python 序列中。

$$年化回报率 = (最终价值 / 初始价值)^{一年的天数 / 实际天数} - 1$$

使用这个简单的公式，无论所讨论的时间段是长于还是短于一年，你都可以很快地计算出年化回报率。现在看下我们如何使用一个通用的函数来计算它。

```
def ann_ret(ts):
    return np.power((ts[-1] / ts[0]), (year_length/len(ts))) -1
```

在这个函数中，我们输入一个时间序列，得到一个年化回报率。我们需要定义的唯一一件事就是我们假设一整年有多少天。如代码中所示，我倾向于假设一年有 252 个交易日，这与大多数年份的实际交易日数量非常接近。有些人更喜欢 256 天，因为这样计算起来更容易。

我为它定义一个单独的函数的原因是，这使得将函数应用于滚动的时间窗口变得非常简单，如下面代码中所示。

出于同样的原因，我制作了一个函数，计算一个时间窗口上的最大回撤。

```
def dd(ts):
    return np.min(ts / np.maximum.accumulate(ts)) - 1
```

在这里，我们提供了一个时间序列窗口，以获得该期间最大的回撤值。

代码的其余部分主要是关于如何格式化一个漂亮的图形。我在这里假设你正在 Jupyter 记事本上工作，并且你已经在前一节中运行了这个模型。实际上，任何模型都可以。现在，在下面创建一个新的单元，我们将在那里编写新代码。

和往常一样，你也可以在该书的网站 www.followingthetrend.com/trading-evolved/ 上找到这段代码。

下面是我们计算上述分析所需的代码。

```
import numpy as np
import pandas as pd
import matplotlib.pyplot as plt
import matplotlib
import matplotlib.ticker as ticker
```

```
# Format for book image
font = {'family' : 'eurostile',
        'weight' : 'normal',
        'size' : 16}
matplotlib.rc('font', **font)

# Settings
window = 126
year_length = 252

# Copy the columsn we need
df = result.copy().filter(items=['portfolio_value', 'gross_leverage'])

# Function for annualized return
def ann_ret(ts):
    return np.power((ts[-1] / ts[0]), (year_length/len(ts))) -1

# Function for drawdown
def dd(ts):
    return np.min(ts / np.maximum.accumulate(ts)) - 1

# Get a rolling window
rolling_window = result.portfolio_value.rolling(window)

# Calculate rolling analytics
df['annualized'] = rolling_window.apply(ann_ret)
df['drawdown'] = rolling_window.apply(dd)

# Drop initial n/a values
df.dropna(inplace=True)
```

在必需的导入语句之后，你会看到一些关于字体的看起来奇怪的代码。我之所以把这些代码包括进来，只是为了向你展示如何格式化本书中显示的图形。如果你喜欢，你可以安心跳过它。它保留在那，只是以防你对字体和大小格式感到好奇。

```
# Format for book image
font = {'family' : 'eurostile',
        'weight' : 'normal',
```

```
            'size' : 16}
rc('font', **font)
```

然后是两个设置。窗口设置定义了我们想要分析的滚动时间窗口（Rolling Time Window）的长度。代码中的数字是 126 天，大约代表了半年。你可以把它改成任何你喜欢的数字。

第二个设置是，我们假设一年有多少个交易日。这里假设一年大约有 252 个交易日。

```
# Settings
calc_window = 126
year_length = 252
```

然后，我们构造一个 DataFrame，只需从先前回测创建的 DataFrame 中复制我们需要的两列代码就行。请记住，我们在本章前面做了一个简单的回测，它返回一个名为 `result` 的变量。我们不需要这个变量中的大部分内容，只需要将 `portfolio_value`（投资组合价值）和 `gross_leverage`（总杠杆率）复制到一个新的 DataFrame 中。

```
# Copy the columns we need
df = result.copy().filter(items=['portfolio_value', 'gross_leverage'])
```

下面的代码中有两个函数，一个用于计算年化收益，另一个用于计算回撤。

```
# Function for annualized return
def ann_ret(ts):
    return np.power((ts[-1] / ts[0]), (year_length/len(ts))) -1

# Function for drawdown
def dd(ts):
    return np.min(ts / np.maximum.accumulate(ts)) - 1
```

从这里再往下看一些代码，你将看到我们如何定义数据的滚动时间窗口，并使用与前面相同的 apply 函数来获得这两个分析指标的滚动时间序列。

```
# Get a rolling window
```

```
rolling_window = result.portfolio_value.rolling(calc_window)

# Calculate rolling analytics
df['annualized'] = rolling_window.apply(ann_ret)
df['drawdown'] = rolling_window.apply(dd)
```

现在我们有了一个 DataFrame，其中包含了为我们计算的所有内容。我们所要做的就是将其可视化。

```
# Make a figure
fig = plt.figure(figsize=(12, 12))

# Make the base lower, just to make the graph easier to read
df['portfolio_value'] /= 100

# First chart
ax = fig.add_subplot(411)
ax.set_title('Strategy Results')
ax.plot(df['portfolio_value'],
        linestyle='-',
        color='black',
        label='Equity Curve', linewidth=3.0)

# Set log scale
ax.set_yscale('log')

# Make the axis look nicer
ax.yaxis.set_ticks(np.arange(df['portfolio_value'].min(),
df['portfolio_value'].max(), 500 ))
ax.yaxis.set_major_formatter(ticker.FormatStrFormatter('%0.0f'))

# Add legend and grid
ax.legend()
ax.grid(False)

# Second chart
ax = fig.add_subplot(412)
ax.plot(df['gross_leverage'],
```

```python
        label='Strategy exposure'.format(window),
        linestyle='-',
        color='black',
        linewidth=1.0)

# Make the axis look nicer
ax.yaxis.set_ticks(np.arange(df['gross_leverage'].min(), df['gross_leverage'].max(), 0.02 ))
ax.yaxis.set_major_formatter(ticker.FormatStrFormatter('%0.2f'))

# Add legend and grid
ax.legend()
ax.grid(True)

# Third chart
ax = fig.add_subplot(413)
ax.plot(df['annualized'],
        label='{} days annualized return'.format(window),
        linestyle='-',
        color='black',
        linewidth=1.0)

# Make the axis look nicer
ax.yaxis.set_ticks(np.arange(df['annualized'].min(), df['annualized'].max(), 0.5 ))
ax.yaxis.set_major_formatter(ticker.FormatStrFormatter('%0.1f'))

# Add legend and grid
ax.legend()
ax.grid(True)

# Fourth chart
ax = fig.add_subplot(414)
ax.plot(df['drawdown'],
        label='{} days max drawdown'.format(windcw),
        linestyle='-',
        color='black',
        linewidth=1.0)
```

```
# Make the axis look nicer
ax.yaxis.set_ticks(np.arange(df['drawdown'].min(), df['drawdown'].
max(), 0.1 ))
ax.yaxis.set_major_formatter(ticker.FormatStrFormatter('%0.1f'))

# Add legend and grid
ax.legend()
ax.grid(True)
```

这段代码的输出应该是 4 幅图，如图 8-7 所示。当你开始习惯用 Python 构建回测模型时，你就可以创建各种自定义分析指标和图表，对你认为重要的内容进行可视化，以便定位问题或了解你所构建模型的更多性能。

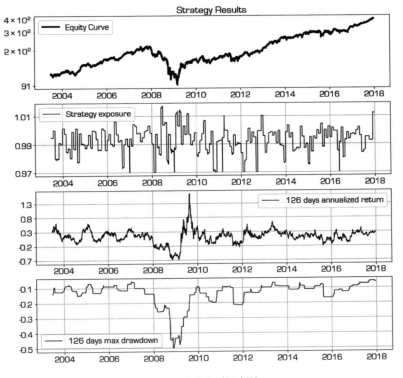

图 8-7　自定义时间序列

第九章
交易所交易基金

交易所交易基金（Exchange Traded Funds，ETF）是最伟大的金融理念之一，但它最终变成了一种吸走人们辛苦赚来的钱的方式。不管你对银行家的看法如何，但当你知道他们寻找创造性的方式攫取你的血汗钱时，就会对他们深恶痛绝。

很多 ETF 都很优秀。但是，你不应该仅仅因为一些基金被包装成 ETF 就认为它很好。任何人都可以用几乎任何东西来创建 ETF。ETF 这个词本身已经变得几乎毫无意义。

大体来说，ETF 可以分为以下三大类。

优秀的 ETF 基金

最好的 ETF 是被动交易的、低成本的指数跟踪工具（Index Trackers）。正如其名称所示，指数跟踪工具是透明的、高流动性的金融工具。最好的例子，就是全球流动性最强的 ETF——标准普尔 500 指数 ETF（SPY）。该基金的投资资产，尽可能接近标准普尔 500 指数，并采用了一种计算机化的方法，以确保低成本和高跟踪精度。当买入像标普 500ETF 这样的金融工具时，你很清楚得到了什么——得到了指数，每年减去大约 10 个基点的成本。这比共同基金行业能提供给你的收益要好得多。

大约 80% 到 90% 的共同基金，都未能跑赢指数。这一点如今已广为人知。

但是，出于某种原因，人们仍在投资这类基金。主要原因可能是，银行建议客户购买定价过高、表现不佳的共同基金。你可以买一个低成本的指数跟踪工具，并准确地知道得到了什么，而不是押注仅有 10% 到 20% 的可能性跑赢指数。

标准普尔 500 指数 ETF 目前管理着大约 2250 亿美元，接近一万亿的四分之一。它的规模是第二大 ETF 的两倍多，交易量非常高。从流动性方面来看，就 ETF 而言，它本身就是一个类别。我希望能说我是靠兜售标普 500ETF 赚钱的，因为它赚的钱比一个中等规模的欧洲国家还多。但遗憾的是，没有人给我钱让我推销。

还有许多其他的 ETF 也按照同样的原则运作，而且流动性很强。这类 ETF 以较低的成本和较小的跟踪误差，被动地跟踪一个明确定义的指数。它们也是系统交易的主要标的。

在跟踪主要国家指数、行业指数甚至一些债券指数的 ETF 中，很容易找到这类 ETF。流动性很强的 ETF 通常可以做空，而其他 ETF 很难确定合适的交易规模。

这就是大多数人会联想到的 ETF 最初的样子。但是，你需要小心的，是那些不符合低成本跟踪指数设计的 ETF。

较差的 ETF 基金

任何人都可以把任何东西变成 ETF。想想看，这个术语没有任何含义，只是一种可以通过某种交易所买卖的基金。它不代表流动性，也不代表低成本，更不代表指数跟踪，甚至并不代表它必须是透明的。

一些 ETF 的规模非常小，流动性非常差。有一些 ETF 的资产少于 500 万美元。在 ETF 领域，任何少于 10 亿美元的 ETF 都被认为是微型的，低于 1 亿美元的都是愚蠢的。如果你交易这么小型的标的，要非常小心，交易规模不要太大。

在考虑某只 ETF 之前，要先检查它的资产净值，以及每日的交易量。你要确保你能轻松进出基金。如果头寸是每日平均交易量的 10% 或更多，那么你的敞口就太大了。

另一个问题是，许多我们通常称为 ETF 的工具，实际上并不是 ETF。它们是交易所交易票据（Exchange Traded Note，ETN）。听起来很接近，其实不然。

理论上，持有 ETF 代表拥有了相关证券，而 ETF 为你持有一篮子证券。如果 ETF 基金破产了，你应该能够拿回你的那部分标的股票。如果你有足够大的头寸，通常是 5 万份，你可以在任何时候索要股票。

与之相反，ETN 实际上是结构性产品，是债务工具，即公司承诺根据标的指数的表现向你支付报酬。标的指数可以是股票市场，也可以是任何数学公式。你不拥有持有任何相关证券的实际权利，你仅持有支付报酬的承诺。ETN 基金如何对冲以向你支付是他们的事情。如果他们重蹈覆辙破产了，你就没那么幸运了。你将血本无归。

如果你认为大型银行或金融服务提供商不太可能覆灭，不会让你欲哭无泪，那你可能在 2008 年还没有涉足这一行业。这种情况以前发生过，将来还会发生，小心 ETN。

然后是成本方面的问题。ETF 这个术语的本质让人联想到低成本和负责任的形象。但是，任何人都可以设定自己的条件，把任何东西变成 ETF。没有什么能阻止我建立一个新的 ETF，并收取 2% 的管理费。这可能不会是一件容易的事情，但却是非常有可能的。

ETN 结构在大宗商品基金中很常见。对于这样的基金，你需要仔细看看它们到底是什么，到底在做什么。对于一个标准的指数 ETF，基金可以只购买标的。但你不应指望原油基金的回报能与实物原油相当。想想看，回报是怎么产生的？基金会购买原油吗？将原油放在哪里？如何储存原油？

它们当然不会购买实物原油，而是会购买和滚动石油期货。这意味着，如果想了解石油 ETN 的回报情况，你需要了解期货以及期限结构随时间的影响。但是，你不能确定这个工具只会投资于它的名字所暗示的东西。

以美国石油基金（United States Oil Fund，USO）为例，它确实是一个不错的跟踪工具。在写本章时，它拥有大约 30 亿美元的净资产和相当高的日交易量。这应该是跟踪石油的好方法，对吧？不过，这取决于你对"好"的定义以及你的期望。

快速浏览一下这只基金，我们会发现他们确实100%投资于石油。在撰写本章时，美国石油基金对2017年3月原油期货的敞口正好为100.0%。是的，持有的当然是期货。就像前面提到的，它们不可能在地下室里存放真正的石油。

但它们的投资不止于此。除了100%的原油期货，投资组合中还有一些其他的资产。首先，有10.4%投资于富达机构政府投资组合（Fidelity Institutional Government Portfolio）中，7%投资于高盛（Goldman）的同类产品中，7%在摩根士丹利（Morgan Stanley）的货币市场产品中，等等。为什么这样？因为它们有很多闲钱。期货不需要太多现金，因此，期货经理都会利用短期货币市场产品来确保资金安全，并希望从中获得少量回报，而不是把钱藏在床垫下。

这本身并不是一个真正的问题。但是，我提到这些是为了让你明白这些商品ETF/ETN产品类似于期货基金。它们与指数跟踪工具几乎没有什么共同之处。

这里的问题是，散户投资者可能看到这类基金的名称和描述，就期望获得与基础资产类似的回报。这种情况不太可能发生。熟悉期货和期限结构的读者已经知道其中的原因。

我们将在以后的期货章节中，更深入地研究期限结构。所以，我暂时不会深入讨论这个问题。重要的是，要明白期货和现货是不同的。随着时间的推移，期货工具的时间因素将创造出与基础资产截然不同的回报曲线。这不是基金经理的错，这就是现实。你或许可以责怪它们没有向投资者说清楚这些事情，但这种影响本身是不可避免的。

美国石油基金宣称的目标是："该基金寻求通过投资于石油期货合约和其他石油权益的组合，反映交割到俄克拉荷马州库欣的西德克萨斯轻质低硫原油现货价格的表现。"该基金于2006年4月推出。让我们看下从那时起，它们是否实现了这个目标。

如图9-1所示，跟踪并不精确。但它是你最能获得的了。这并不是说，你永远不应该交易商品ETF或ETN。但是，你确实需要知道实际购买的是什么。基金的名称不足以告诉你它内部的真实情况。

图 9-1 美国石油基金 ETF 与石油现货的对比

查看基金与基准指数的比较,最简单的方法就是画一幅图。由于我这本书的一个潜在目的是,在你最意想不到的时候教你一些 Python 知识,所以我将向你抛出几行代码。

首先,我检查了美国石油基金的产品页面,以验证它使用的是哪个基准。然后,我开始寻找这个基准的数据,即西德克萨斯轻质原油,以及该 ETF 的相关数据序列。你应该可以在网上免费找到这两种资源。然而,由于免费资源的位置不断变化,或可能突然转成收费资源,我将这些数据存储在 www.followingthetrend.com/trading-evolved/ 上,你可以在这里下载。

如果你阅读了本书前几章的内容,下面这段代码很简单。

```
import pandas as pd
import matplotlib.pyplot as plt

# Read data from csv
df = pd.read_csv('oil_etf_vs_spot.csv', index_col='Date', parse_
```

```
dates=['Date'])

# Make new figure and set the size.
fig = plt.figure(figsize=(12, 8))

# The first subplot, planning for 3 plots high, 1 plot wide, this
being the first.
ax = fig.add_subplot(111)
ax.set_title('Oil ETF vs. Spot')
ax.plot(df['WTI-West-Texas-Intermediate'], linestyle='-',
label='Spot', linewidth=3.0, color='black')
ax.plot(df['USO'], linestyle='--', label='ETF', linewidth=3.0, color
= 'grey')
ax.legend()
```

这段代码假设你已经从我的站点下载了上述数据,并将其放在与 Python 代码相同的文件夹中。如果你在其他地方获得数据,或将其存储在其他地方,只需调整代码以读取相应的格式和位置。执行这段代码会得到如图 9-1 所示的输出结果。

虽然期货市场的期限结构是一个重要因素,但另一个需要注意的因素是成本。虽然标普 500ETF 收取的管理费比例不到 0.1%,但也有收取 1% 以上的基金,其中许多基金是主动基金。上述美国石油基金的总费用比率(Total Expense Ratio,TER)为 0.74%。

在这里单独提到美国石油基金可能有点不公平。就大宗商品 ETF 而言,美国石油基金真的没那么糟。如果与其他交易所交易的商品基金进行同样的比较,你会发现它们都是一样的,有的甚至更糟。

接下来是主动 ETF 基金。主动基金就像它们听起来的那样,实际上由人进行交易并自主决策。大多数人会认为,如果它涉及人坐在屏幕前手工交易,那么它就不是 ETF。但是,它确实是 ETF,只要在交易所交易,就可以是 ETF。如果策略是主动的,那么风险情况就会发生巨大变化。你不再能确定到底得到了什么。

有时除了交易较差的 ETF,别无选择。对于这些基金,你应该非常小心。但是,你只要正确理解,确保你明白在交易什么,它们仍然有一些用途。

最差的 ETF 基金

最后一类 ETF 是真正可怕的。这些结构化产品，都是为了卖给那些不知道结构化产品是什么的散户，其中最臭名昭著的就是杠杆反向 ETF 基金（Leveraged and Inverse ETF）。

空头 ETF 基金（Short ETF）是最明显的陷阱。例如，ProShares 空头标准普尔 500 指数基金（ProShares Short S&P 500，SH）向你承诺与标准普尔 500 指数相反的表现。平心而论，它确实如此。但是，它不是以大多数人期望的方式来实现这一点。这些基金确实是结构化产品，而理解这些产品的关键，是它们每日的再平衡（Rebalance）。它们被设计成在任何一天中产生近似的反向收益。而实现这一目标的唯一途径就是，每日进行再平衡。

当你处理任何一种衍生品时，总是需要考虑对冲。如果你知道如何对冲衍生品，就知道如何定价。你理解了这一点，就明白了这个金融工具是如何运作的，以及你能够期望得到什么。

创建空头 ETF 的方法是使用期货或掉期。如果 ProShares 空头标准普尔 500 指数基金的资产价值是 20 亿美元，他们就需要利用衍生品增加 20 亿美元的空头敞口，然后每日对该头寸进行再平衡，以确保 ETF 的每日回报与标的市场相反。

这样做的结果是，你在做空波动性。用期权术语来说，你认为你做空了 delta 头寸，但最终却做空了 gamma 头寸。但对大多数读者来说，这可能听起来像希腊语。

不如举个例子。假设我们有一个指数在某个范围内长期上下波动。指数每天都将以相同的幅度上下移动，导致价格不会有长期的上涨。在第一天，它上升了 3%。第二天，它下跌了 2.91%，回到了最初的水平。现在它继续这样涨跌一段时间。有人可能会认为，这个指数上的多头 ETF、空头 ETF 和双倍空头 ETF，随着时间的推移，回报也会持平。但这与现实相去甚远。

表 9-1 显示了在短短几天的来回价格波动中，空头 ETF 和双倍空头 ETF 的影响。7 天后，标的指数正好回到 100，而空头 ETF 下跌了 0.5 个百分点，双倍空头 ETF 下跌了 1.5 个百分点。

表 9-1 空头 ETF 的影响

日期	基础资产变动率	基础资产净值	空头回报率	空头 ETF 净值	双倍空头回报率	双倍空头 ETF 净值
1	0.00%	100	0.00%	100.00	0.00%	100.00
2	3.00%	103	-3.00%	97.00	-6.00%	94.00
3	-2.91%	100	2.91%	99.83	5.83%	99.48
4	3.00%	103	-3.00%	96.83	-6.00%	93.51
5	-2.91%	100	2.91%	99.65	5.83%	98.95
6	3.00%	103	-3.00%	96.66	-6.00%	93.02
7	-2.91%	100	2.91%	99.48	5.83%	98.44

在图 9-2 中，这种效应更加明显，连续 50 日重复出现每天 3% 的涨跌幅度。由于空头 ETF 和双倍空头 ETF 在任何一天都在复制反向收益，或双倍反向收益，这是不可避免的数学效应。如果你买入空头 ETF，意味着你不仅确实对标的价格下跌感兴趣，而且对低波动性更感兴趣。

计算和绘制这一现象所需的大部分代码，在前面的小节中你可能已经很熟悉了。我将首先向你展示关键部分以及新内容，然后将整段代码放在后面。

在本例中，我想展示这种现象，以及它在 50 日内是如何发展的。因此，我首先创建一个带有编号索引的 DataFrame，索引从 0 到 49。回忆一下前面我们是如何使用 `range()` 函数获得一系列数字的。

```
df = pd.DataFrame(index=range(50))
```

现在，让我们新建一个列，用于表示理论基础资产的日变动率。根据表 9-1，我们希望每隔一天的收益为 +3% 或 -2.913%，因此在一段时间内创造的净收益为零。在下面的示例代码中，我们通过检查下标除以 2 的值，每次间隔一个找到后一个下标。注意我们是如何再次使用 loc 来定位我们想要更改的行和列的。

```
# Set odd days to +3%
df.loc[df.index % 2 == 1,'underlying_return'] = 0.03

# Set even days to -2.913%
```

```
df.loc[df.index % 2 == 0,'underlying_return'] = -0.02913
```

现在，我们得到了每天的回报率，可以轻松地计算累积乘积。这是基础资产、空头 ETF 和双倍空头 ETF 的长期表现。

```
# Calculate cumulative series
df['underlying_price'] = (df['underlying_return'] + 1).cumprod()

# Inverse ETF
df['short_return'] = df['underlying_return'] * -1
df['double_short_return'] = df['underlying_return'] * -2

# Double Inverse
df['short_price'] = (df['short_return'] + 1).cumprod()
df['double_short_price'] = (df['double_short_return'] + 1).cumprod()
```

代码的其余部分只是绘制图形。下面你将看到本示例使用的完整代码。

```
%matplotlib inline
import pandas as pd
import matplotlib.pyplot as plt

df = pd.DataFrame(index=range(50))

# Set odd days to +3%
df.loc[df.index % 2 == 1,'underlying_return'] = 0.03

# Set even days to -2.913%
df.loc[df.index % 2 == 0,'underlying_return'] = -0.02913

# Start at zero
df.iloc[0].loc['underlying_return'] = 0

# Calculate cumulative series
df['underlying_price'] = (df['underlying_return'] + 1).cumprod()

# Inverse ETF
df['short_return'] = df['underlying_return'] * -1
df['double_short_return'] = df['underlying_return'] * -2
```

```
# Double Inverse
df['short_price'] = (df['short_return'] + 1).cumprod()
df['double_short_price'] = (df['double_short_return'] + 1).cumprod()

# Make new figure and set the size.
fig = plt.figure(figsize=(12, 8))

# The first subplot, planning for 3 plots high, 1 plot wide, this
being the first.
ax = fig.add_subplot(111)
ax.set_title('Short ETF Effect')
ax.plot(df['underlying_price'], linestyle='-', label=
'Spot', linewidth=3.0, color='black')
ax.plot(df['short_price'], linestyle='-', label='Inverse ETF',
linewidth=3.0, color = 'grey')
ax.plot(df['double_short_price'], linestyle='--', label='Double
Inverse ETF',linewidth=3.0, color = 'grey')
ax.legend()
```

这段代码的输出如图 9-2 所示。一旦你理解了这个相当简单的数学例子，你就应该能够理解空头 ETF 的问题，以及为什么你应该从不交易它们。

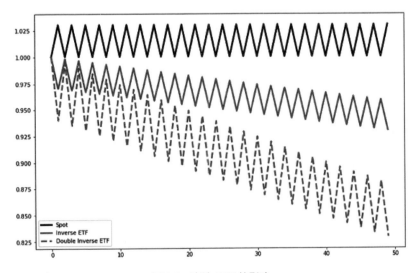

图 9-2　空头 ETF 的影响

当然，一个明显的问题是，当市场开始下跌时，它们也往往会变得相当不稳定。你可能会发现，即使在市场下跌期间，空头ETF也会贬值。

这不是一种对冲工具，充其量只是一种超短期的投机工具。你应该有充分的理由，才能持有空头ETF超过一天。

上面的例子是高度理论化的，但你也可以很容易地在实际的市场数据中验证这一点。你可以从我的网站www.followingthetrend.com/trading-evolved/下载一个数据文件，其中包含指数跟踪基金标准普尔500指数ETF（SPY）、空头ETF基金——ProShares空头标准普尔500指数基金（SH）和双倍空头基金——ProShares双倍空头标准普尔500指数基金（SDS）的价格序列。它们的标的相同，都是标准普尔500指数。

如果你仍然不确定是否要持有空头ETF，请下载这些数据，并从不同的起点比较它们的表现。试着从不同类型的市场体制开始，看看几周或几个月后的效果如何。

下面是一段简单的代码，用于读取你可以在我的站点上找到的数据文件，重新计算起始值相同的序列，并绘制比较图。

```
%matplotlib inline
import pandas as pd
import matplotlib.pyplot as plt

# Function for recalculating series with a common base
def rebased(ts):
    return ts / ts[0]

# Read data from csv
df = pd.read_csv('short_etfs.csv', index_col='Date', parse_dates=['Date'])

# Calculate all series starting from first value.
df = df.apply(rebased)

# Make new figure and set the size.
fig = plt.figure(figsize=(12, 8))
```

```
# The first subplot, planning for 3 plots high, 1 plot wide, this
being the first.
ax = fig.add_subplot(111)
ax.set_title('Short ETF Effect')
ax.plot(df['SPY'], linestyle='-', label='SPY Index Tracker',
linewidth=3.0, color='black')
ax.plot(df['SH'], linestyle='-', label='SH Short ETF', linewidth=3.0,
color = 'grey')
ax.plot(df['SDS'], linestyle='--', label='SDS Double Inverse ETF',
linewidth=2.0, color = 'grey')
ax.legend()
```

这将生成如图 9-3 所示的图。这不再是一个理论上的例子。这幅图显示了标准普尔指数跟踪工具的实际表现，并与空头和双倍空头 ETF 进行了比较。是的，空头基金在短期市场低迷时净值会飙升。但你会看到，在数月或数年的时间里，空头 ETF 和双倍空头 ETF 会出现大幅亏损。

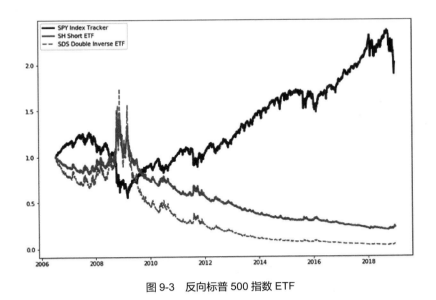

图 9-3　反向标普 500 指数 ETF

除非你完全理解这种行为，否则不要碰空头 ETF 基金。

做空 ETF 基金

你在回测时模拟卖空 ETF 可能没有亏损，但不要假设在现实中也是如此。

流动性最好的 ETF 通常可以找到券源并做空。而对于其他 ETF 来说，选择余地很小。建立做空 ETF 的算法交易模型是一件危险的事情，即使回测看起来很简单，只要输入订单就可以运行起来。

但实际上，一个安全的假设是，除了流动性非常高的 ETF 之外，你将无法做空，或者在想做空的时候却难觅良机。即使你很幸运，这些股票当然也可能在最糟糕的时候被回购。

做空比在屏幕上看到的要复杂得多。由于现代交易越来越像电脑游戏，人们有时很容易忘记在幕后确实有一些真实的事情在发生。

当你做空一只股票或 ETF 时，实际上是有人把它借给你。理解这一点很重要。你的交易不是凭空发生的。理解卖空背后的机制，是理解什么是现实的、什么是不现实的关键。

在大多数模拟平台中，你能够以零成本做空任何规模的金融工具。这与现实相去甚远。

首先，你的经纪人需要找到股票的来源。这意味着他们需要找到另一个乐于长期持有这些股票的客户，并且愿意出借这些股票用于做空。这通常表明有一家机构长期持有股票，并希望从放贷中获得一点额外收益。你不会以为你能免费借到股票吧？

借入主要的 ETF 和股票，即使借入规模较大，通常也没有问题。然而，如果你想做空流动性非常高的 ETF 以外的 ETF，可能会发现很难找到券源。即使你找到了，可能也很贵。

卖空标准普尔 500 指数 ETF（SPY）很容易。它的流动性非常高，而且被广泛持有。你能够可靠地以满意的利率借入它。但是，如果你想做空一些更奇特的 ETF，比如天然气 ETF，你要么会发现没有可用的出借方，要么将不得不付出太多成本，以至于不值得做空。

出借方需要得到补偿。他们借给你股票不是因为他们是善良的人。善良远非金融的本质。你需要支付一定的利息。借入价格的高低，将取决于该股票的借入难度以及你对经纪商的重要程度。如果你打算在几天、几周甚至几个月的时间里持有空头头寸，这个成本会增加，并对你的策略造成严重的影响。这是一个很容易被忽视的因素，但它可能会扼杀你的策略收益。

关于做空，另一个经常被遗忘的事情是，股票可以在任何时候被收回。是的，即使你的策略是合理的，也可能在毫无察觉的情况下被人偷袭。

公平地说，作为一名做空者，当股市大幅下跌时，你最开心。而这也正好是股票出借者最痛苦的时候。那么，他可能会在什么时候收回这些股票呢？

这个因素是无法建模的。没有关于何时收回股票的历史数据，你也无法预测未来的情况会如何发展。思考一下你的对手方发生了什么，他们会怎么想。不要认为你可以在任何时候做空任何想要做空的金融工具，也不是想做空多久就做空多久。事情并非如此。

这一点在构建交易模型时很容易被遗忘。几乎所有的回测软件，都可以让你在任何时候做空任何工具，不考虑资金成本或可行性。正确地建模 ETF 或股票的空头是极其困难的。

第十章
构建 ETF 模型

建立 ETF 交易模型（ETF Trading Model）是学习基础知识的好方法。原因很简单，ETF 基金的数量并不多，这使得投资 ETF 比投资股票容易得多。市场上的股票的总数超出了任何人能关注的数量。有大量的金融工具可供选择既有优点也有缺点，这显然增加了复杂性。尽管 ETF 业务蓬勃发展，新基金层出不穷，但可交易的 ETF 的范围仍相当有限。

ETF 很像股票，是一种现金工具。这是另一个让事情变得简单的因素。在金融领域，现金工具是最简单的。通常，你为想买的东西预先支付，然后获得相应比例的回报，而金融工具价值的变动率就是利润率或回报率。与期货、期权、掉期、远期及其他衍生品相比，它非常简单。

许多 ETF，至少是大多数优秀的 ETF，都是清晰透明的。它们通常跟踪一个特定的指数，所以你确切地知道里面有什么，因而知道能期望从中得到什么回报。当然，你不知道确切的回报是多少，但可以分析标的指数，了解不同市场环境下的波动性和回报情况。

然而，即使你只投资优秀的 ETF，而不是结构化产品，交易 ETF 也有不利之处。一个常见的错误是，认为 ETF 可以简单地取代期货来创造多样化的策略。事实并非如此。一方面，ETF 资产类别的覆盖面还不足以取代期货；另一方面，ETF 的现金特性才是真正的杀手。多样化期货策略的关键在于，你可以交易任意类别资产的任何工具，而不用担心现金短缺。

期货交易员可以只关注风险，完全不考虑名义敞口，而 ETF 交易员却负担不起这样的奢侈。现金用完了就没有了，利用杠杆是有限制的，而且很贵。

大多数 ETF 波动性相当低。以典型的指数跟踪 ETF 为例。如果标的指数由 500 只股票组成，指数跟踪 ETF 自然会比大多数成分股的波动性更低。这本身不是一个问题，但结合现金限制，就可能是一个问题。

在投资组合中，承担大量的波动性或较高的名义敞口可能不一定是件好事。但是，如果需要的时候，有个承担波动性的选项也是一件好事。

在期货市场，无须担心名义敞口。货币市场（Money Market）是这种工作方式发挥作用的一个很好的例子。需要明确的是，货币市场指的是短期利率市场，而不是外汇市场（Currency Market），这是完全不同的市场。

货币市场工具由于期限短，波动性非常低。在这一点上，理解其中的原因并不太重要，只需要知道在这个行业中，0.1% 的每日变动都被认为是很大的，而 1% 的每日变动几乎是闻所未闻的。

在期货中，交易变动如此缓慢的市场不是问题。你只需要买多点就行了。在期货市场，你能买多少取决于你愿意承担多大风险，而不是你的投资组合中有多少现金。理论上，保证金规定设定了你在期货交易中可以承担的风险上限，然而你不太可能愿意承担这么大的风险。但对于 ETF 而言，情况就大不相同了。

移动缓慢、波动性低的 ETF 将以极低的回报占用大量现金。而可获得的现金是有限的。如果用现金购买一种每天几乎不会变动几个基点的金融工具，你就是在锁定资金。你不能像期货一样增加杠杆。

不过，由于 ETF 相对简单，这是开始学习构建交易模型的一个很合适的领域。

资产配置模型

从最简单的形式来看，资产配置模型就是，按预定的权重持有多种资产类别的组合。这种模型更多的是一种长期投资方式，而不是交易，但它对资本配置有很大意义。

一个古老的配置方法是，将 70% 的资金投资于债券，30% 投资于股票。这是沃伦·巴菲特（Warren Buffet）为退休储蓄推荐的著名规则。本书的许多读者肯定会认为这听起来非常无聊。也许吧，但从长远来看，将你的总净值的至少一部分用于这样的配置模式可能不是一个坏主意。

无论你是否对实现这样的投资组合感兴趣，这都不重要。它只是构建基于 Python 的回测的一个很好的练习。巴菲特建议的 70/30 资产组合只是一个例子，而在我们的第一个模型中，将使用更广泛的配置。

需要理解的重要一点是，这里的要点是展示概念，而不是确切的规则。这里使用的方法是绝对有效的。但是，你选择哪只 ETF 以及哪只 ETF 的权重较大，更大程度上是偏好问题。

构建 ETF 模型的规则如下：我们将使用 5 只 ETF 来分配我们的资产，每个 ETF 都有一个目标权重。在每个月的开始，我们会将 ETF 的权重重置成目标权重。

该模型将标准普尔 500 指数 ETF（SPY）的权重保持在 25%。在债券方面，20 年期长期国债 ETF（TLT）权重为 30%，7~10 年期中期国债 ETF（IEF）权重为 30%。我们还将添加一些商品 ETF：黄金 ETF（GLD）为 7.5%，一般商品 ETF（DBC）也为 7.5%。

这应该不难建模。如果你对之前关于回测的课程有足够的信心，请继续自己构建这段代码。这真的很简单。

这个模型实际所需的代码非常简单，毕竟它的规则非常简单。我们实现的逻辑如下：在初始化中，我们定义了一个包含 ETF 代码和目标权重的字典，也就是我们想要的投资组合配置。然后，我们安排每月的再平衡。

在每月的再平衡中，我们循环遍历字典，并相应地设置目标权重。差不多就是这样了。

我会向你展示刚才描述的代码，以及底部用于启动回测的标准代码片段。下面的代码执行整个回测，但不输出任何结果。

你会看到，在代码中启动回测时，结果将存储在名为 `result` 的变量中。为了演示常用的一种十分方便进行回测的方法，我建议你将此代码单独放在一个 Jupyter 记事本单元中执行。然后，我们在下一个单元中分析结果。

你可能注意到，在这里的代码中，我使用了一个名为 ac_equities_db[①] 的集束。这是一个自定义的集束，将在第二十三章和第二十四章中解释。我们已经达到了 Quandl 等免费数据源的极限，这就是我转向自定义集束的原因。

这意味着你可能需要找到自己的数据源，来复制本书中此后的代码。我不能为你提供这些数据，因为这样会违反各种许可协议。但是，本书后面的章节将解释如何连接你自己的数据。

```
%matplotlib inline
import zipline
from zipline.api import order_target_percent, symbol, schedule_function, date_rules, time_rules
from matplotlib import pyplot as plt
import pandas as pd

def initialize(context):
    # Securities and target weights
    context.securities = {
        'SPY': 0.25,
        'TLT': 0.3,
        'IEF': 0.3,
        'GLD': 0.075,
        'DBC': 0.075
    }
    # Schedule rebalance for once a month
    schedule_function(rebalance, date_rules.month_start(), time_rules.market_open())

def rebalance(context, data):
    # Loop through the securities
    for sec, weight in context.securities.items():
        sym = symbol(sec)
        # Check if we can trade
        if data.can_trade(sym):
```

[①] 该数据集需要读者根据自己获得的数据自行构建，鉴于版权原因，作者并未提供相关数据。为了调试程序，译者在源代码中将 ETF 品种换成了股票，并使用了第二十三章构建的"rand_stock_data"数据集。——译者注

```
            # Reset the weight
            order_target_percent(sym, weight)

# Set start and end
start_date = pd.Timestamp('2003-01-01',tz='UTC')
end_date = pd.Timestamp('2018-12-31',tz='UTC')

# Fire off backtest
result = zipline.run_algorithm(
    start=start_date, # Set start
    end=end_date,  # Set end
    initialize=initialize, # Define startup function
    capital_base=100000, # Set initial capital
    data_frequency = 'daily',  # Set data frequency
    bundle='ac_equities_db' ) # Select bundle

print("Ready to analyze result.")
```

你看到了，这段代码非常简单。构建这样的模型是快速、简单和不费力的。我还在其中使用了一个新概念，希望你已经通过浏览代码了解了这个概念。

在前面的第五章中，我们讨论了列表（List）类型，顾名思义就是由一组任意元素构成的集合。我也使用了字典，你可能记得它来自同一章。提醒一下，列表是通过把对象放在方括号中创建的，就像下面一样。

```
some_list = ['some text', 'some other text', 5, 3.217]
```

列表可以包含任何类型的变量或值。上面你可以看到，为了说明这一点，列表包含了文本和数字的混合。

字典可以保存成对的信息，作为一个查找表使用，它被括在花括号中。

```
a_dictionary = {'one': 1, 'two': 2, 'three' : 3}
```

字典匹配两个项目：键和值。如上面 ETF 模型代码所示，我们在 `context.securities` 中使用字符串作为键，权重作为值。在之后的再平衡程序中，我们使用一种非常简单的语法来迭代这个对象。

```
for sec, weight in context.securites.items():
```

这样，我们就可以非常快速和简单地检索字典中的每个证券，检查其目标权重，并进行必要的交易。

但是，现在你可能想知道这个模型是否值得交易。当你看到实际的结果时，可能会非常失望。这不是一个试图获得最大回报的模型。这是巴菲特先生建议的退休储蓄计划的一个变种，低风险低回报。

既然你已经在第八章中学习了如何可视化回测的输出，那么可以应用相同的逻辑来了解这个简单策略是如何执行的。你会注意到，如果运行上面的代码段，在回测运行之后，它只输出一行文本，通知你可以进行分析了。现在，你可以在记事本中的回测程序的下方创建一个新单元，编写一些内容来可视化输出。如果需要复习，请回到第八章。

那么我们如何解释这个图（见图10-1）呢？很明显，像这样的图表并不能为任何深入的研究提供足够的信息，但是我们仍然可以得出一些有趣的观察结果。第一幅图，权益曲线似乎显示出相当平滑、良好的表现。粗看这个比例，似乎至少值得进一步研究。

第二幅图应该引起注意，至少我把它写进去是希望你能对它有所反应。我们的投资组合配置不是总能达到100%吗？为什么敞口水平是逐步上升的？

这可能是ETF令人头疼的一个问题。大多数ETF实际存在的时间都没有那么长。我还记得1990年代后期第一批ETF，如标普500指数ETF（SPY）和纳斯达克100指数ETF（QQQ）首次推出时的情况。只有少数几支ETF拥有如此悠久的历史，大多数ETF都是在过去10至15年间推出的。这使得在ETF领域建立合理的长期回测有点困难。

敞口逐步增加的原因是：回测开始时唯一可用的ETF是标普500指数ETF（SPY），然后发行了债券ETF，其次是黄金指数跟踪ETF，最后是一般商品指数跟踪ETF。

在构建ETF模型时，我们需要考虑可用的长期ETF时间序列的稀疏性，也就是说根本没有足够的数据。显而易见的危险是，仅根据几年的数据建立模型，可能没有统计意义或预测价值。

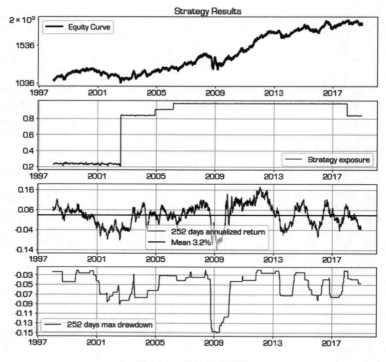

图 10-1 ETF 资产配置

初学者常见的错误是，只看模型的最终结果，而不深入了解如何取得结果的细节。这里的问题是，我们只有一些 ETF 的非常有限的历史数据。但是，这只是不关注细节可能产生的许多问题之一。

第三幅图显示的是年化回报率。正如我们之前讨论的，这一次显示的是全年滚动窗口。这只是一个简单的图形，展示随着时间的推移能得到什么样的回报。虽然这一数值有时会飙升至 15% 的范围，但我们看到的平均值仅略高于 3%。我告诉过你，这是一个缓慢变动的模型。

诚然，这不是一个非常令人兴奋的模型，但我们的目的也并非如此。它只是一个资产配置模型，创建这类模型有如下几个目的：首先，大多数人应该持有某种长期、稳定的投资组合，而这种投资组合不应受到短期交易容易出现的风险所影响。其次，你也可以使用这样的配置模型替代实际的交易，作为基准指数，与你的交易模型进行比较。

第十一章
股票

在《说谎者的扑克牌》（*Liars' Poker*）一书中，迈克尔·刘易斯（Michael Lewis）讲述了他在所罗门兄弟公司（Salomon Brothers）实习时的经历，以及没有人愿意在股票行业工作的原因。原因是，如果你在股市工作，你的母亲会认为你在干谋生的勾当。

股票表面上看起来是最容易理解的资产类别。每个人都能理解并参与其中。乍一看，很可能觉得这些话是真的，但是别搞错了，在股票中赚钱绝不比其他资产类别容易。如果你打算正确做事的话，构建股票交易模型并不容易。

与大多数资产类别一样，股票也有一些你需要处理的独特问题。既然你已经阅读到此，很有可能你真的打算认真对待量化建模。这意味着我们需要讨论一下股票的建模方法。

最难的资产类别

股票是一种奇怪的资产类别，因为它既是最容易理解的，又是最难交易的资产类别。

我们都知道股票是什么。它完全不像信贷违约掉期（Credit Default Swap，CDS）市场——在信贷违约掉期几乎摧毁世界之后，每个人都花了数年时间假装了解 CDS 市场。与此截然相反，股票是简单而直接的。企业制造东西进行出售取得收入，而我们正在购买企业的股份。

当我们购买一家公司的股票时，我们是这家公司的骄傲的共同所有者。但除非你的名字是巴菲特，否则你的持股比例可能很小，理论上几乎无足轻重。但是，这些并不是那么重要。重要的是，我们知道自己在买什么，或者至少认为自己知道买的是什么。

和大多数人一样，你可能喜欢 iPhone，每天在麦当劳享用均衡的三餐。所以，你去买苹果和麦当劳的股票。你喜欢它们的产品，了解它们的业务。

这看起来很简单。我们似乎对公司的业务以及购买该公司股票的含义有一个高层次的理解。不幸的是，这只是一种错觉。

你喜欢一家公司的产品这一事实，无论如何都不会对该公司未来的股价产生影响。私人传媒集团（Private Media Group）的许多热情买家，在经历了惨痛的教训后才发现这一点。

除非你是高层管理人员或董事会成员，否则你对公司的了解并不是独一无二的，也不会给你带来优势。如果你碰巧是高层管理人员或董事会成员，不管怎样，有一些讨厌的法律是禁止你交易的。

这并不是说，你不可能弄清楚一家公司的业务，然后根据你对其业务的看法进行交易。这并非完全不可能，但这要比在投资星巴克之前品尝拿铁咖啡花费更多的工夫。如果你只是一个偶然的观察者，甚至是一个忠实的客户或长期的员工，那么无论你认为你对公司了解多少，你知道的事情其他人也都知道。这对你没有帮助，更有可能起到反作用。

这种对专业知识的错觉，只是股市的危险之一。而另一个危险要严重得多：股票就是股票，它们的走势差不多是一样的。

它们也往往在同一天上涨或下跌。当股市处于牛市状态时，几乎所有的股票都会上涨。然后熊市来了，它们又同时下跌。

有些股票的表现好于其他股票。然而，股票投资通常是一个相对的游戏。这意味着你是在和股票指数竞争。显然，我们都喜欢绝对的赚钱策略，但股票策略往往受市场整体健康状况的支配。你不可能期望在牛市和熊市中看到相同的回报，也不可能看到相同的策略在所有市场条件下都有效。

事实上，股票往往在同一时间上下波动。它们有非常高的内部相关性，即作为一个整体，股票是相当统一的。这里真正的问题是，我们的多样化效应非常有限。

如果只买一只股票，那么你没有进行多样化。如果你买了一篮子50只股票，你进行了一些多样化，但仍然只是持有股票。你的主要风险因素是整体股市指数的表现。这是股票的主要问题，也是为什么它是最难的资产类别。有些股票比其他的好，但它们最终都只是股票。

这并不是说股票是一种糟糕的交易资产类别，而是说它与你原有的认知有些不同，你需要意识到它的相对性质。

关于方法论

方法很重要。它听起来是一个非常无聊的词，像是中层部门应该为你处理的事情。然而，除非你在一家大银行工作，否则你需要自己处理这个问题。如果你用有缺陷的方法进行研究，将得到有缺陷的结果。因此，在展示结果之前，我们将首先花一点时间，看下本书中的股票是如何进行模拟的。注意，不要跳过这一部分，这是很重要的。

在构建股票模型时，存在两个主要的陷阱。第一个与决定哪些股票可以交易有关，第二个与股息（Dividend）有关。你需要正确地处理这两个问题，否则你的回测将是徒劳的。

股权投资的范围

对于股票投资组合类型的模型，理论上你有许多市场可供选择。然而，为了增加真实性，你需要确保你的算法只考虑当时在现实中被深思熟虑过的股票。

选择你熟知的股票很容易，比如谷歌（Google）、苹果（Apple）等。这里明显的问题是，你了解这些股票是因为它们的价值强劲增长。你可能没有选择环球电讯公司（Global Crossing）、安然公司（Enron）或雷曼兄弟公司（Lehmann Brothers）作为回测对象，对吧？

这是一个很常见的错误。大多数人会本能地选择一篮子他们熟悉的股票，然后做出逻辑上的跳跃，认为这些股票和十年前交易的股票是一样的。这不太可能。

一个解决办法是，选择一个指数，并交易该指数中的股票。然而，这里也有一个陷阱。如果你选择标普 500 指数，然后交易成分股，这可能会在一定程度上缓解这个问题。可以合理假设在 10 年或 20 年前这些主要指数是一个貌似合理的选择，但是需要考虑曾被纳入或剔除出指数的股票。

目前的标准普尔 500 指数成分股，与 10 年前的成分股并不相同。考虑一下，任何一个指数是如何设计的，为什么股票会被纳入指数。

对于几乎所有指数而言，这些股票被纳入，主要是因为它们满足了某些市值标准，也就是说，它们突然变得有了足够的市值。你觉得这是怎么发生的？

股票被纳入指数，是因为它们过去表现强劲。如今很难想象，苹果公司曾经是一个由几个嬉皮士在车库中经营的小型公司。他们自己设计、制造创新产品并纳税。最初，苹果公司的股价上涨到足以进入小型股指数。随后，在较长一段时间的强劲股价表现之后，它进入了中型股。

很多年后，在苹果公司已经成为世界上最大的公司之一以后，每个人都梦想着在 30 年前买下它。让程序模拟如此一厢情愿的想法，是十分危险的。

这里我们要做的是选择一个指数，然后只考虑某一天该指数的成分股票。这个模拟程序知道股票何时被纳入和剔除出指数，只允许持有当天真正属于指数成分股的股票。

这种旨在减少所谓的生存偏差的影响，实施起来可能有点棘手。这可能是开发股票交易模型最困难的方面。虽然这可以通过多种方式实现，但在本书第二十四章中，你将找到一种可能的解决方案。

当然，你也可以使用其他类型的数据，实现差不多相同的目标。一种方法是查看历史市值或交易量，在给定的时间点上，考虑构建一个近似合理的投资范围。

股息

接下来，我们需要处理股息（Dividend）。当然，还有其他需要调整的因素，如股票分拆或其他类似的公司行为，但你通常不需要担心这些。除了现金股息，其他一切都很容易。而且，很有可能你看到的股票历史价格，都已经对其他因素进行了调整。当一只股票以 2：1 的比例分拆时，你不会看到股价暴跌 50%。相反，你会看到自动为你调整的历史记录。因此，分拆不会产生影响。分拆和类似的事情都是简单的事情，解决方法也很简单，根本不会影响你的利润或损失。

你需要担心的是现金股息。这里没有简单的答案，但有各种各样的方法来处理这个问题。显然，最糟糕的处理方式是假装它们不存在。多年后，股息将产生重大影响。

处理股息有两种不同的方法。最简单的方法是使用总回报序列（Total Return Series）。正如其名称所示，股票的总回报序列将显示，假设所有股息都直接再投资到同一只股票上，你在这只股票上获得的总回报。例如，你持有 200 股 ACME 股份，每股 10 美元。现在每股有 50 美分的股息，你幸运地收到股息，总回报序列假设股息被立即用于在市场上购买更多的 ACME 股票。

为了在时间序列中反映这一点，整个时间序列现在将被回溯调整，以与购买和持有股票的收益或损失比例相匹配。请注意，这样调整后，如果你查看股票一年前或十年前的价格，它可能与当时的实际名义价格有很大的偏差。现在的时间序列价格反映了假设股息全部再投资的影响。

另一种方式可能更容易理解，甚至更现实，但建模可能有点棘手。这种方法假设当支付股息时，实际上是以现金支付，就像在现实生活中一样。我们不考虑价格序列，只在现金持有量上加上适当的金额。

由于我们不改变价格序列，图表将反映市场的实际价格，而不是总回报法所显示的人为调整后的价格。我们还面临着一个非常现实的问题，那就是如何使用新的现金。它可能在你最不想要的时候进入你的账户，而现在你需要决定如何处理它。这种方法虽然符合实际，但如果你的软件还没有相应的设置，并且缺乏适当的股息数据，建模可能会很复杂。

总回报法在大多数情况下已经足够好了，而且很容易建模。缺点是，总回报序列很难免费获得。互联网上的免费股票历史记录提供商，通常不太可能提供给你总回报序列。

第二种方法更好。如果你想要进行更真实的回测，那么这种方法值得使用。好消息是我在本书中使用的回测引擎 Zipline 可以为我们处理股息。我们只需要确保提供了股息数据，然后就可以由回测引擎完成这些逻辑。

你将在本书第二十三章和第二十四章中，找到如何导入股票价格数据和股息数据的详细技术说明。

第十二章
系统动量策略

动量（Momentum）是一种市场现象，几十年来一直有效。它已被学术界和实践者证实，并被普遍认为是一种处理金融市场的有效方法。而它的基础是一个非常简单的原则。

简单地说，动量是指一种原则，就是近期强势上涨的股票更有可能比其他股票在未来短期表现得更好。是的，我们只是买那些表现不错的股票。诀窍在于找到一种方法来确定该买哪些股票，如何根据这些股票构建投资组合，以及知道什么时候不能买入。

在本章中，我们将逐步构建一个动量模型。虽然动量概念本身非常简单，但为了能构建一个兼顾稳定性和长期性的模型，需要注意一些非常重要的细节。

本章的目的是展示一种可靠的方法，让你能够根据自己的意愿构建、调整和改进方法。我们并不是在谈论某种能够击败所有交易系统的神奇系统。这样的系统或许只能在其他交易书籍上找到。这里我们将处理真实的量化交易模型。本书的目的是教授方法和建议，而不是兜售一些看似神奇的交易系统。

复制这个模型

截至本章前，读者自己复制模型和运行代码都是相当容易的，也就是说不需要任何特殊的数据或非正统的技术解决方案。

然而，与股票打交道确实需要一些复杂的解决方案。本章中有一个令人有些头痛的复杂问题，那就是股票池选择，即如何从技术的角度解决哪些股票可以交易的问题。

本章中模型的目的是，将选股限制在标准普尔 500 指数的历史成分股范围内。我们想要确保模型知道，每一天哪些股票是该指数的成员，并且只交易这些股票。

当然，这需要你拥有这些可用的信息，并找到如何存储和访问这些信息的解决方案。我自己的首选方法是，将这类数据存储在本地证券数据库（Securities Database）中。这个方法在第二十四章中有更详细的解释。因为不是所有的读者都愿意去寻找自己的数据库，所以我将提供一个更简单的解决方案，再附送一份或许被滥用的、我自己也不太能读懂的《美国体育参考》。

我将在这里向你展示的解决方案，基于一个以逗号分隔的本地文件。该文件在指数成分股发生变化时，都会生成一个更新的列表。你很快就会看到，代码将获取与当前交易日最接近的指数成分股列表。

需要确定过去交易时有哪些股票可选或大概率被选中，给投资范围的选择增加了复杂度，也是股票交易独有的问题。这也是为什么股票模型从技术角度来看，通常更复杂的主要原因之一。

虽然听起来可能令人惊讶，但对本书的大多数读者来说，在本书下一章复制期货模型将更容易，因为幸存者偏差（Survivorship Bias）在两种金融工具中发挥作用的方式并不相同。

动量模型规则总结

- 只按月进行交易。
- 只考虑标准普尔 500 指数中的股票。
- 动量斜率将使用 125 日的时间窗口进行计算。
- 排名前 30 的股票将被选中。
- 根据波动率的倒数计算这 30 只股票的权重。
- 波动性使用 20 日标准差计算。

- 基于标准普尔 500 指数的 200 日平均值计算的趋势过滤器。
- 如果趋势过滤器是正数,我们可以买入。
- 所需的最小动量值设置为 40。
- 对于选择的 30 只股票中的每一只,如果该股票的动量值高于 40,我们就买入它。否则,我们将计算出的权重留给现金。
- 如果股票跌至低于所需的最小动量值,或者被剔除指数,我们就卖出股票。
- 每个月我们都会再平衡并重复上述步骤。

投资范围

首先,我们需要确定一个投资范围,即决定哪些股票有资格被选中。在我 2015 年出版的《趋势永存:打败市场的动量策略》这本书中,我使用标准普尔 500 指数成分股作为投资范围。当然不是现在的成分股,而是历史上构成该指数的股票。在任何给定的交易日,该模型都将检查哪些股票是当日指数的一部分,并只考虑这些股票。这么做是为了避免,或者至少降低幸存者偏差的影响。

这种限制投资范围的方法是有效的,而且相当容易实施。你也可以找到其他实现类似结果的方法,比如根据市值或交易量进行限制。然而,如果你需要访问历史上指数成分股的纳入和剔除信息,使用这种方法更为简单。

对于本章的动量模型,我们将使用的方法与我上一本书中的相同:根据历史指数成员限制股票范围。由于标准普尔 500 指数可能是世界上最受关注的市场指数,我将在本例中坚持使用该指数。但是,这并不是说这个指数产生了更好的结果。如果你在投资的语境下使用"更好"这个词,这完全取决于你想要完成什么、需要什么样的收益配置。

只要你有一个足够广泛的指数,指数中至少有几百只股票可供选择,同样的原则和逻辑也应该适用。在询问同样的模型是否适用于你自己当地的市场指数之前,你先去尝试一下,复制本书的做法,获取数据,进行回测。

我希望你能从本书中学到一些思想,然后去测试这些思想的变种。看看你喜欢什么,不喜欢什么。我提供给你的是学习的工具,不是要遵守的精确规则。

动量排名

接下来，我们需要一种方法来确定要买哪些股票。有很多类型的动量分析指标，大多数分析指标会显示一个相似的排名。而我们要做的是，创建一个表现良好的股票列表。

最简单的方法是，测量给定时间段内的回报率。我们可以选择500只股票，测量昨天的价格和半年前的价格的差值，进行排序。然后，我们要做的就是从列表的顶端开始购买。

虽然这样一个简单的概念可能会带来不错的回报，但我们将在这里做一些更复杂的事情。简单回报率的问题在于，它没有考虑回报率是如何产生的。

如果我们只是简单地根据回报率对股票进行排名，我们最终很可能会过度地显示极端情况。我们会看到波动性极高的股票在短时间内的大幅上涨或下跌，或者股票收购情况下股价突然出现的大幅上涨。动量不是指这种情况。

虽然有几种计算股票动量的有效方法，但我仍将使用自己的动量得分法（Momentum Score）。我的概念只是久负盛名的动量计算的一个变种，但我相信它的价值。我要做的是使用指数回归斜率（Exponential Regression Slope）来衡量动量，然后将它乘以决定系数（Coefficient of Determination）。不要担心，它实际上没有听起来那么复杂。

```
momentum_score = Annualized Exponential Regression Slope * R2
```

让我们一步一步来。大多数人更熟悉线性回归（Linear Regression）。线性回归和指数回归（Exponential Regression）之间的区别是，在以美元计价的金融市场中，线性回归的斜率用美元表示，而指数回归的斜率用百分比表示。线性回归并不是很有用，除非每只股票一开始都有相同的价格。这是不太可能的。

回归是一种将一条线与一系列观测数据拟合的方法。它的目的是找到一条拟合得最好的线。但我会讲到，这并不是说这条线一定是完美拟合的。重要的是要理解，我们试图将一条线与数据相匹配。在我们的示例中，数据就是每日股票价格。我们需要斜率和截距来画一条线，但是，我们对如何画线本身并不感兴趣。我们只需要知道线的斜率，也就是趋势。

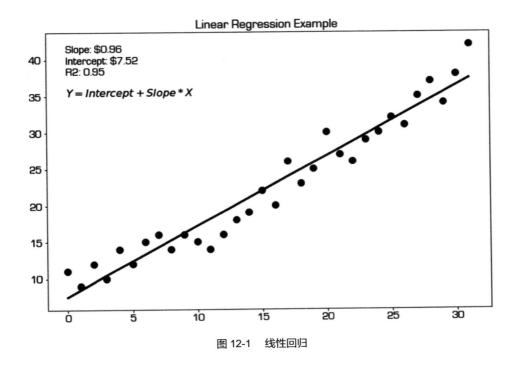

图 12-1　线性回归

线性回归斜率（Linear Regression Slope）表示，当自变量变动一个单位时，因变量平均变动了多少个单位。在美国股票中，回归线每日向上或向下的斜率的单位就是美元。斜率的意思是，如果同样的趋势持续下去，我们平均每日预计会盈利或损失多少美元。

但是，这种测量对我们的目的而言不是很有用。当前价格为 500 美元的股票与价格为 10 美元的股票相比，斜率的数字会大相径庭。而如果两者的线性回归斜率都是 1 美元，这意味着两件完全不同的事情：价格为 500 美元的股票移动非常缓慢，而价格为 10 美元的股票移动非常快。回归是有用的，但线性回归不一定有用。

如果我们看下指数回归，事情会变得更有趣。指数回归斜率告诉我们直线向上或向下倾斜的比率。这也就是说，如果你在一幅间隔相等的线性坐标图上，绘制指数回归斜率，你会得到一条抛物线。

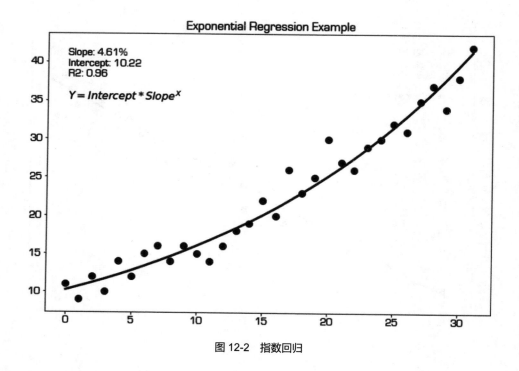

图 12-2　指数回归

指数回归更有用的地方在于，我们现在可以在多只股票之间进行比较，而不用考虑它们的基本价格。指数回归斜率可能有点难以理解，因为它通常是一个非常小的小数。毕竟，你真正预期一只股票每天有多少个百分点的波动呢？

例如，你可能最终计算的指数回归斜率为 0.0007394，很难理解。然而，如果按年化计算就更容易理解了。年化就是，假如当前的趋势持续一整年，以年为基础计算的日斜率。请记住，我们实际上并不能期望趋势能够持续这么长时间。但这不重要，我们对这个数字进行年化处理，是为了使其更容易理解。

再取这个数字 0.0007394，按年计算。计算起来很简单。

$$(1+0.0007394)^{252}-1=0.2047$$

这意味着，现在我们的股票的趋势为正数，相当于每年约 20.5%。这应该更容易理解。

我们把这个数升高到 252 次幂，是因为我们假设一年有 252 个交易日。如果连续 252 天每天上涨 0.07394%，最终将上涨 20.5% 左右。我告诉过你，计算很简单。

但是，仅使用指数回归斜率，并不能告诉我们这条线拟合程度的高低。一个极端的例子是，股票价格横向波动，然后在一份收购声明发布后，单日涨幅达到 50%。

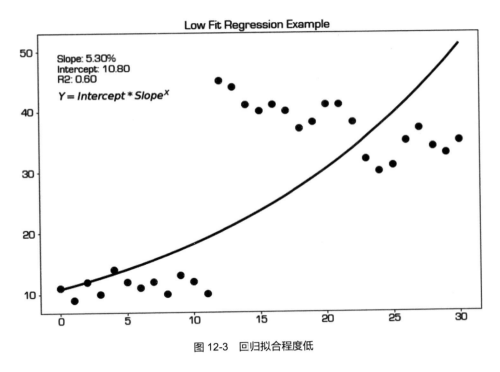

图 12-3　回归拟合程度低

有时指数回归值可能非常高，但那不是我们想要的情况。同样的情况也适用于没有那么极端但波动性也相对较大的股票。这些情况下，线的拟合程度可能较低，我们需要对此进行补偿。

在金融领域有一个非常重要的概念，波动性是不好的，姑且这么说。避免波动是不可能的，但你需要为此得到补偿。你要以实现回报所需要的波动性的角度，看待所有的回报。因此，我们需要为此调整指数回归斜率。虽然有很多方法观察波动性，但在本例中，决定系数是一个很好的工具。

这个分析指标，通常被称为 R^2，表示回归线与数据的拟合程度。如果完全拟合，所有观测值都在直线上，R^2 就是 1。如果数据是完全随机的噪声，回归线完全不拟合，R^2 的值将是 0。因此，这个分析指标的值总是在 0 和 1 之间，拟合得越好，值越高。

我们要做的只是取年化回归斜率，然后乘以 R^2。实际上，我们是在惩罚那些波动性较大的股票。以平稳趋势上升的股票将有更高的 R^2 值，其斜率不会受到太大影响。但在前面提到的收购情况的例子中，R^2 会很低，大大降低斜率值。

如何计算指数回归呢？如果你想要那个看起来吓人的复杂公式，你需要自己去查。如果你对复杂公式感兴趣，那么你要么已经了解这个公式，要么至少能够找到它。它并不是什么秘密信息。相反，我将向你展示如何使用 Python 来计算结果。

```python
from scipy import stats
def momentum_score(ts):
    """
    Input: Price time series.
    Output: Annualized exponential regression slope,
            multiplied by the R2
    """
    # Make a list of consecutive numbers x = np.arange(len(ts))
    # Get logs
    log_ts = np.log(ts)
    # Calculate regression values
    slope, intercept, r_value, p_value, std_err = stats.linregress(x, log_ts)
    # Annualize percent
    annualized_slope = (np.power(np.exp(slope), 252) - 1) * 100
```

```
#Adjust for fitness
score = annualized_slope * (r_value ** 2)
return score
```

这就是上面函数的功能。函数的期望输入，即变量 `ts`，是一个时间序列。把时间序列输入这个函数中，就能得到动量值。

一步一步来。首先，我们从给出的价格时间序列计算出一个自然对数序列。这是因为计算指数回归最简单的方法，就是基于对数值进行常规线性回归。

```
log_ts = np.log(ts)
```

为了计算回归，我们需要两个数轴。一个当然是对价格的观测值，而另一个是一个不断递增的数列，如1、2、3、4等。毕竟，价格观测间距是相等的，每天观察一次，所以我们使用日期值或任何其他数字都没有区别。因此，我们将使用一个简洁的名为 `arange` 的 Numpy 函数。注意不要把函数名拼写错了。

`arange` 函数只返回一个长度与输入值相同的数列，数列的值为0、1、2、3、4……直到全部长度。所以，我们很容易得到一个匹配的 x 轴来进行回归计算。默认情况下，`arange` 将为你提供一个从 0 开始的数列。如果你愿意，你也可以提供数列的起始值和结束值，但现在我们不需要那么做。

```
x = np.arange(len(ts))
```

现在我们有两个数列：一个是价格的对数值，另一个是等间距的 x 数列。我们现在可以进行回归计算了。当然，我们不必在这里重复前人做过的工作，不需要自己写标准的回归公式，只需使用统计程序库 scipy（scipy 是 Scientifc Python 的缩写）中内置的一个函数。记住，在代码的顶部导入这个程序库。

```
from scipy import stats
```

使用这个库中的预置函数 `stats.linregress`，我们可以输出与回归相关的值。你可以看到，在这一行代码中，我们得到了五个值：斜率（slope）、截距（intercept）、r 值、p 值和标准差。我们需要的只是斜率和 r 值。

```
slope, intercept, r_value, p_value, std_err = stats.linregress(x, 
log_ts)
```

接下来这一行代码很重要。这里我们把斜率转化成可以使用和理解的数值。这一行分解来看，我们更容易理解。首先是 `np.exp(slope)`，这将计算出指数回归线的百分比斜率，告诉我们它每天上升或下降的百分比；然后取 252 次幂，得到年化的数值；最后乘以 100 得到一个更清晰易懂的数字。

你们中可能有一些人，现在在问自己这个明显的问题：当计算机代码能进行解析和交易时，为什么我们还要能懂得数字？原因是，在开发和测试期间，你可能会想输出这个数值，或者绘制它。如果把这些转化成直观的东西，比如年化数值，你就能更容易地发现问题，识别机会。当然，这对算法本身没有影响。

```
ann_slope = (np.power(np.exp(slope), 252) -1) * 100
```

最后，我们还有一件事要做：在返回结果之前，将其与 R^2 相乘。我们之前得到了 r 值，所以简单对其进行平方，乘以年化斜率，就能返回结果。如下面的代码所示，我们可以使用双乘号语法对一个数值进行平方。

```
return annualized_slope * (r_value ** 2)
```

这就是我们计算这个模型的动量得分的方法。

配置头寸

最常见的配置头寸的方法是基于波动性配置头寸。也许，我应该对这句话进行一些限定：基于波动性的头寸配置（Volatility Based Allocation）在金融行业的专业量化领域最常见。然而，在业余交易领域和资产管理公司中，等额配置（Equal Sizing）仍然最为普遍。

如果我们想在多个头寸中承担大致相同的风险，我们通常会检查它们的波动性，并相应地进行分配。波动性较大的股票权重较小，走势较慢的股票权重较高。背后的原因很简单：因为我们没有任何理由假设所选股票的表现会比其他股票更好或更差，所以我们希望给它们一个平等的机会。

如果我们对所有股票都给予同样的权重，即向每只股票分配相同的资金，我们就会得到一个偏向最不稳定的股票的投资组合。如果一些股票每日波动 4~5 个百分点，而另一些正常一天只波动 0.5 个百分点，那么波动较大的股票就会主导投资组合。不管这些走势缓慢的股票表现有多好，它们都不会有同样的机会对利润产生影响。

最重要的是，你需要理解这个概念。我们购买每种股票的数量不同，但目的是将大致相同的风险分配给每种股票。波动性在这里代表着风险。股票波动性越大，我们买的就越少。

波动性可以通过几种不同的方式来测量。在我之前的书中，我通过使用平均真实波动幅度（Average True Range，ATR）作为波动性的衡量标准来简化事情。这是一个在散户交易领域众所周知的概念，并且已经使用了很长时间。ATR 是老式技术分析工具包的一部分。这个工具包的大部分都是非常简单的，因为在过去计算都是用纸和笔完成的。缺乏计算能力意味着一切都必须简单。

ATR 对于大多数散户交易者来说是完全够用的，确实也没有任何问题。话虽如此，由于这是一本更倾向于量化领域的书，这里的模型将使用不同的测量方法。你将在行业的专业领域看到更多的测量方法。

我们计算波动性的基础是标准差（Standard Deviation）。在使用标准差时，疑惑似乎主要源自一个最基本的问题，即我们到底测量什么的标准差。

显然，测量价格本身的标准差无济于事。这又回到了我们前面回归中讨论的同一个问题。股票的基本价格可能会有很大不同，我们需要将其标准化。以 500 美元价格交易的股票和以 10 美元价格交易的股票的变动金额不能直接比较，但是变动率可以比较。

因此，我们将使用每日变动率作为计算标准差的基础，并使用它作为波动性的代表。在金融行业，有多种测量波动性的方法。然而，为了达成我们的目的，真的没有必要把事情复杂化。如果你愿意，可以添加一个平滑因子，比如常见的标准差指数加权移动平均值（Exponentially Weighted Moving Average of Standard Deviation）。但是，对于这个模型来说，简单的回报率标准差就可以了。

幸运的是，在 Python 中回报率标准差的计算非常简单，我们可以在一行代码中完成。为了方便起见，我们将在动量交易模型中使用一个函数。

```
def volatility(ts):
    return ts.pct_change().rolling(vola_window).std().iloc[-1]
```

这个函数以价格时间序列作为输入。这一行代码展示了 Pandas 的魅力。它为我们做了一些事情：首先，它计算连续数日间的差异率，然后它会得到该时间序列的滚动窗口，窗口的长度由模型输入因子 `vola_window` 设置，正如本章模型完整源代码的前几行所示。其次，计算该滚动窗口的标准差。最后，我们获取计算的最后一个数据点并返回它。计算过程都在一行中完成。请记住，我们可以使用语法 `[-1]` 切掉最后一个数据点。

动量模型逻辑

既然你已经理解了我们所需要的动量排序逻辑和波动性度量，现在是时候构建一个完整运行的动量模型了。在我的几本书中，我总是试图明确，呈现的模型只是作为教学工具。而且，我展示的是能用的模型，回测是基于实际数据的。然而，不管回测怎样有效，回测结果也远非真正的业绩。

我从没想过，要把这些模型称为"超级系统"。我所写的大部分内容，都为投资管理界的许多人所熟知。我要做的是，努力让这些内容更容易理解，让更广泛的读者群体了解它。我确实尝试在其中添加自己的天赋，但重要的是，不要把我的演示模型与各种宣称拥有秘密、近乎神奇的交易系统混为一谈。这些交易系统宣称会让你变成百万富翁，当然也会以几千美元的价格卖给你。

我的模型不是革命性的，也不是为了成为可能最好的方法。它们是教学工具，向你解释你需要理解的方法，以便你开发行业级别的策略。我希望你能充分理解这些想法和概念，以建立自己的模型，扩展你的工具箱，成为一名算法交易专业人士。本书中介绍的所有模型都可以改进，我非常鼓励你尝试这样做。

这个特殊模型的目的是捕捉美国股票市场的中长期动量。我希望这个模型易于管理，所以我们每个月只交易一次。我们打算把所有的事情都放在一边，每次放上整整一个月。相对于高频交易模型，这个模型有几个好处。它允许有日常工作的散户投资者，在没有超负荷工作的情况下实施这些规则。它还能降低换手率。这样不仅能降低交易成本，尤其是，假如你不幸生活在征收资本利得税的司法管辖区，还能降低你的资本利得税。

我们的股票选择将完全基于前面描述的动量得分，使用 125 日的时间窗口进行计算。

我在过去写到模型设置的文章时意识到，一些读者倾向于将演示设置视为推荐设置，甚至是最佳设置。事实并非如此。在展示模型时，多数时候我故意选择中间的设置。我从一组合理的值中，差不多随机地选取它们。关键在于，你要尝试自己的模型变种，并根据适合自己的交易方式和需求进行设置和调整。

毕竟，我向你展示本书中所有源代码的原因是，你可以测试各种模型变种，然后根据你的喜好进行取舍。

在我告诉你我们将要使用的确切参数之前，我想告诉你我为什么要选择它们。合乎逻辑的做法是选择最佳的参数，即那些使策略看起来最好的参数，对吧？这样，就可以运行优化，匹配"最佳"参数，显示结果。但我不会那么做。

如果我只是给你们一个曲线拟合模型，它就没有那么有用了。这将使它在书中看起来很好，但在现实中可能作用不大，也无法增加学习经验。相反，我要给你们看的这个动量模型的版本，它不会刻意使用最佳参数，即便真的有这样的参数。这个模型是为了让你自己进行改进。

现在，为了演示，我将使用 125 日的动量得分。这大致代表了半年的时间。

对于这个模型，我们将有一个固定的股票目标只数。我们需要合理的多样化，而要做到这一点，仅有少数几只股票是不够的。所以，我们将股票的目标只数设为 30 只。选择这个数字是因为它是合理的。如果我们只持有 10 只股票，单只股票的事件风险会很高。一只股票的异常事件，会对整体结果产生非常大的影响。当持有更广泛的投资组合时，这种风险就会降低。然而，如果我们选择了太多的股票，我们将需要在执行和监控投资组合方面做更多的工作。而且，由于包含这么多股票，会影响选择股票的质量。

所有的交易都是按月进行的，以保持合理的成本和税负。在回测开始时，我们将根据动量得分，对我们的投资范围中的股票进行排名，购买排名前 30 的股票，前提是它们的动量得分高于 40。

这个相当武断的数字 40，是为了确保我们不会买入持平或下跌趋势的股票。我们的想法是购买强劲的股票，而不是下跌幅度比其他股票小的股票。即使目前没有足够的动量得分为正数的股票，也丝毫不会购买糟糕的股票。

你使用的动量周期越短，动量得分就会越极端。这是因为短期事件会以一年为基础进行推算，可能会导致极端数字。所以，像这样基于绝对动量水平的过滤器，周期越短，动量窗口的阈值设置得越高。我很想看到，你能自己试验代码，设置不同的动量水平阈值。

虽然开始时我们会购买排名前 30 的股票，但我们不会每月用当期排名靠前的股票来替换列表中所有股票。我们可以这样做，但这可能会导致一些不必要的交易。考虑一只股票，它在排行榜上的位置一直在 30 到 31 之间波动。如果仅仅因为如此微小的排名变化，就不断买卖，这真的有意义吗？

相反，我们要做的是，只要它们在每月再平衡的时候，动量得分仍在 40 以上，就保留头寸。我们还将卖出被剔除出指数的股票，这有助于使回测更真实一些。

下行保护

一个众所周知的现象是，动量策略往往在熊市中受挫，不仅赔钱，而且往往比整体市场蒙受的损失更大。这就是为什么你能看到，许多动量 ETF 长期来看有点疲软。它们在熊市时遭受了巨大的打击，在牛市时则艰难地弥补损失。

处理这个问题的一种方法是，使用指数级趋势过滤器（Index Level Trend Filter）。在我的书《趋势永存：打败市场的动量策略》(*Stocks on the Move*) 中有一个类似的模型，它使用了简单的 200 日移动平均（Moving Average），或者用时髦的数据科学术语来说，就是滚动均值（Rolling Mean）。这个想法是说，当指数低于 200 日收盘价滚动均值时，不允许任何新的买入。但这并不是说，因为指数进入了熊市模式，就要抛售目前持有的股票，而仅仅是不买入新的股票。

不过，对这种方法也有一些有理有据的批评。有些人可能会争辩说，使用这种粗糙的趋势过滤器，本身就是一种过度的曲线拟合。这种观点的要点在于，我们已经从经验中知道，使用这样一个长期趋势过滤器，将大大减轻我们这一代人经历的两个主要熊市带来的损失。当然，问题是这是否有任何预测价值，以避免下一次的损失。

另一方面，如果包含了这样一个趋势过滤器，你实际上使用了两种策略：动量策略和市场时机策略，而不是只有一种策略。你是否想使用趋势过滤器，实际上最终是个人偏好问题。

对于本章的模型，我不会使用这样的趋势过滤器，但我会在本书的网站 www.followingthetrend.com/trading-evolved 上发布一个版本。在这个版本中，你可以看到如何简单地做到这一点。这也有助于减少本章的代码量，并且让理解这些信息更加容易。

如果你尝试并启用这个趋势过滤器，你会发现模型的表现提高了。但同样，你需要自己决定，这是否等于作弊和曲线拟合。

不过，我们确实对这种模式提供了一些下行保护（Downside Protection）。正如前面所解释的，我们依靠动量得分的最低阈值，在困难时期让我们撤出市场。随着总体风险环境的变化，股票价格开始下降，有足够动量得分的股票将越来越少，我们将在再平衡时开始自动扩展投资范围。理论上，这种策略可以 100% 投资，也可以只持有现金。

在现实生活中，持有大量现金几乎总是一个坏主意。曾几何时，你可以把银行账户里的现金看作是安全的。然而，作为一个从 2008 这个数字获得创伤后应激障碍回忆的人，我可以向你保证，现在的情况不再是这样了。不幸的是，人们转眼就忘了。2008 年有那么几个星期，似乎任何一家银行都随时可能倒闭。每天营业结束时，我们都忙着从一家银行到另一家银行，转移持有的现金或隔夜存款，努力挑选最有可能再生存一天的银行。

我们这里研究的策略是在熊市期间减持股票。当然，熊市往往是银行比正常情况更脆弱的时候。想象一下，你在2008年做了一个正确的决定，卖掉了所有的股票转而持有现金，感觉自己很聪明，但当你意识到所有的现金都在雷曼兄弟时，你现在已经破产了。

如果你的银行或经纪人破产了，你很可能会收回持有的所有证券。这是最有可能的情况，但万一遇到欺诈，什么事都可能发生。然而，在更常见的贪婪与无能的情况下，当律师处理完后，你的证券还会物归原主。而这些现金中，至少是超过政府存款担保的任何金额，都如泥牛入海。

出于这个原因，你可能会想办法避免，或者至少减少持有现金。当账面上有多余的现金可用时，一种方法是购买固定收益ETF。例如，将多余的资金投入7~10年期国债ETF（IEF）。你想把钱放在哪里，取决于你想承担什么样的风险。如果你的目的是承担最小的风险，那就选择像1~3年期国债ETF（SHY）这样的短期基金。如果你愿意在债券市场承担一些价格风险，你可以选择长期投资工具，比如20年以上的国债ETF（TLT）。

我在这里保持简洁，让模型保留实际的现金。我鼓励你们用这里的代码，进行修改，加入现金管理，看看对结果的影响如何。

动量模型源代码

当阅读本章或者后面章节的源代码部分时，如果你在电脑旁边，你可以打开面前电脑中真正的源代码文件，这可能会有所帮助。当然，你也可以不这样做，只是在本章的文本和代码段之间来回跳转。然而，使用计算机阅读源代码可能会更容易一些。如果这是你第一次通读本书，那么你可以先跳过这一节，稍后再回到这一节精读。

为了实际运行这段代码，你需要从数据提供商那里获取你自己的数据，并将数据摄取到 Zipline 中，这将在第二十三章中详细描述。同时，就像我们在本章前面讨论的那样，还需要获取指数成分股数据。

如果你想知道为什么我不简单地在我的网站上提供这些数据，以便你可以立即运行代码，那么原因是那会让我面临法律诉讼。

你可以从 www.followingthetrend.com/trading-evolved 下载此模型的完整源代

码，以及本书中其他任何内容。但遗憾的是，股票价格数据并不在内。

完整的源代码在这一节的末尾，但首先看一下其中有趣的部分。在代码顶部，像往常一样，我们导入了一堆稍后会用到的程序库。随后，我对模型参数进行了设置。我把模型参数设置放在顶部，这样你就可以在不接触实际代码的情况下，很容易地尝试改变一下参数，构建模型的变种。

```python
%matplotlib inline

import zipline
from zipline.api import order_target_percent, symbol, \
    set_commission, set_slippage, schedule_function, \
    date_rules, time_rules
import matplotlib.pyplot as plt
import pyfolio as pf
import pandas as pd
import numpy as np
from scipy import stats
from zipline.finance.commission import PerDollar
from zipline.finance.slippage import VolumeShareSlippage, FixedSlippage

"""
Model Settings
"""
intial_portfolio = 100000
momentum_window = 125
minimum_momentum = 40
portfolio_size = 30
vola_window = 20

"""
Commission and Slippage Settings
"""
enable_commission = True
commission_pct = 0.001
enable_slippage = True
slippage_volume_limit = 0.025
slippage_impact = 0.05
```

在下一段代码中，你将看到几个辅助函数（Helper Function）。这些工具确实可以为我们完成特定的任务。

第一个是动量得分的计算，这在本章前面已经讨论过了。

```
def momentum_score(ts):
    """
    Input: Price time series.
    Output: Annualized exponential regression slope,
            multiplied by the R2
    """
    # Make a list of consecutive numbers
    x = np.arange(len(ts))
    # Get logs
    log_ts = np.log(ts)
    # Calculate regression values
    slope, intercept, r_value, p_value, std_err = stats.linregress(x, log_ts)
    # Annualize percent
    annualized_slope = (np.power(np.exp(slope), 252) - 1) * 100
    #Adjust for fitness
    score = annualized_slope * (r_value ** 2)
    return score
```

第二个是波动性计算，我们将使用它来确定头寸规模，本章也对其进行了解释。

```
def volatility(ts):
    return ts.pct_change().rolling(vola_window).std().iloc[-1]
```

第三，有一个辅助函数，提供给我们这些注意力持续时间较短的人来用。下面这个函数每月调用一次，只输出前一个月的回报率。我们没有使用它做任何事情，但它会在回测运行时提供一些输出供你查看。在本书的后面部分，我们将介绍如何制作更复杂的进程输出。

```
def output_progress(context):
    """
    Output some performance numbers during backtest run
```

```
This code just prints out the past month's performance
so that we have something to look at while the backtest runs.
"""
# Get today's date
today = zipline.api.get_datetime().date()

# Calculate percent difference since last month
perf_pct = (context.portfolio.portfolio_value / context.last_month) - 1

# Print performance, format as percent with two decimals.
print("{} - Last Month Result: {:.2%}".format(today, perf_pct))

# Remember today's portfolio value for next month's calculation
context.last_month = context.portfolio.portfolio_value
```

一旦解决了这些问题，我们就进入了实际的交易模拟。和之前一样，第一部分是启动程序。在初始化函数 `initialize` 中，如果启用了交易佣金（Commission）和滑点（Slippage），我们需要进行相应设置，然后安排每月的再平衡程序。

然而，我们还要做一件更重要的事。还记得在本章开始时，我提到过需要注意历史指数成分股吗？这里，代码假设你有一个包含这些数据的 CSV 文件。在这个启动程序 `initialize` 中，我们从磁盘读取这个文件，并将其存储在 `context` 对象中，以便在回测期间可以方便地访问它。

```
"""
Initialization and trading logic
"""
def initialize(context):
    # Set commission and slippage.
    if enable_commission:
        comm_model = PerDollar(cost=commission_pct)
    else:
        comm_model = PerDollar(cost=0.0)
    set_commission(comm_model)

    if enable_slippage:
        slippage_model=VolumeShareSlippage(volume_limit=slippage_volume_
```

```
        limit, price_impact=slippage_impact)
    else:
        slippage_model=FixedSlippage(spread=0.0)
    set_slippage(slippage_model)

    # Used only for progress output.
    context.last_month = intial_portfolio

    # Store index membership
    context.index_members = pd.read_csv('sp500.csv', index_col=0,
parse_dates=[0])

    #Schedule rebalance monthly.
    schedule_function(
        func=rebalance,
        date_rule=date_rules.
        month_start(),
        time_rule=time_rules.market_open()
    )
```

这之后,我们就进入正题了。接下来就是每月的再平衡(Rebalance)。就像《名人豪宅秀》(*Cribs*)节目中所说的,这就是奇迹发生的地方。

请记住,我们计划在每个月的开始运行一次 `rebalance`。在这段程序中,我们要做的第一件事,是使用本节前面看到的辅助函数打印上个月以来的表现。

```
def rebalance(context, data):
    # Write some progress output during the backtest
    output_progress(context)
```

接下来我们需要弄清楚在当前交易日的指数中有哪些股票,这样就知道了要分析哪些股票的动量。这可以很容易地在一行代码中完成,但我为了便于你们理解,将它分成了多行。

首先,确定今天的日期。这里所说的"今天",当然是指回测中的当前日期。

```
    # First, get today's date
    today = zipline.api.get_datetime().tz_localize(None)
```

请记住，我们已经在 `initialize` 中获取并存储了所有历史指数成分。我们从磁盘读取它，并存储在一个我们称之为 `contex.index_members` 的变量中。这个变量包含一个 DataFrame，其中有一个包含指数每次变动时的日期的索引，以及包含由逗号分隔的股票名称的文本字符串的一个单列。

现在我们将获取今天日期之前的所有行。

```
# Second, get the index makeup for all days prior to today.
all_prior = context.index_members.loc[context.index_members.index < today]
```

接下来，我们将定位在最后一行和第一列。由于我们之前删除了今天以后的所有日期，最后一行就是最近一次指数成分变动的日期。所以，我们现在得到了指数最后一次变动日期用于回测。DataFrame 只包含一列，我们可以通过引用数字 0 来访问第一列。

```
# Now let's snag the first column of the last, i.e. latest, entry.
latest_day = all_prior.iloc[-1,0]
```

现在，我们得到一个用逗号分隔的长文本字符串，需要将其分割成一个列表。

```
# Split the text string with tickers into a list
list_of_tickers = latest_day.split(',')
```

然而，我们需要的不是股票名称列表，而是 Zipline 股票代码（Symbol）对象。这很容易完成。

```
# Finally, get the Zipline symbols for the tickers
todays_universe = [symbol(ticker) for ticker in list_of_tickers]
```

所有这些行代码，将让我们循序渐进地得到指数成分股的股票代码列表，并根据模型的规则确定可以交易哪些股票。正如前面提到的，我将这个逻辑分成许多行，以便于你理解。然而，我们也可以在一行代码中完成整个过程，就像下面这样。

```
todays_universe = [
```

```
        symbol(ticker) for ticker in
        context.index_members.loc[context.index_members.index <
        today].iloc[-1,0].split(',')
    ]
```

获取所有这些股票的历史数据只需要一行代码。指数中有 500 只股票，但我们可以在这一行中获取所有股票的历史收盘价。

```
# Get historical data
hist = data.history(todays_universe, "close", momentum_window,
"1d")
```

由于我们之前创建了一个计算动量得分的辅助函数，现在可以同样用一行代码，将这个函数应用到整个历史价格集合。下面这行代码充满智慧，也是 Python 运行的关键部分。在前一行中，我们获取了一个包含大约 500 只股票的历史价格的对象。下面一行将生成一个排序表，对其包含所有股票的得分进行排序。

```
# Make momentum ranking table
ranking_table = hist.apply(momentum_score).sort_values(ascending=False)
```

这意味着，我们现在拥有了分析指标来分析我们的投资组合。我们得到了动量排序表，它是逻辑的核心部分。

使用投资组合模型，就能更容易地先算出应该卖出哪些股票，再算出应该买入什么。这样，我们就知道需要买入多少金额来替换已平仓的头寸。因此，我们将遍历所有的未平仓头寸（如果有的话），查看哪些要平仓，哪些要保留。

```
"""
Sell Logic

First we check if any existing position should be sold.
* Sell if stock is no longer part of index.
* Sell if stock has too low momentum value.
"""
kept_positions = list(context.portfolio.positions.keys())
for security in context.portfolio.positions:
    if (security not in todays_universe):
```

```
            order_target_percent(security, 0.0)
            kept_positions.remove(security)
    elif ranking_table[security] < minimum_momentum:
            order_target_percent(security, 0.0)
            kept_positions.remove(security)
```

现在，我们已经卖掉了不合标准的头寸。请注意，我们最初是如何处理投资组合中所有股票的列表的。此后，当任何一只股票从指数中剔除或未能保持足够的动量时，我们将其平仓，并将其从保留股票列表中删除。

在我们对不再想要的头寸平仓后，是时候决定应该买入哪些股票。

```
"""
Stock Selection Logic

Check how many stocks we are keeping from last month.
Fill from top of ranking list, until we reach the
desired total number of portfolio holdings.
"""
replacement_stocks = portfolio_size - len(kept_positions)
buy_list = ranking_table.loc[
    ~ranking_table.index.isin(kept_positions)][:replacement_stocks]

new_portfolio = pd.concat(
    (buy_list,
    ranking_table.loc[ranking_table.index.isin(kept_positions)])
)
```

上面的股票选择逻辑，首先检查需要找到多少只股票，也就是目标投资组合的规模 30 只与我们当前持有的股票只数的差。

其中一行代码可能需要额外的解释。下面这一行代码，为了在本书中更好地显示，分成了两行，使用了一些巧妙的 Python 技巧。

```
buy_list = ranking_table.loc[
    ~ranking_table.index.isin(kept_positions)][:replacement_stocks]
```

刚才计算的变量 `replacement_stocks`，告诉我们需要购买多少只股票来替换已卖出的股票。变量 `ranking_table` 保存了按动量得分排序的指数成分股的列表。我们要做的是从排名靠前的股票中挑选，但不选我们已经拥有并且想要保留到下个月的股票。

这一行的第一部分过滤了 `ranking_table`，以删除我们打算保留的股票，这样就不会再次选择它们。我们使用波浪号~来实现这一点，它在逻辑上相当于取反。这意味着，`ranking_table.loc[~ranking_table.index.isin(keept_positions)]` 将提供给我们排名表的股票，但不含那些要保留的股票。从这里开始，我们像以前一样简单地切分它，使用 `object[start:stop:step]` 逻辑，从起始点开始到我们想要的股票数量处为止。很简单，现在你知道怎么做了，对吧？

现在，我们得到了动量得分列表中排名最高的股票，排除了已经拥有的股票，这样就构成了新的 30 只目标股票。然后，把购买清单和我们已经拥有的股票组合起来，很快就有了新的目标投资组合。

但至此，我们还没交易，还没计算交易规模。这是这个模型中唯一剩下的部分。

我们需要为每只股票计算目标权重，并下订单。请记住，我们使用波动率的倒数来调整头寸规模。每个月我们都重新计算所有的权重，再平衡所有的头寸，也就是说，我们也在调整现有股票的规模。

第一步是使用我们之前看到的波动率辅助函数，为所有股票制作一个波动率表。在对这些数字求倒数之后，我们可以计算出每只股票的头寸应该是多少，即该只股票的波动率的倒数占所有选定股票的波动率的倒数之和的比例。这样，我们得到了一个目标权重表。

```
"""
Calculate inverse volatility for stocks,
and make target position weights.
"""
vola_table = hist[new_portfolio.index].apply(volatility)
inv_vola_table = 1 / vola_table
sum_inv_vola = np.sum(inv_vola_table)
```

```
vola_target_weights = inv_vola_table / sum_inv_vola

for security, rank in new_portfolio.iteritems():
    weight = vola_target_weights[security]
    if security in kept_positions:
        order_target_percent(security, weight)
    else:
        if ranking_table[security] > minimum_momentum:
            order_target_percent(security, weight)
```

在制作了目标权重表之后，我们现在可以逐一检查选定的股票，进行必要的交易。对于已经持有的股票，我们只是重新调整规模。如果股票是投资组合中的新成员，我们首先检查它是否有足够的动量。如果有，我们就买入。如果没有，我们跳过它，并将计算的权重留给现金。

我们假设对所有 30 只股票进行全额分配，计算目标权重。但是，我们这里看到，如果其中一些不符合动量标准，我们可能不会买入全部 30 只股票。这与模型设计有关。然后，投资组合中为没有达到动量标准的股票预留的空间，就会以现金形式保留。

在熊市期间，这是一种降低风险的机制。如果没有足够多的表现良好的股票可供购买，这个模型将开始缩小敞口。在长时间的熊市期间，它的敞口可以一直降至零。

下面是整个模型的完整源代码。

```
%matplotlib inline

import zipline
from zipline.api import order_target_percent, symbol, \
    set_commission, set_slippage, schedule_function, \
    date_rules, time_rules
import matplotlib.pyplot as plt
import pyfolio as pf
import pandas as pd
import numpy as np
from scipy import stats
```

```python
from zipline.finance.commission import PerDollar
from zipline.finance.slippage import VolumeShareSlippage, FixedSlippage

"""
Model Settings
"""
intial_portfolio = 100000
momentum_window = 125
minimum_momentum = 40
portfolio_size = 30
vola_window = 20

"""
Commission and Slippage Settings
"""
enable_commission = True
commission_pct = 0.001
enable_slippage = True
slippage_volume_limit = 0.025
slippage_impact = 0.05

"""
Helper functions.
"""
def momentum_score(ts):
    """
    Input:  Price time series.
    Output: Annualized exponential regression slope,
            multiplied by the R2
    """
    # Make a list of consecutive numbers
    x = np.arange(len(ts))
    # Get logs
    log_ts = np.log(ts)
    # Calculate regression values
    slope, intercept, r_value, p_value, std_err = stats.linregress(x, log_ts)
    # Annualize percent
    annualized_slope = (np.power(np.exp(slope), 252) - 1) * 100
    #Adjust for fitness
```

```python
        score = annualized_slope * (r_value ** 2)
        return score

def volatility(ts):
    return ts.pct_change().rolling(vola_window).std().iloc[-1]

def output_progress(context):
    """
    Output some performance numbers during backtest run
    This code just prints out the past month's performance
    so that we have something to look at while the backtest runs.
    """
    # Get today's date
    today = zipline.api.get_datetime().date()

    # Calculate percent difference since last month
    perf_pct = (context.portfolio.portfolio_value / context.last_month) - 1

    # Print performance, format as percent with two decimals.
    print("{} - Last Month Result: {:.2%}".format(today, perf_pct))

    # Remember today's portfolio value for next month's calculation
    context.last_month = context.portfolio.portfolio_value

"""
Initialization and trading logic
"""
def initialize(context):
    # Set commission and slippage.
    if enable_commission:
        comm_model = PerDollar(cost=commission_pct)
    else:
        comm_model = PerDollar(cost=0.0)
    set_commission(comm_model)

    if enable_slippage:
        slippage_model=VolumeShareSlippage(volume_limit=slippage_volume_
        limit, price_impact=slippage_impact)
    else:
```

```python
        slippage_model=FixedSlippage(spread=0.0)
    set_slippage(slippage_model)
    
    # Used only for progress output.
    context.last_month = intial_portfolio
    
    # Store index membership
    context.index_members = pd.read_csv('sp500.csv', index_col=0, 
    parse_dates=[0])
    
    #Schedule rebalance monthly.
    schedule_function(
        func=rebalance,
        date_rule=date_rules.month_start(),
        time_rule=time_rules.market_open()
    )

def rebalance(context, data):
    # Write some progress output during the backtest
    output_progress(context)
    
    # Ok, let's find which stocks can be traded today.
    
    # First, get today's date
    today = zipline.api.get_datetime().tz_localize(None)
    
    # Second, get the index makeup for all days prior to today.
    all_prior = context.index_members.loc[context.index_members.index < 
    today]
    
    # Now let's snag the first column of the last, i.e. latest, entry.
    latest_day = all_prior.iloc[-1,0]
    
    # Split the text string with tickers into a list
    list_of_tickers = latest_day.split(',')
    
    # Finally, get the Zipline symbols for the tickers
    todays_universe = [symbol(ticker) for ticker in list_of_tickers]
```

```
# There's your daily universe. But we could of course have done this in one go.

"""
# This line below does the same thing,
# using the same logic to fetch today's stocks.

todays_universe = [
    symbol(ticker) for ticker in
    context.index_members.loc[context.index_members.index < today].
    iloc[-1,0].split(',')
]
"""

# Get historical data
hist = data.history(todays_universe, "close", momentum_window, "1d")

# Make momentum ranking table
ranking_table = hist.apply(momentum_score).sort_values(ascending=False)

"""
Sell Logic
First we check if any existing position should be sold.
* Sell if stock is no longer part of index.
* Sell if stock has too low momentum value.
"""
kept_positions = list(context.portfolio.positions.keys())
for security in context.portfolio.positions:
    if (security not in todays_universe):
        order_target_percent(security, 0.0)
        kept_positions.remove(security)
    elif ranking_table[security] < minimum_momentum:
        order_target_percent(security, 0.0)
        kept_positions.remove(security)

"""
Stock Selection Logic

Check how many stocks we are keeping from last month.
```

```python
        Fill from top of ranking list, until we reach the
        desired total number of portfolio holdings.
        """
        replacement_stocks = portfolio_size - len(kept_positions)
        buy_list = ranking_table.loc[
            ~ranking_table.index.isin(kept_positions)][:replacement_stocks]
        
        new_portfolio = pd.concat(
            (buy_list,
             ranking_table.loc[ranking_table.index.isin(kept_positions)])
        )
        
        """
        Calculate inverse volatility for stocks,
        and make target position weights.
        """
        vola_table = hist[new_portfolio.index].apply(volatility)
        inv_vola_table = 1 / vola_table
        sum_inv_vola = np.sum(inv_vola_table)
        vola_target_weights = inv_vola_table / sum_inv_vola
        
        for security, rank in new_portfolio.iteritems():
            weight = vola_target_weights[security]
            if security in kept_positions:
                order_target_percent(security, weight)
            else:
                if ranking_table[security] > minimum_momentum:
                    order_target_percent(security, weight)

def analyze(context, perf):
    perf['max'] = perf.portfolio_value.cummax()
    perf['dd'] = (perf.portfolio_value / perf['max']) - 1
    maxdd = perf['dd'].min()
    
    ann_ret = (np.power((perf.portfolio_value.iloc[-1] / perf.
    portfolio_value.iloc[0]),(252 / len(perf))))-1
    print("Annualized Return: {:.2%} Max Drawdown: {:.2%}".
    format(ann_ret, maxdd))
    return
```

```
start_date = pd.Timestamp('1997-01-01',tz='UTC')
end_date = pd.Timestamp('2018-12-31',tz='UTC')
perf = zipline.run_algorithm(
    start=start_date, end=end_date,
    initialize=initialize,
    analyze=analyze,
    capital_base=intial_portfolio,
    data_frequency = 'daily',
    bundle='random_stock_data' )
```

模型表现

亲爱的读者，这就是我可能会让你们失望的地方。是的，本书你已经读了很多页，现在我要对你隐藏一些信息。我不会给出这个模型的通常类型的表现数据，不会展示一个包含年化回报率、最大回撤或夏普比率等的表格。但我有充分的理由这么做，这不是为了保密，而是真正想要帮助你。

如果你想真正地学习，你需要自己做这些工作并处理这些数字。你需要正确地理解发生了什么，了解模型如何工作、怎样执行、对什么因素敏感或不敏感、如何修改等的每一个细节。简单地听我说，并根据上面描述的规则进行交易，将是一个非常糟糕的主意。你什么也学不到。

我会放上一些表现数据的图表，你可以从中得出一些数据。但我将避免使用通常的表现统计数据，至少现在是这样。希望你有足够的好奇心去尝试它。毕竟，我在本书里提供了复制所有这些研究所需要的一切内容。

这是一本实用的书，旨在教你如何自己做事情。你会得到全部的源代码和完整的解释。这已经超出了大多数交易书籍所涉及的范围。但在本书中，你不应该简单地相信作者的主张并遵循他的交易规则。

对于这个模型，以及书中其他模型，我会向你介绍它如何运行，向你展示模型表现的概况，并讨论回报的特点。这会使你充分了解模型的表现。

预先避免公布这些常见的表现数据，还可以减少另一个与经典陷阱相关的风险。如果我公布这些数据，一些读者会立即开始比较。先会比较本书中的哪一个模型表现得"最好"。接下来，会与其他书相比，这些模型表现如何。

在这一点上，不管谁会"赢"，这两种比较都没有帮助。这样的比较完全误入歧途。使用不同的方法，比较不同作者的书中的模型，很可能毫无意义。在同一本书中进行比较，可能会导致你因为错误的原因，对一个模型比另一个模型更感兴趣。

回测可以上下调整，以符合你所要求的回报率数字。请记住，我只需要选择回测的开始和结束年份，就可以很容易地让年化回报率之类的数字更高或更低。而回报的一般概况和特征要有趣得多，它们将帮助你正确地理解这个模型。

说了这么多，在本书的后面，你们会看到模型之间的比较，包括你们可能要找的数字。我只是现在不想让你分心。

更重要的是，本书确实提供了一个评估交易模型表现的极好的方法，但那不是我写的。我的同事兼朋友罗伯特·卡弗（Robert Carver）为这个主题写了一个特邀章节——第二十二章。

至于现在，我们只需要弄清楚这一章的所有麻烦是不是值得的。这种交易方式是否有任何价值，或者我们是否应该放弃它并继续前进。

动量模型结果

我们先从表 12-1 所示的月度回报数字开始。这些数字看起来前景很好。我们可以看到，绝大多数年份都是正回报。许多年份的表现都非常强劲。然而，也有两位数的负数年份，这是多头股票模型预期可能出现的情况，但没有灾难性的年份出现。

你还可以清楚地看到，这个模型虽然在过去几年表现得相当好，但在本次回测中更早的年度表现得更好。对于那些不介意做额外作业的人来说，这可能是一个有趣的研究课题。

表 12-1 股票动量模型月度回报

年度	一月	二月	三月	四月	五月	六月	七月	八月	九月	十月	十一月	十二月	全年
1997	+7.9	-1.4	-3.0	+5.4	+5.9	+4.0	+10.7	-0.5	+5.2	-7.9	+0.2	+0.1	+28.0
1998	-1.5	+4.1	+5.9	+1.2	-2.1	+8.0	+1.4	-13.5	+10.3	-1.0	+1.3	+5.8	+19.1
1999	+2.8	-4.1	+5.2	+1.3	-1.0	+9.2	-1.6	+0.1	-1.8	+0.6	+12.9	+14.6	+42.9
2000	-2.3	+26.2	-0.4	-3.3	-6.6	+12.3	-6.1	+4.4	+1.5	+1.4	-4.6	+9.3	+30.9
2001	-7.4	+2.9	-2.0	+5.1	+3.2	-0.7	-0.5	-2.9	-11.0	-1.1	+3.5	+0.8	-10.9
2002	-0.7	+1.1	+2.1	-0.9	-0.0	-3.1	-12.0	-2.5	-0.2	+0.4	+0.7	-0.6	-15.3
2003	-6.3	-0.7	+0.5	+13.8	+11.1	+1.8	+1.6	+4.7	-1.1	+10.0	+4.7	-1.9	+43.0
2004	+5.6	+3.7	-0.6	-2.9	+2.1	+3.4	-3.5	-1.6	+2.7	+3.1	+8.1	+0.3	+21.8
2005	-3.0	+4.8	-2.4	-5.6	+3.5	+5.4	+3.2	-0.6	+3.8	-5.5	+3.9	+1.6	+8.5
2006	+8.8	-1.7	+3.9	-1.1	-6.5	-0.7	-3.3	+1.2	+0.1	+1.6	+2.4	+0.9	+5.0
2007	+3.4	-0.3	+2.3	+1.6	+4.4	-1.0	-2.4	+1.3	+5.3	+3.7	-4.8	-0.3	+13.6
2008	-9.7	+1.0	-0.8	+2.6	+1.2	-0.8	-10.2	-3.6	-8.3	-6.6	-0.3	+0.1	-31.1
2009	-0.0	-0.4	+0.5	-1.0	-1.0	+0.2	+10.1	+5.1	+4.5	-5.2	+5.1	+7.6	+27.4
2010	-4.5	+6.7	+9.8	+2.2	-6.8	-5.1	+3.2	-1.6	+4.6	+1.2	+0.5	+2.7	+12.1
2011	-0.5	+4.0	+3.0	-0.1	-2.8	-1.7	-1.5	-2.1	-2.9	+1.2	+0.2	-0.3	-3.6
2012	+0.3	+3.0	+4.6	+0.7	-10.0	+3.7	+0.1	-0.4	+1.1	-3.4	+1.8	+1.5	+2.3
2013	+6.4	+0.4	+7.8	-0.2	+6.3	-1.8	+5.6	-1.8	+5.5	+6.2	+4.0	+1.8	+47.4
2014	+0.0	+6.6	-0.8	+1.0	+1.6	+2.8	-2.1	+5.2	-2.4	+0.6	+3.4	+0.8	+17.7
2015	+0.4	+4.2	+0.3	-3.7	+2.8	-0.6	+0.5	-3.8	-0.0	+4.3	-0.4	-0.8	+2.8
2016	-2.3	+0.2	+2.7	-2.1	+0.6	+6.1	+2.7	-3.9	+1.7	-4.1	+7.1	-0.2	+8.2
2017	+1.5	+3.0	-2.4	+0.3	+4.2	-2.7	+2.1	+1.3	+0.8	+4.3	+3.3	+1.1	+17.7
2018	+6.5	-3.8	-0.2	+0.9	+0.5	+0.3	+0.5	+5.1	-0.2	-8.1	+1.4	-8.1	-6.1

如图 12-4 所示，股票回测曲线为你提供了这个模型如何运行的一个大致的图形。最上面的图中，显示了一段时间内投资组合的价值，以及标准普尔 500 总回报指数（S&P 500 Total Return Index）的回测结果，以供比较。中间的图显示了回撤的情况。在底部，你会发现策略和指数之间的六个月滚动相关性。

你不应该犯仅仅检查策略是否优于指数的错误。这不是最重要的信息，还有其他细节可以说明更多关于这个策略的信息。值得关注的一件事是，当敞口缩小或当没有足够数量的股票满足动量准则时，回报率曲线的走势将变得平缓。

接下来，看看回撤的模式。正如预期的那样，这些回撤与已知的市场困难时期相当吻合。这没什么好奇怪的。毕竟，我们创建的是多头股票策略。接着，就到了底部的一幅图，理解它很重要。

底部的图显示了与指数的滚动相关性。如图所示，相关性通常很高。当你使用多头股票投资组合策略时，这是无法避免的。这也就是说，在市场不景气的时候，期望它们有良好的表现是不现实的，期望它们偏离市场太大也是不现实的。

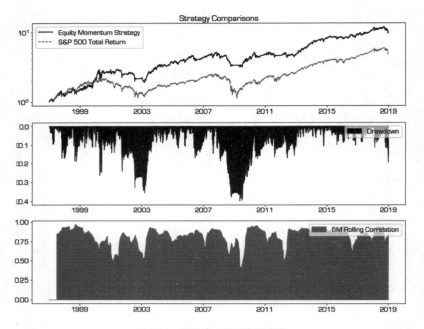

图 12-4　股票动量模型收益曲线

另一种了解策略长期表现的方法是制作持有期表，如表 12-2 所示。它显示了如果你在某一年开始就采用这种策略，并持有一定年限，你的年化回报率是多少。为了使这些数据适合本书的页面，它们被四舍五入到最接近的百分数。例如，如果该模型从 1997 年开始，交易 10 年，将得到每年 16% 的复合年化收益，还不错。但另一方面，如果从 2001 年 1 月开始，并持续 10 年，它的年化收益只有 5%。

这种类型的表格可以帮助你从不同的角度查看回报。这是简单的图表做不到的。在本书后续章节，我将展示如何计算这种表格。

表 12-2 股票动量模型持有期回报

年度	1	2	3	4	5	6	7	8	9	10	11	12	13	14	15	16	17	18	19	20	21	22
1997	+28	+23	+30	+30	+21	+14	+17	+18	+17	+16	+15	+11	+12	+12	+11	+10	+12	+12	+12	+12	+12	+11
1998	+19	+30	+31	+19	+11	+16	+17	+16	+14	+14	+9	+11	+11	+10	+9	+11	+12	+11	+11	+11	+10	
1999	+43	+37	+19	+9	+15	+16	+15	+14	+14	+8	+10	+10	+9	+8	+11	+11	+11	+10	+11	+10		
2000	+31	+8	-0	+9	+11	+11	+10	+11	+5	+7	+7	+6	+6	+9	+7	+9	+9	+9	+8			
2001	-11	-13	+3	+7	+7	+7	+8	+2	+5	+5	+4	+4	+7	+8	+7	+8	+8	+7				
2002	-15	-10	+14	+12	+11	+11	+4	+7	+7	+6	+6	+9	+9	+9	+9	+9	+8					
2003	+43	+32	+24	+19	+18	+8	+10	+10	+9	+8	+11	+12	+11	+11	+11	+10						
2004	+22	+15	+12	+12	+2	+6	+6	+5	+5	+8	+8	+9	+9	+9	+8							
2005	+9	+7	+9	-3	+3	+4	+3	+3	+7	+7	+8	+8	+7	+7								
2006	+5	+9	-6	+1	+3	+2	+2	+7	+8	+8	+8	+8	+8									
2007	+14	-12	-0	+3	+2	+2	+7	+8	+8	+8	+9	+7										
2008	-31	-6	-1	-1	-1	+6	+8	+7	+8	+8	+7											
2009	+27	+20	+11	+9	+16	+16	+14	+13	+14	+12												
2010	+12	+4	+3	+13	+14	+12	+11	+12	+10													
2011	-4	-1	+13	+14	+12	+11	+12	+10														
2012	+2	+23	+21	+16	+15	+15	+12															
2013	+47	+32	+21	+18	+18	+13																
2014	+18	+10	+9	+11	+8																	
2015	+3	+5	+9	+5																		
2016	+8	+13	+6																			
2017	+18	+5																				
2018	-6																					

第十三章
期货

13

期货（Futures）是在未来特定时间购买或出售资产的合约。然而，只有很小一部分市场参与者使用这些合约进行期货交易。关于期货的最初想法是，通过以今天的已知价格出售未来的收成，使农民获得更高的经济确定性。与大多数金融创新一样，它很快就变成了大赌场的另一部分，成为交易员们的热门工具。

在本书中，我们会用到期货的一些重要特性，但它也有一些潜在的风险。最危险的看待期货的方式就是把它当成简单的杠杆。你可以在期货市场上承担巨大的风险，但这并不一定是个好主意。

在期货市场，你可以持有比股票市场大很多倍的头寸。如果你有一个10万美元的账户，你可以很容易地建立一个100万美元或更大的头寸。这是一种快速让你账户清零的"好"方法。然而，期货市场的这一特点往往对赌博型投资者很有吸引力。就像在赌场一样，你可以在一天内让钱翻倍，也可以在一分钟内全部输光。在本书中，我们不会这样使用期货。

我认为，期货市场是最有趣的系统性交易空间，有着巨大的多元化潜力。当然，期货市场的一个弱点是，玩这个游戏有相当高的资本要求。最有趣的一类系统模型的本金要求，超过了本书大多数读者拥有的资本金的金额。然而，在你停止阅读，起草要求我退款的信之前，要知道，几乎没有人能通过用自己的资本进行交易来赚大钱。真正赚钱的是资产管理，以及通过管理好别人的资金而赚取的费用。

期货基础知识

期货是我在本书中唯一打算涉及的衍生品。它们非常直接，易于理解和交易。我当然不是说它们很容易赚钱，但它们与高度复杂的期权交易世界迥然不同。

期货最大的特点就是标准化（Standardization）。关于期货，这是你需要了解的最重要的事情。期货在专业的系统交易者中（如现在多产的趋势跟随交易行业中）如此受欢迎的原因，就是标准化。

因为它们是标准化的，你可以用同样的方式交易非常广泛的市场。你可以像交易股票指数和外汇一样，使用同样的动量、同样的数学和同样的术语，交易棉花和猪肉。这让事情变得简单多了。期货市场之间有一些细微的差别，但在大多数情况下，它们的运作方式大同小异。

期货市场可以为你打开一个全新的世界。如果你曾是一名股票交易员或外汇交易员，现在你可以以同样的方式进行交易。当你可以从交易所有类别的资产中获得如此多的多样化收益时，真的没有理由只选择一种资产进行交易。而期货市场正好适合为你提高多样化收益。

期货合约是双方在未来特定日期，以特定价格，对特定资产进行交易的共同义务。这是教科书上的定义。虽然理解这个定义很重要，但从现实的角度来看，它的运行有些不同。

期货的最初目的是对冲（Hedging）。可能最简单的例子是，一位农民的玉米将在三个月后出售，而他希望锁定销售价格。他可以卖出三个月后交割的期货合约，并确保锁定当前的价格水平。一家早餐麦片公司可能需要在三个月后购买这些玉米，他们也希望避免未来几个月的价格风险。他们可以持有相反的期货头寸，锁定当前的价格水平。

同样的例子也适用于大多数期货市场，无论标的是石油、货币还是债券，对冲的说法在理论上是可行的。当然，实际上绝大部分的期货交易都是投机，而不是对冲。

如果你相信金价会上涨，你就会购买黄金期货合约。如果你认为日元即将下跌，你就做空日元合约。

如前所述，期货合约是一种共同承担的交割（Delivery）义务。这是理论，而并不完全是事实。一些期货市场采用实物交割（Physical Delivery），而另一些则采用现金结算（Cash Settlement）。例如，商品和外汇通常是实物结算的。这意味着，如果你一直持有活牛期货的多头头寸直到交割，你可能会发现自己办公室外面有一卡车牛。理论上如此。

如今，几乎没有一家银行或经纪商会允许你持有超过交割日期的实物期货头寸，除非你恰好是一名有特定安排、允许进行现货交易的商品交易员。如果你有一个常规的经纪账户，就不会存在意外交割的风险。如果你自己没有提前平仓，你的经纪商将在最后一刻强行平仓你的头寸。这当然不是出于利他主义的原因，而是因为他们和你一样对实物交割不感兴趣。

然而，外汇期货（Currency Futures）通常是允许实物交割的，所以要非常小心。如果你持有到期的外汇期货合约，你的账户可能会换取比预期金额更多的外汇。

期货合约标准化的另一个非常重要的方面与交易对手有关。当你买入了一份黄金期货合约，这意味着其他人在卖出同样的合约。然而，你不必担心卖出的那个人是谁，也不必担心你的对手是否会在交易中出尔反尔，或者未能及时付款。

在期货交易中，你的交易对手是清算所，而不是交易的另一方的个人或组织。无论交易的另一方是谁，你都没有交易对手风险。

期货机制与术语

如果你习惯了股票市场，首先你会注意到期货的期限。你不只是买黄金期货，而是购买一种特定的黄金合约，例如 2017 年 3 月的黄金期货合约，到 2017 年 4 月该合约将不复存在，所以，你不能像持有股票那样买入并持有期货。你需要确保你总是持有正确的合约，并不断滚动它。当然，"正确"这个词暗含着危险，但大多数情况下"正确"的合约，是当前交易最活跃的合约。对于大多数期货市场而言，在任何给定的时间内，只有一种流动性强、交易活跃的合约。合约到期前的某个时候，交易者将开始转向另一种合约，将会有一个新的活跃合约。将头寸从一个月移动到另一个月的过程称为滚动（Rolling）。

关于期货，另一个需要理解的关键点是逐日盯市程序（Mark-to-Market Procedure）。当购买期货合约时，你并不需要提前支付全款，而只需支付保证金（Margin），即一种抵押品，以后我会详细讲。与股票和债券不同，你不需要支付全部金额，只需要拿出一小部分资金，确保你能弥补潜在的损失。

逐日盯市程序在一天结束时结算所有头寸。当你持有未平仓的期货头寸时，你会看到每天的现金流。如果你当天损失了 2000 美元，这笔钱会在当天结束时自动从你的现金账户中扣除。如果你赚了钱，就会记入贷方。因此，期货头寸的价值在一天结束时总是为零。它是逐日盯市的。

期货合约代表一定数量的基础资产，所以合约的单位各不相同。例如，一份黄金合约代表 100 盎司黄金，一份原油合约代表 1000 桶原油，一份瑞士法郎合约代表 12.5 万瑞郎。这个属性就是所谓的合约规模（Contract Size）。对于大多数合约来说，合约规模与更重要的一个概念，即点值（Point Value）相同。虽然也有一些例外，比如债券期货，但大多数时候它们是一样的。

点值对我们来说更重要，原因是你需要用它作为乘数来计算收益或损失。点值，有时被称为整点价值（Big Point Value），意思是如果期货合约价格变动一个点，你会盈利或损失多少钱。你经常需要了解你交易的市场的点值。

以黄金为例。周一，你以 1400 美元的价格购买一份 2017 年 3 月黄金合约。当天收盘时，价格为 1412 美元，比前一天整整涨了 12 美元。由于黄金合约每点代表的价值是 100 美元，也就是点值是 100，到了晚上，1200 美元就会神奇地出现在你的现金账户上。

第二天，黄金期货价格下跌到 1408 美元，400 美元将从你的账户中扣除。周三，你以 1410 美元的价格平仓，卖出同样的合约，200 美元将存入你的账户。

简而言之，这就是期货的运作方式。

表 13-1 期货属性

属性	描述
合约名称（Ticker）	期货合约的基本代码。例如：GC 代表纽约商品交易所黄金。不幸的是，这不是标准化的，不同的数据供应商可以为相同的合约使用不同的基本代码。如果你使用多个市场数据供应商，那么应该构建自己的查询表以方便在不同的代码方案之间转换。
交割月份（Delivery Month）	交割月份用一个字母表示，谢天谢地，这里所有供应商的术语相同。1 月至 12 月按字母 F、G、H、J、K、M、N、Q、U、V、X 和 Z 的顺序排列。
年度（Year）	表示合约到期年度的数字，通常只是个位数。如果合约跨越了当前年代，这个数字指下一个年代中的可能的年度。有一些数据供应商为了更加清晰，使用两位数。
合约代码（Code）	完整的合约代码是上面三个属性的组合。因此，2019 年 6 月交割的纽约商品交易所黄金通常被指定为 GCM9 或 GCM19，这取决于使用一位数还是两位数的年份。
到期月份（Expiry Month）	合约到期现金结算或实际交割的确切日期。对于交易员来说，这个日期只与金融期货有关，与大宗商品或任何实际可交割的商品无关。对于可交割的合约，你需要更早退出。
最后交易日（Last Trading Day）	这是你需要注意的日期。不同的市场的规则不同，可能对这个日期使用略有不同的术语（如首次通知日等），但所有的期货合约都有一个预先确定的最后交易日。对于实际可交割的合约，如果你持有日期超过这个时间点，你将面临被迫进行交割或接受交割的风险。但在实际操作中，这种情况不太可能发生，因为大多数经纪人不会允许你进入交割。如果你没有提前平仓，他们会在这一天强制平仓你的头寸。你不希望这种情况发生，所以，你最好确保及时平仓或滚动你的头寸。
合约规模（Contract Size）	这是指一份合约在现实世界中代表什么。以纽约商品交易所的轻质原油期货合约为例，它代表 1000 桶原油，而洲际交易所瑞士法郎期货的一份合约代表 12.5 万瑞士法郎。
合约乘数（Multiplier）	对于大多数期货合约而言，合约规模和合约乘数是完全相同的。然而，当你处理跨资产期货时，你会遇到一些例外，这就需要一个计算你的利润、损失和风险等的标准方法。你需要一种方法来准确地知道期货合约价格移动 1 个点时的利润或损失。对于债券期货而言，答案通常是合约规模除以 100。而货币市场期货则需要除以 100，并根据存续期进行调整。因此，合约规模为 100 万的 3 个月的欧洲美元期货，其乘数为 2500（100 万/100/4）。确保你有一个合适的查询表，用于计算你想交易的所有合约的乘数。合约乘数也被称为点值。
合约币种（Currency）	为了让合约乘数有意义，你需要知道期货交易的币种，然后将其转换为投资组合的基础货币。
初始保证金（Initial Margin）	初始保证金是由交易所决定的，是指需要为某种期货的每一份合约提供多少现金作为抵押品。但是，如果头寸走势对你不利，你需要增加保证金，所以最好不要太过冒险。如果你的账户中没有足够的抵押品，经纪人将平仓你的头寸。
维持保证金（Maintenance Margin）	你持有一份合约时，账户上需要留存的保证金的金额。如果你的账户资金低于此金额，需要平仓或补充账户资金。

属性	描述
未平仓权益（Open Interest）	大多数金融工具都有开盘价、最高价、最低价、收盘价和成交量的历史数据字段，但未平仓头寸是衍生品所独有的。未平仓权益是指市场参与者目前持有的未平仓合约数量。期货是一种零和博弈，总有人做空有人做多，但每份合约只算一次。
板块（资产类别）	虽然有很多方法可以将期货分成不同的板块（Sector），但我在本书中使用了一个广义的方案，这对我们的需求很有意义。我将把期货市场分为外汇、股票、利率、农产品和非农产品。

每种期货合约都有一个特定的代码。从这个代码中，你可以看到市场、交割月份和交割年份。期货合约的标准代码就是由这三种属性组成。例如，2017 年 3 月黄金的代码为 GCH7，如果使用两位数字的年份，代码则为 GCH17。

通常年份用个位数表示，但一些市场数据供应商和软件供应商使用两位数。在本书中，我们将使用两位数字，因为这是 Zipline 回测软件需要的格式。

当你处理一段时间的期货交易后，期货合约代码的语法就会成为你的第二天性。如果你对这种类型的金融工具还不是很熟悉，你应该花点时间查看表 13-2。任何在这个领域交易或建模的人，都应该知道每月的交割代码。

表 13-2　期货交割代码

月份	代码
一月	F
二月	G
三月	H
四月	J
五月	K
六月	M
七月	N
八月	Q
九月	U
十月	V
十一月	X
十二月	Z

期货与外汇敞口

在外汇风险方面，期货与股票有很大的不同。当然，这个话题只有你在不同币种的市场交易时才有意义。

对于股票，你需要预先付款。这意味着，美国投资者在法国购买价值100万欧元的股票时，必须将美元换成欧元。除非他选择对冲，否则他将有100万欧元的外汇敞口（Currency Exposure）。

就国际股票而言，你实际上有两个头寸，一个是股票，一个是外汇。当建模和回测策略时，这可能是一个重要的因素。

另一方面，对期货而言，汇率的影响则略有不同。请记住，我们为期货合约支付的方式与为股票支付的方式不同。我们只提供保证金，然后就可以在我们的账户上显示每日净盈亏。

这也就是说，你在国际期货交易中的外汇敞口仅限于利润和损失。

如果购买了英国期货合约，你就没有初始外汇敞口。如果第一天结束时，你赚了1000英镑，那笔钱就会打到你的英镑账户上，现在你的外汇敞口是1000英镑，而不是全部的合约名义金额。如果第二天损失了同样的金额，那么你就没有外汇风险了。

因此，外汇风险对期货来说是一个小得多的问题，而且几乎可以忽略不计。

期货和杠杆

在期货市场，我们只需要提供保证金，而不用全额支付。这可能会产生一些有趣的影响。这意味着，理论上我们可以持有非常大的头寸。

如果你想最大限度地提高自己的风险，就不用费力考虑你可以持有多大的头寸，因为你可以持有的头寸比应该持有头寸要大得多。而这种可能性经常被散户投资者滥用。如果交易期货的动机是可以承担比股票更高的风险，你应该继续投资股票。利用期货作为廉价杠杆是一个非常糟糕的主意。

然而，持有庞大头寸的可能性，有一个非常明显的优势。当你在股票等现金市场交易时，你差不多只能有 100% 的名义敞口（Notional Exposure）。当然，你可以使用股票杠杆，但那既昂贵又受到限制。

但在期货交易中，你可以从决定想承担的风险水平开始，并以此来指导你的头寸规模的配置。只要你紧盯着风险，就没有必要真正关心你的投资组合的名义风险敞口。

这也就是说，我们能够在变化非常缓慢的市场中持有庞大的头寸。以短期利率市场为例，每日波动很少超过 0.1%，如果我们的敞口被限制在 100% 的名义敞口，我们就不会太感兴趣，因为它不会对投资组合产生明显的影响。

这是期货的一个明显的好处。我们可以用风险而不是名义敞口来指导头寸配置。

杠杆（Leverage）可能会让你破产，但正确而谨慎地使用杠杆可以让你构建更有趣的交易模型。

第十三章　期货　201

第十四章
期货建模及回测

股票和期货的回测策略完全不同。即使顶层的交易理念和规则是相似的，但底层的模型逻辑和代码也必然是不同的。最重要的区别在于期货合约的期限有限。这有多重含义。最明显的一个是，我们必须跟踪哪份合约将要交割，以及何时转换到另一份合约。但这只触及了问题的表面。

从技术上讲，期货市场没有长期的时间序列。任何期货合约的期限都是有限的，其流动性最多只能维持几个月。然而，量化交易模型通常需要依赖一个长得多的时间序列来进行分析。例如，期货合约的长期移动平均线，是不可能用实际的市场数据来计算的。

例如，2003年2月原油期货合约的价格和未平仓合约，如图14-1所示。请记住，未平仓合约表示当前有多少份期货合约未平仓。当你购买一份合约时，这个数字加1。当你再次卖出时，这个数字会减1。它很好地说明了合约的流动性。

这个合约从2000年秋天开始交易，或者至少是可以交易的。但从图中可以看到，直到2002年底，它才开始有交易量。尽管我们很多年前已经为合约定价，但大多数数据都是无关的。由于它的历史交易量并不大，所以我们不能依赖这样的价格序列，也不能从中得出任何结论。只有当有足够的市场参与，以确保有适当的定价和足够的流动性进行实际交易时，合约的历史数据才有意义。

如图 14-1 所示，2003 年 2 月的原油合约，只在很短的一段时间内有效。这是它通常看起来的样子。在图 14-2 中，你应该能更好地了解这里到底发生了什

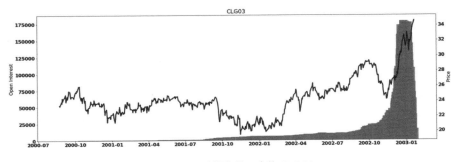

图 14-1　原油期货单一合约 CLG03

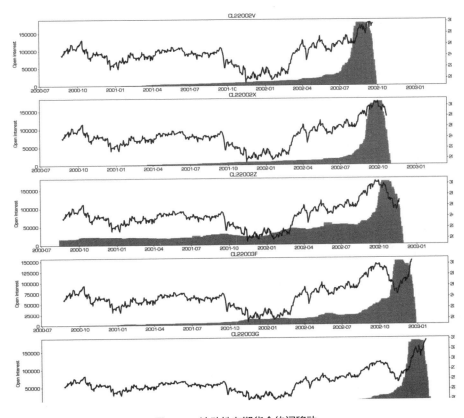

图 14-2　流动性在期货合约间移动

么。它显示了同一时期连续 5 次原油交割。你可以看到流动性是如何随着时间的推移，从一种合约转移到另一种合约。在图中，你可以看到 2002 年 10 月合约是如何拥有最大的流动性的，也能看到流动性是如何缓慢地向 11 月合约转移的。一个月后，11 月的合约消失，12 月的合约取而代之。这个循环会以完全可预测的模式不断重复。从分析论的角度来看，需要重点理解的是，每一种合约只有在它是"山丘之王"、流动性最高的短暂时期内，才真正具有重要性。所以，不同合约留给我们的是大量的短期序列，而不是长期的历史序列。

新手常犯的一个惊人错误是，简单地将合约一个接一个地拼接起来，形成一个长期的时间序列。他们原原本本地使用时间序列，然后在不同的合约之间切换。这样做的问题是，它对实际市场发生情况的反映是有缺陷的，有明显错误的。

11 月和 12 月的原油合约价格将会不同，不能混为一谈，也不能在相同的基础上进行比较。它们一个是 11 月交割，另一个是 12 月交割。这两个合约的公允价格总是不同的。

如图 14-3 所示，相同的基础资产（本例中仍然是原油）的多个合约，由于交割日期不同，在同一天的价格存在着差异。这种差异是正常的，有现实的原因。它与套利成本有关，也就是说它代表着对冲的成本，因而定价存在差异是公允的。其中，融资成本和仓储成本是形成差异的主要因素。

一些市场数据供应商提供的时间序列，仍然是将合约一个接一个地拼接起来，没有任何调整。即使是一些价格极高、每月收费达 2000 美元左右的市场数据也是这么做的。所以，不能只因为数据的价格高，就认为数据准确或有用。

使用多个合约简单地进行拼接而成的长期时间序列而不进行调整，会引入错误的缺口。当这种所谓的延展序列从一种合约转换到另一种合约时，就会出现市场向上或向下跳跃的情况。然而，实际上市场没有发生这样的跳动。如果你持有第一种合约的多头，卖出并滚动到下一种合约，那么你不会遇到这个延展序列缺陷隐含的收益或损失。

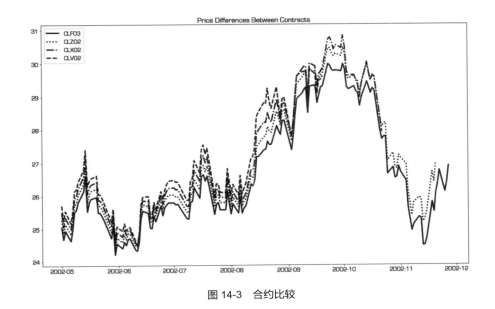

图 14-3 合约比较

因此，当涉及期货的长期时间序列时，要非常小心你的数据。

延展序列

构建长期的期货延展序列（Futures Continuation）最常用的方法是回溯调整，即每次滚动到一份新合约时，都要回溯调整整个序列。通常，这是通过保持比率的一致来实现的，是为了让延展序列的变动率反映实际的变动率。

这种方法的关键是，让得到的时间序列能大致反映现实中交易者的经历，也就是月复一月、年复一年地买入并滚动头寸。这种延展序列用于长期价格分析，但显然其自身不能被交易。它不是一个真实的时间序列，只是为了分析目的而构造的。你不能在单个合约上计算 200 天移动平均，但你可以在一个合理构造的延展序列上进行计算。

大多数回测软件会假装这种人为构造的延展序列是真实的资产，并对其进行交易。几十年来，这一直是散户解决期货问题的首选方法，在专业人士中也很常见。虽然对于大多数任务来说，这是一个足够好的解决方案，但它确实有一些缺点。

这种标准方法的一个问题是，你回溯的时间越长，计算出来的延展序列与实际市场价格的偏差就越大。如果你在很长一段时间内不断进行调整，最终得到的价格将远离当时的市场价格。

使用这种延展序列的常规方法，意味着整个序列是在运行回测的当天计算的。这通常会导致如图 14-4 所示的那种差异。上升到 700 附近的上面那条实线，是向后调整的序列，而下面那条未超过 100 上方太多的线是未调整的序列。这两个序列都不能说是正确的，同样也不是真的错了。这取决于你的观点。

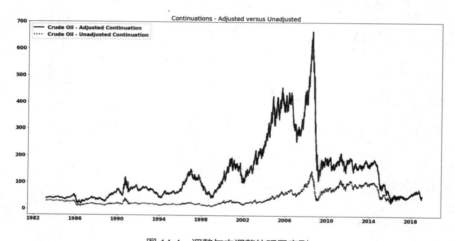

图 14-4　调整与未调整的延展序列

调整后的序列旨在反映随着时间的推移，持有多头敞口的交易员或投资者可能经历的变动率。然而，很明显，油价从未涨到 700 美元左右。这种扭曲是多年来根据基准差异进行调整的结果。

如果延展序列的目的是衡量趋势，那就不会构成什么问题，这也是构造延展序列的理由。但是，大多数散户的回测软件的工作方式是，假设延展序列是一种真实的可交易工具，对延展序列本身进行买卖。而这在现实中显然是不可能的。

这会导致一些潜在的问题。原油期货的合约乘数是 1000，即期货价格每变动 1 美元，你持有一份期货合约的市值就会受到 1000 美元的影响。合约乘数是决定头寸规模时通常要考虑的因素。对于规模较小的投资组合，这可能会导致一些潜在的错误结论。

假设你回测一个 100 万美元的投资组合，每个头寸的目标每日波动率是 0.2%。也就是说，你希望每个头寸对你的投资组合每天大约有 2000 美元的影响。

接着，回测模型试图购买原油期货头寸。如前所述，原油期货的合约乘数为 1000，平均每日价格波动约为 1%。回测在长达数年的调整后的延展序列上进行，调整后的油价为 400 美元，每日波动幅度约为 4 美元。

由于该合约的乘数为 1000，每份合约每日的价值波动为 4000 美元。但我们想建立一个每日波动 2000 美元的头寸。因此，结论是我们无法交易，合约粒度太大。

然而，如果我们看一下当时的真实合约，它未经调整的价格是 40 美元左右，每天变动约 1%，即每份合约每天波动约 400 美元，我们可以买 5 份完整的合约。

这是你需要小心的地方。你通常可以找到弥补这些问题的方法，但这确实表明，你要记住可能存在哪种扭曲，并找到解决它们的方法。

使用这种延展序列的另一个问题是，它们不是静态的。使用延展序列的传统方式需要重新计算整个序列，在我们滚动到一个新的合约时，回溯调整所有的数据。通常，这是通过对整个现有的时间序列，施加一个比率来实现的。但它可能会产生一些相当令人担忧的影响。考虑一个你一年前建立的长期交易模型。那时，你对模型进行了完整的回测，并对结果感到满意。一年之后，现在你在同样的市场上对同样的规则进行了另一次回测，你会发现结果不再一样了。这很有可能发生，当然也取决于你对时间序列应用了什么分析指标，以及你是否考虑到了这一现象。

一位好心的资深市场从业者为本书提供了早期的评论和建议，他指出，我对延展序列的使用太苛刻了。他可能是对的。如果你确实知道自己在做什么，并且完全理解如何计算延展序列以及这些计算的含义，那么你可以确保你的模型代码不会做任何愚蠢的事情。但我仍然认为，使用单独合约或动态计算的延展序列可能更接近现实。接下来，我们会用到这两种方法。

Zipline 延展序列

别的暂且不论，Zipline 处理期货的方式就足以成为选择这个回测引擎的理由。几年前，我曾经就如何最好地处理期货向 Quantopian 提供建议。我想他们不只是敷衍了事，而是已经有了这个方向的计划。

他们的 Zipline 回测引擎针对延展序列这个老问题，有一个巧妙的解决方案。Zipline 延展序列是在每天的回测中动态生成的。这也就是说，如果在那一天计算的话，延展序列将看起来如真实情况一样。在回测处理每一天时，将从当天开始生成新的延展序列，以便延展序列中的"当前"价格反映市场中的实际当前价格。

常规的、老式的计算延展序列的方法，通常是在实际执行回测的时候提前完成的。Zipline 对此有一个聪明的解决方案，即在回测中每次收到请求时，仅基于该时间点之前的可用数据计算延展序列。这样结果更真实，更不容易出错。

Zipline 还解决了另一个与延展序列有关的常见问题。如前所述，大多数散户可用的回测解决方案，假装对延展序列本身进行交易。在现实世界中，这显然是不可能的，因为延展序列与移动平均一样都不是一种真正的可交易的工具。在延展序列本身上进行模拟交易可能会产生一些意想不到的后果。如果你不小心，它可能真的会影响回测的真实性和准确性。

Zipline 通过只交易真实的合约解决了这个问题，就像现实中的情况一样。显然，这是更好的解决方案，但这也意味着需要你向回测引擎提供每份单独合约的历史数据。这最终可能会需要很多数据。为了写这本书，我使用了一个大约有 2 万份合约的数据库。

这种处理期货的方式远远优于一般的散户。它不仅更加现实，而且开辟了全新的可能性，如基于日历价差（Calendar Spread）或期限结构（Term Structure）的交易。是的，我只是想把这些话说出来，让你们考虑一下。

当然，另一方面它也稍微复杂些。我们需要向回测引擎提供更多的数据，不仅是历史时间序列数据，还有元数据。对于每个合约，我们需要知道到期日、最后交易日等信息。

在构建回测时，我们需要跟踪在任何给定时间交易哪个合约。当然，我们也需要知道滚动到下一份合约的时间。

这听起来可能很复杂，但实际上并不难设置。

合约、延展序列和滚动

通过本书的股票章节的学习，你应该已经熟悉如何在 Zipline 回测中访问数据。在这方面，期货的新内容不多。但在期货中，我们既要处理延展序列，也要处理单独的合约。

通过提供合约名称和一些基本设置，我们可以很容易地创建延展序列。下面一行代码展示了如何创建标普 500 期货的延展序列。标普 500 期货的合约名称是 SP。

```
sp_continuation = continuous_future('SP', offset=0, roll='volume', adjustment='mul')
```

有了这个延展序列对象，我们就可以请求历史时间序列，检查当前哪个合约是有效的，我们甚至可以获得完整的交易合约链。我们将在后面的章节中这样做。

就像我们之前对股票所做的那样，你可以请求时间序列历史。

```
continuation_hist = data.history(
    sp_continuation,
    fields=['open','high','low','close'],
    frequency='1d',
    bar_count=100
)
```

这个时间序列通常用于计算分析指标。在这里，我们只使用回测发出请求时的可用数据，获得回溯调整的序列。

但为了能够进行交易，我们需要获得一个真实的单独合约。大多数（但肯定不是全部）期货模型在最活跃的合约上进行交易。如果是这样，我们可以请求延展序列，查看现在使用的是哪种基础合约。

```
contract = data.current(cont, 'contract')
```

我们获得了合约代码以后，下订单的工作方式与我们之前看到的股票一样。我们可以设定一个固定的名义金额，或者设定一定比例敞口，下一定数量的合约订单。

```
order(contract, 100)   # Buys 100 contracts
order_value(contract, 1000000) # Buys a million dollar notional, or closest
order_target(contract, 10000) # Adjusts current position, if any to 10,000 contracts
order_target_value(contract, 1000000) # Adjust to target a million dollar notional
order_target_percent(contract, 0.2) # Adjusts current position to target 20% exposure
```

如前所述，交易单独合约的麻烦在于它们的生命周期很短。这不只是开仓时决定选择哪个合约的问题，我们还必须跟踪我们持有的合约何时不再活跃。那时候，我们得滚动到下一种合约了。

如果想要使用最活跃的合约，最简单的方法是进行每日检查，将当前持有的合约与延展序列当前使用的合约进行比较。

```
def roll_futures(context, data):
    open_orders = zipline.api.get_open_orders()

    for held_contract in context.portfolio.positions:
        # don't roll positions that are set to change by core logic
        if held_contract in open_orders:
            continue

        # Make a continuation
        continuation = continuous_future(
            held_contract.root_symbol,
            offset=0,
```

```
        roll='volume',
        adjustment='mul'
    )

# Get the current contract of the continuation
continuation_contract = data.current(continuation, 'contract')

if continuation_contract != held_contract:
    # Check how many contracts we hold
    pos_size = context.portfolio.positions[held_contract].amount
    # Close current position
    order_target_percent(held_contract, 0.0)
    # Open new position
    order_target(continuation_contract, pos_size)
```

你将在期货模型中看到,我们将使用该段代码或其变种,以确保我们必要时持续滚动合约,以停留在活跃的合约上。

第十五章
期货趋势跟随交易

几年前，我写了《趋势交易》(Following the Trend)。在这本书中，我提出了一个相当标准的趋势跟随模型（Trend Following Model）。我用它来解释，什么是趋势跟随交易以及趋势跟随是如何工作的。我阐释了管理期货行业（Managed Futures Industry）的大部分回报可以用一个非常简单的趋势跟随模型来解释。现在回想起来，我唯一的遗憾是没有让演示模型更加简单些。

我想在模型中包含各种特性，以演示它们的工作方式，以及它们可能产生的影响。如果我将模型规则保持得更简单，可能就能够避免偶尔这个模型被误以为是某种神秘的趋势跟随超级系统。

我提出的规则并不完全是秘密，因为在我写这本书之前的几十年中，这些规则就已经为人所知。我希望尝试以一种全新的方式去解释它，并让我们行业之外的人能够感受到我们是如何谋生的。关于这个行业有太多以讹传讹的神话。

稍后，我将通过给出一个非常简单的趋势跟随模型来纠正这个错误。这个模型的简单程度让人震惊。它可能听起来过于简易，以至于大多数人会嗤之以鼻。但在回测中，它仍显示出相当不错的回报。

然而，我认为读过我的第一本书的人会想知道，我称之为核心模型（Core Model）的交易模型，现在表现怎样。可能有人会问这些规则是否奏效，或者是否一败涂地。一个简短的回答是，这种方法表现很好。

我想本书的许多读者也读过我的第一本书。尽管如此，我并不想假设你们所有人都读过，所以我将确保在这里包含足够的信息，不会迫使你去买另一本书。

当然，我不打算重复全部内容，但我会尽可能多地回顾所需的内容，以让你能够跟上本书的课程。

《趋势交易》中的模型有着非常有趣的发展历程。事实证明，在它出版的时候，正是趋势跟随策略艰难岁月的开始之时。书中最后提到的 2011 年，在趋势跟随策略方面，总体上不是一个好年份。当然，2012 年和 2013 年对趋势跟随模型来说，也是相当糟糕的年份。

每当趋势跟随表现糟糕的一两年中，就会有专家跳出来宣布这种策略已死。这种情况发生了多少次，他们错了多少次，其实都不重要。

问题是，就像其他策略一样，趋势跟随会有好的和差的年份。如果你找到的策略没有出现过一次较差的回测，那么很可能你忽略了一些事情。唯一一位从未遭受过交易损失的人，是伯尼·麦道夫（Bernie Madoff）[①]。

然而，接下来的 2014 年是个好年份，趋势跟随策略的表现非常好。过去三年的损失一笔勾销，并且创造了历史新高。这是一个非常好的年份，那些认为趋势跟随策略已死的人不见了踪影。

对于趋势跟随策略，你需要始终牢记这是一个长期策略。就像大多数策略一样，你可能会看到连续几年的亏损。这就是为什么你应该以合理的规模交易。任何策略迟早都会有连续亏损的几个年度。

每次趋势跟随策略有几个不好的年份时，很多投资者就会被甩出去。从长远来看，坚持到底的人总是会得到回报。

趋势跟随原则

如同大多数稳健的交易想法一样，趋势跟随的概念其实也很简单。当然，这并不是说它很容易实现，能轻松赚钱，甚至编写代码也很简单。说它简单，是指它的思想本身是简单的，即这个概念很容易理解和解释。

这是设计策略时值得思考的问题。如果你不能用简单易懂的方式解释你交易策略背后的理念，那么一个很明显的风险是你的规则过于复杂，过于拟合数据，

① 伯尼·麦道夫是美国历史上著名的金融大骗子之一。

几乎没有预测价值。

趋势跟随是基于一种经验观察,即价格在一段持续的时间内经常向同一方向移动。该策略旨在捕捉大部分此类移动,而不是试图以任何方式预测出现波谷或波峰的时间。它简单地等待价格开始向某个方向移动,然后沿着同一个方向跳上车,试图搭乘趋势。通常,我们还会使用跟踪止损,这意味着我们等到市场开始对我们不利后退出。

趋势跟随交易大多数时候会失败。但这没关系。趋势跟随策略往往有相当多的亏损的交易,通常高达70%。这个策略不适合那些希望证明自己总是正确的人。趋势跟随策略的关键是,投资组合作为一个整体的长期价值发展。它往往有较多小的损失,但也有少量的巨大收益。只要它的净期望价值是正数,一切都好。

在设计和实现趋势跟随模型时,有许多方法可供选择。如果你让50名最好的趋势跟随交易者一起分享他们的秘密,很可能他们会有50套非常不同的规则。但正如我在《趋势交易》一书中所阐释的,趋势跟随策略的大部分回报可以用非常简单的规则来解释。

在那本书中,我展示了一个极其简单的规则集是如何与世界领先的趋势跟随对冲基金的回报有非常高的相关性的。我这样做并不是要贬低这些人的杰出成就,而是为了把趋势跟随作为一种现象进行解释,并教育读者收益来自何处,以及潜在的复制这种现象的方法。

在实践中,趋势跟随可能是一个令人十分沮丧的交易策略。你总是在突破的后期进场,在价格反弹后买入。通常,价格会在你进场后直接回落,导致迅速亏损。而跟踪止损(Trailing Stop)逻辑会在价格开始上涨、趋势变得对你有利时设置止损点,以防你的头寸从峰值开始一直回落。当然,有时候趋势跟随策略在一年甚至几年里都不会很有效。

所有这些都只是在趋势跟随领域进行交易的部分成本。这个策略并不适合每个人。它不是一个从不亏损、能够快速致富的策略。每个人都不应该把所有的钱全都押在它上面。但几十年来,这种策略在实践中表现得非常好。

重温核心趋势模型

我几年前在《趋势交易》中提出的核心模型，旨在捕捉所有市场板块的中期趋势。这是经过深思熟虑的一种走中间路线的模型。这个模型虽然朴实无华，但它不仅盈利，而且盈利相当可观，这是非常了不起的。核心趋势模型（Core Trend Model）的投资回报率，与全球趋势跟随对冲基金高度相关，这一点应该引起你的注意。

这表明，可以用非常简单的模型捕捉趋势跟随的大部分回报。构建一个与世界上最好的一些对冲基金表现相似的模拟并不难。当然，实施这个模型是另一回事。现在我们将关注如何建模。

构建一个像这样的基本趋势跟随模型，是一个很好的练习，一方面我们可以学习如何编写代码，另一方面，更重要的是，我们可以理解趋势跟随的核心逻辑。

模型目的

核心趋势跟随模型的想法是，确保参与所有主要期货板块的中期到长期趋势。

关于趋势跟随模型，有很多神乎其神的传言。许多没有行业背景的人，就是通过向容易受骗的散户销售系统规则来赚钱的。我想向你介绍这幕后的真相。

不要把这些简单的规则误认为是快速致富的秘诀。理解趋势跟随和成功实施它是完全不同的两件事。首先，众所周知，魔鬼往往隐藏在细节中。虽然你可以按照简单的规则复制趋势跟随的大部分回报，但你可能需要增加复杂性以控制波动率，维持风险在可接受的水平，创建一个可以成功营销和融资的策略。

当然，还有一些麻烦的关于资本金要求的细节。在《趋势交易》一书中，我认为你的账户至少要有 100 万美元，以实施多样化的趋势跟随模型。这可能是那本书中产生电子邮件最多的一句话。我都数不清有多少人给我发电子邮件，询问我是否可以用一个小得多的账户做这件事。

我可以慷慨地告诉你，也许你可以用 50 万美元的账户做这件事，只是也许。我甚至承认，在理论上只要假装有钱，你就能使用少得多的资金来完成。

是的，假装有钱。当你交易期货模型时，你实际上不需要像股票交易那样投入所有的资金。所以理论上，如果你有一个 10 万美元的账户，然后只是假装你有 100 万美元，就能像基本账户规模是全部 100 万美元那样进行交易。

然而，这将是一个非常糟糕的主意。一个 10% 的回撤就会让你一败涂地。

这就是交易多样化期货模型的问题。它们需要相当大的账户规模。这是因为大多数期货合约都是相当大的。虽然你可以花几美元买一只股票，但期货合约的名义风险敞口可能高达数万甚至数十万美元。

即使你的账户上目前没有 100 万美元，或者在接下来的几个小时里有获得 100 万美元的现实计划，你仍然可以从了解趋势跟随中受益。所以请不要停止阅读。毕竟，你已经付了这本书的钱。

投资范围

在其他条件相同的情况下，较大的投资范围通常有助于最终结果。虽然交易和管理一个庞大的投资范围可能很困难，但它在实践中是最好的方法。这就是为什么当你开始缩小投资范围以符合你能够交易的标的时，你需要非常小心。

我们将在这个演示中使用大约 40 个市场。投资范围涵盖农产品、金属、能源、股票、外汇、固定收益和货币市场。我将只使用美元计价的市场。这么做不是因为这样更好。事实上，这样也确实不是最好的选择。显然，以美元交易的市场比其他币种交易的市场更有趣。但将国际市场纳入其中也有明显的好处，这样可以极大地帮助提高多样化，改善长期结果。

这里只使用基于美元的期货市场的原因是，本书中用于演示的回测引擎 Zipline 还不支持国际期货。它还没有一种机制，可以将汇率影响考虑进去。

对于期货来说，这个问题远没有股票那么严重。在处理国际期货时，你没有名义上的外汇敞口。以外币计价的合约面值不会影响你的外汇敞口。记住，你并没有像购买股票那样为这份合约实际支付全部金额，你只需要提供保证金。

交易频率

该模型基于每日数据运行,并每日检查交易信号。也许没有金融工具需要每天交易,但我们会每天检查以确保策略正常运行。每天可能盘中没有采取任何行动,也没有在市场中下止损单。所有的逻辑都基于收盘价操作,并总是在信号出现的后一天交易。

注意,每天要执行两个独立的任务。首先检查是否有需要平仓或开仓的头寸;其次检查是否有需要滚动的头寸,滚动的逻辑和原因在第十四章都有解释。

配置头寸

该模型的头寸规模的配置旨在使每个头寸承担等量的风险。风险与止损点被触发时你的损失金额没有任何关系。不幸的是,许多交易书籍通常将风险解释为你的损失金额,而这与金融行业使用的"风险"一词毫无关系。

风险在金融行业内也是一个颇具争议的词。在这里,我使用了一个稍微简化但仍然有效的定义,即基于对预期平均每日收益或损失的影响来定义风险。

因为我们真的没有理由相信一个头寸比另一个头寸更重要,或者将盈利更多,所以这个模型的目的是让每个头寸的风险差不多相同。首先要指出的是,我们不能简单地对每个头寸购买相同金额。这甚至对于股票等相当相似的金融工具也不适用。期货的走势间可能会有巨大的差异。如果你对每种期货持有相同的数量,就会面临高度偏斜的风险。

对石油等一些市场来说,一天内 3% 的波动是很常见的。这些天来,你几乎看不到有关石油波动的新闻头条,因为这太常见了。但要让美国 10 年期国债期货在一天内波动 3%,那就是一个灾难性的事件。如果你在每个头寸上投 10 万美元,那么你在石油头寸上的风险显然要比在国债头寸上的风险大得多。

解决这个问题的一个常见方法是查看每个市场的近期波动率,并以此为基础调整头寸。在这种情况下,日波动率能代表风险。

我们想要实现的是，每个头寸每天对整个投资组合产生近似相等的影响。我们只是想给每个头寸平等的投票权，使它们有相同的能力影响投资组合的整体盈亏。

波动性可以通过多种方式来衡量。在《趋势交易》一书中，我使用平均真实波动幅度（Average True Range，ATR）来衡量一个市场平均每天的涨跌幅度。因为我一直支持扩展我们的工具箱，所以这里我将使用不同的衡量方法。

请不要发邮件问我哪一个最好，因为那样就不会抓住重点。我不是那种告诉你如何以最好的方式做事的人。这主要是因为我发现，这种建议最多也是弊大于利的。我想帮助你建立一个技能集，并了解各种类型的方法和工具。这会提供一个基础，而你可以在此基础上学习这些方法是如何工作的，如何将它们融入你的交易想法中，以及如何构建你自己的工具。

这次我不使用 ATR，而用标准差，不是通常的百分比形式的年化标准差，而是价格变化的标准差。这是一个与 ATR 没有太大区别的测量方法。由于它只使用收盘价进行计算，我们需要处理的数据更少，逻辑也更简单。这里的标准差是根据 40 日内每日美元价格变化计算的。请注意，我们讨论的是价格变化，而不是价格。在这种情况下，使用实际价格水平的标准差会产生一个相当荒谬的结果。这里的 40 日大致衡量了过去两个月的波动性。你可以随意尝试其他天数设置。

幸运的是，在 Python 中计算价格变化的标准差非常简单。如果你愿意，可以用一行代码来完成。下面是计算过去两个月价格变化的标准差所需要的全部代码。代码假设你有一个 `DataFrame` 对象，其中有一个名为 `close` 的列。

```
std_dev = df.close.diff()[-40:].std()
```

让我们将这一行分解为多个部分，以让你能够理解这里发生了什么。这里的变量 `df` 是一个包含 `close` 列的 DataFrame。这个语句的第一部分，通过使用函数 `diff()` 简单地获取每日价格的变化。它提供给我们另一个时间序列，即每日差值。

在此之后，我们切取最后 40 日数据，并使用内置函数 `.std()` 请求基于这些数据计算标准差。现在，尝试将这一行代码在你喜欢的其他编程语言中复现下，你会发现使用 Python 编程要简单得多。

我们举个例子。例如，我们希望投资组合中的每个头寸的日均影响为整个投资组合价值的 0.2%。本例中的数字 0.2% 被称为风险因子（Risk Factor）。风险因子完全是一个任意的数字，我们可以上下调整它来增加或减少风险。它是我们本章演示模型的主要风险指导工具。

下面是我们用来计算基于波动率的头寸规模的公式。

$$合约数量 = \frac{风险因子 \times 投资组合总价值}{标准差 \times 每点价值}$$

这个公式假设所有投资都以相同的货币计价。如果你交易的是国际期货，还需要把外币转换成你的基准货币。

假设我们有一个总金额为 500 万美元的投资组合，我们想应用 20 个基点的风险因子。这里的基点指的是 1% 的百分之一，所以 20 个基点相当于 0.2%。现在，我们准备购买原油。在本例中，目前的交易价格为 43.62 美元，40 日标准差为 1.63 美元。计算公式如下：

风险因子 =0.002

投资组合总价值 =5000000

标准差（40 日）=1.63

点值 =1000

目标影响 =0.002 × 5000000=10000

平均波动 =1.63 × 1000=1630

10000 ÷ 1630=6.13

合约数量 =6

在这种情况下，我们为价值 500 万美元的投资组合只买了 6 份合约。好吧，我已经警告过你，这可能不是你要执行的确切规则。跟上我的步伐，这个模型是为了告诉你事情是如何运作的。

现在的关键是，你要理解这种头寸规模调整背后的逻辑。本例中，我们的想法是希望每个头寸每日对投资组合的平均影响约为1万美元。这样，我们将计算出需要交易多少份合约。

还有其他的方法来进行"波动率均等配置"，这是为我们实际在做的事情起的一个时髦的名字。你可能想到的其他方法也很好，但重要的是这个概念。

计算头寸规模的代码如下所示。代码的输入是当前投资组合市值、标准差和点值。风险因子已经在模型的设置部分中定义了，稍后将在完整的代码中看到。输出的是我们应该交易的合约数量。

```
def position_size(portfolio_value,std,point_value):
    target_variation = portfolio_value * risk_factor
    contract_variation = std * point_value
    contracts = target_variation / contract_variation
    return int(np.nan_to_num(contracts))
```

这个模型将使用学过的一个好用的双移动平均线，但它不是用作趋势信号，而是用作确定趋势方向的过滤器。

我们使用的是40日和80日指数移动平均线（Exponential Moving Average，EMA）的组合。如果40日指数移动平均线高于80日指数移动平均线，我们认为趋势方向为正向的。相反，如果快速变动的指数移动平均线低于缓慢变动的平均线，我们称趋势为反向的。

这本身不会触发任何交易。我们只是把它当作一个过滤器。如果趋势是正向的，我们只会接收多头进场信号。反之，如果趋势是反向的，我们只会接收空头进场信号。

如果你想知道为什么会选中数字40和80，答案是，它们就是轻率地被选中的。但这些数字是合理的，当然还有许多其他合理的数字，你可以尝试其他组合。只要记住，主要目的是确定市场当时是上涨还是下跌的。

你可能也想知道为什么选择指数移动平均，而不是常规的简单移动平均。在这里选择它的主要动机是，向你展示如何使用Python计算指数移动平均。

图15-1展示了这种趋势过滤器的思想。当快速指数移动平均线更高时，趋势被认为是正向的，否则就是反向的。

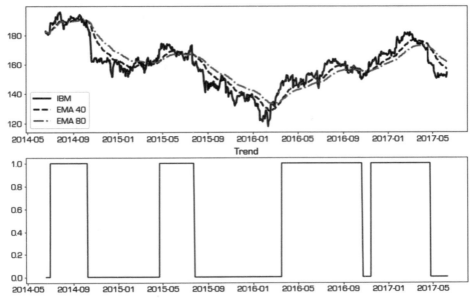

图 15-1　趋势过滤器

进场规则

这种模型的交易规则是对称的。这意味着我们对多头和空头一视同仁，只是简单地颠倒交易逻辑的符号。

这可能不是最好的交易方式。上涨趋势和下跌趋势的表现非常不同，可能需要不同的参数集，但现在，我们将保持模型的简单和直接。

进场规则（Entry Rule）基于简单的突破逻辑：当市场在趋势方向上达到新的50日极值时，我们将进场。

对于多头进场，我们首先要求趋势过滤器为正向的，即40日指数移动平均值必须高于80日指数移动平均值。也就是说，当且仅当过滤器满足条件时，我们被允许接收多头进场的信号。

当价格达到50日新高时，我们在第二天多头开仓。

要计算空头进场信号，只需反转逻辑。如果趋势过滤器是反向的，并且遇到一个新的 50 日低点，我们空头开仓。

离场规则

这个简单的趋势跟随模型使用跟踪止损（Trailing Stop）。它的意思是，止损点会随着价格的变化而变化，确保我们不会在一次强劲的上涨后回撤太大。我们在这里想做的是实现收益回撤较小的目标。

请记住，我们在这里处理的是一个趋势跟随模型。趋势跟随模型总是在平仓前回撤一部分利润。这些模型的目标不是在底部买入、在顶部卖出。这不是趋势跟随的含义所在。其他类型的策略可能会尝试低买高卖，但我们在这里的做法是完全不同的。我们希望高价买进、更高价卖出，而不是低买高卖。

对于这个模型，我们没有利润目标。我们想持有头寸越久越好。只要它一直朝着有利于我们的方向移动，我们就会持仓不动。如果它对我们有重大不利的变动，我们就平仓。当然，这里的关键词是"重大"。

在交易多个市场中多种资产时，变动率对于确定头寸配置是不会有帮助的。请记住，我们正在处理许多不同市场中不同资产类别。它们的基础波动水平会有很大的不同，所以你不能比较它们的变动率。

对石油和铂金而言，2% 的涨幅并不是什么大问题，这种事经常发生。但对于美国 2 年期国债期货来说，这是一个巨大的变动。而对于货币市场来说，这几乎是闻所未闻的。所以，我们需要比变动率更好的方法来衡量价格波动。我们需要将变动标准化为波动率，以便进行比较。

前面我们在头寸配置的背景下讨论了标准差。在离场规则中，标准差也可以很好地发挥作用。它表示的是一个市场在一天内的平均波动。

这里的离场规则基于这个标准差。从该头寸的峰值，也就是未平仓收益最大时开始，在它回撤幅度三倍于这个标准差时离场。

这不是在市场中设置的盘中止损。它是一个基于每日价格的触发器。同时，为了保持规则简单和易于复制，实际交易是在触发后的第二天执行的。你们中的大多数人获得每日数据几乎没有问题，但很难获得昂贵的历史盘中序列数据。

在这种情况下，使用基于标准差的止损水平还有一个额外的好处。在前面的示例中，我们使用了20个基点的风险因子来设置头寸规模。如前所述，这个公式的目的是让头寸的平均每日变动对投资组合产生约20个基点的影响。

因此，如果市场变动一个标准差，对整体投资组合的影响将是0.2%。由于我们现在设置的止损点是标准差的三倍，所以我们现在知道，在平仓之前每个头寸都会损失投资组合价值的0.6%，即从峰值下降60个基点。假如有利润可以回撤的话，它就是我们在平仓前的利润回撤幅度。

成本和滑点

Zipline具有相当复杂的成本和滑点（Slippage）的内置模型，甚至比大多数商业级别的解决方案都要复杂。如果你深入研究细节，会发现一系列高度可配置的算法来考虑这些重要的变量。我非常鼓励你们尝试各种变化，为不同的假设建模，查看它们是如何影响你的结果的。

对于这个演示模型，我选择了一个考虑交易量的滑点模型。在这种情况下，它将确保我们的交易永远不会超过每日交易量的20%，并以此为基础建立滑点模型。当然，这种滑点模型在盘中数据上更有效。

关于费用，我假设每一份合约的佣金是0.85美元，手续费是1.5美元，如果你在使用一个低成本的在线经纪商平台进行交易，这些成本假设应该是现实合理的。

我在代码中保留了设置，这样你就可以打开或关闭滑点和佣金的设置，并试验这些因素的影响。

流动资金利息

你现在应该知道，期货交易是保证金交易。大多数专业期货经理倾向于保证金与权益之比在10%~20%区间徘徊，也就是说80%~90%的资金实际上都是不需要的。

专业的期货经理用这些多余的现金购买短期政府债券。这有两个原因。最明显的一个原因是，这样可以赚取利息，而这正是无风险收益的定义。在期货交易过去的美好时代——80 年代、90 年代甚至是 00 年代的部分时期，这种利息可能会对策略的结果产生重大影响。

当然，作为对冲基金管理人，你也可以从为客户创造的回报中获得业绩报酬，即使部分回报来自无风险利息。

不幸的是，现在你在这些工具上得到的回报非常少，它对业绩的影响微乎其微。然而，你还是会这么做，这是由于另一个原因，即与受托责任有关。如果你开户的银行或经纪公司一夜之间破产了，你名下的现金可能就没了。当然，分离账户等也可能全军覆没。但实际上，你的现金最有可能化为乌有。

然而，你的证券很可能迟早会归还给你。如果你遇到了欺诈问题，那么一切都没了。但如果这只是一个贪婪、不负责任、普通的企业腐败的一般案例，很可能你在某个时候会看到证券被归还给你。

我为了保持模拟简单，将忽略这一部分。但在现实中应用期货模型时，你确实需要仔细研究一下现金管理。这既是出于受托原因，也是出于经济原因。

如果适当考虑现金管理的历史影响，模拟结果会略高一些。在有些年度，当无风险回报很高时，它会产生重大影响。

趋势跟随模型源代码

到目前为止，除非你跳过了本书的股权部分，你应该已经熟悉了 Zipline 模拟的一般结构。正如前面代码所示，期货的主要区别在于处理延展序列与合约这一对概念。

延展序列是基于多个单独合约计算得出的时间序列。它将合约一个接一个拼接在一起，形成一个长期时间序列，旨在尽可能接近长期持有期货市场头寸时的实际价格影响。由于我们在期货领域没有真正的长期序列，所以这是我们能做的最好的事情。使用延展序列我们可以进行长期的时间序列分析，但不能直接用于进行交易，因为它只是计算得出的时间序列。

对于交易，我们需要弄清楚，当前哪个合约是目前相关的可交易合约，也就是通常流动性最强的合约。我们在这里构造一个延展序列，它总是使用交易量最大的合约作为当前合约。然后，当交易时，我们让延展序列告诉我们它现在使用的是哪个合约，也就是我们要交易的合约。

由于期货合约的期限有限，这也意味着我们需要每天检查是否有任何头寸需要展期。

交易逻辑并不复杂。我们从计算趋势过滤器和波动率开始，然后逐一检查每个市场。如果我们已经在市场上开仓，我们检查两个可能的止损条件是否满足：价格是否向不利于我们的方向变动了 3 倍的标准差，或者趋势的方向发生了反转。

如果没有持仓，我们检查趋势方向上是否出现了新的 50 日极值，如果出现，我们就开仓。

与前面一样，我将逐步向你展示代码的关键部分，并进行解释。在本节的最后，你将一次性获得全部源代码。

在顶部，我们像往常一样有各种导入语句。如果你读过本书的股票章节并研究过代码，你应该对其中的大部分内容很熟悉。而这次会导入一些特定的期货功能。

```
%matplotlib inline

import zipline
from zipline.api import future_symbol, \
    set_commission, set_slippage, schedule_function, date_rules, \
    time_rules, continuous_future, order_target
import matplotlib.pyplot as plt
import pyfolio as pf
import pandas as pd
import numpy as np
from zipline.finance.commission import PerTrade, PerContract
from zipline.finance.slippage import VolumeShareSlippage, \
    FixedSlippage, VolatilityVolumeShare
```

在股票动量模型中，当模型运行时，我们输出了很多文本，主要是为了在进行回测的几分钟内有一些东西可以看。这除了让我们这些注意力短暂的人感到厌烦外，不会影响其他任何事情。

在这个模型中，我想给你们展示做同样事情的另一种方法。本书的主题是逐步增加复杂性，所以这次我将向你展示如何更新文本输出，而不是每次打印新的一行。

股票动量模型每个月打印一行，导致最后有相当多行的文本向下滚动。这里的方法将动态地更新同一行的文本。

首先，我们需要通过导入所需的库创建一个我们可以在回测运行期间更新的输出变量，来进行设置。

```
# These lines are for the dynamic text reporting
from IPython.display import display
import ipywidgets as widgets
out = widgets.HTML()
display(out)
```

现在设置完成了。我们可以通过赋值 `out.value` 来动态更改输出文本。这里，我们将在回测运行时，在一个单独的函数中实现上述功能。而下面这个函数每天都会被调用。

我们之前已经看到，名为 `context` 的 Zipline 对象可以在回测运行期间，为你存储任何你想要的内容。在本例中，我们将使用它来跟踪到目前为止我们交易了多少个月。为此，我们需要做的就是在 `initialize` 程序中设置 `context.months=0`。在这个启动程序中，我们将安排月度输出报告。

```
# We'll just use this for the progress output
# during the backtest. Doesn't impact anything.
context.months = 0

# Schedule monthly report output
schedule_function(
    func=report_result,
    date_rule=date_rules.month_start(),
    time_rule=time_rules.market_open()
)
```

报告程序本身只有几行代码。我们更新交易的月数，计算到目前为止的年化回报，并更新文本。这就是在运行回测时进行动态文本更新所需要的全部内容。

```
def report_result(context, data):
    context.months += 1
    today = zipline.api.get_datetime().date()
    # Calculate annualized return so far
    ann_ret = np.power(context.portfolio.portfolio_value / starting_
    portfolio, 12 / context.months) - 1

    # Update the text
    out.value = """{} We have traded <b>{}</b> months
    and the annualized return is <b>{:.2%}</b>""".format(today,
    context.months, ann_ret)
```

到目前为止，这些都只是导入语句和一些报告，但我们很快会接触到实际的模型逻辑。与前面的模型一样，我们有 initialize 程序，其中我们设置了佣金、滑点和各种其他设置。在前面的股票模型中，我们需要有一个动态的投资范围来反映过去你实际关注的股票。在期货领域，这就容易多了。

这里我们定义了想要交易的市场。在期货市场中，可以合理地假设10年前你会选择差不多相同的市场。

在第十二章的股票模型中，我们使用了一个 symbol 对象列表作为我们的投资范围。在 Zipline 逻辑中，symbol 对象只适用于股票。对于期货，我们有两个相关的概念：future_symbol 和 continuous_future。前者指的是一个特定的期货合约，而后者指的是一个由许多单独合约计算而成的长期的价格延展序列。

如下面初始化程序所示，我们创建了一个 continuous_future 对象列表，其中每个对象对应一个市场。

```
def initialize(context):
    """
    Cost Settings
    """
    if enable_commission:
        comm_model = PerContract(cost=0.85, exchange_fee=1.5)
    else:
        comm_model = PerTrade(cost=0.0)
```

```
    set_commission(us_futures=comm_model)

    if enable_slippage:
        slippage_model = VolatilityVolumeShare(volume_limit=0.2)
    else:
        slippage_model = FixedSlippage(spread=0.0)

    set_slippage(us_futures=slippage_model)

"""
Markets to trade
"""
currencies = [
    'AD',
    'BP',
    'CD',
    'CU',
    'DX',
    'JY',
    'NE',
    'SF',
]

agricultural = [
    'BL',
    '_C',
    'CT',
    'FC',
    'KC',
    'LR',
    'LS',
    '_O',
    '_S',
    'SB',
    'SM',
    '_W',
]
nonagricultural = [
    'CL',
```

```
        'GC',
        'HG',
        'HO',
        'LG',
        'NG',
        'PA',
        'PL',
        'RB',
        'SI',
    ]
    equities = [
        'ES',
        'NK',
        'NQ',
        'TW',
        'VX',
        'YM',
    ]
    rates = [
        'ED',
        'FV',
        'TU',
        'TY',
        'US',
    ]

    # Make a list of all the markets
    markets = currencies + agricultural + nonagricultural + equities + rates[1]

    # Make a list of all continuations
    context.universe = [
        continuous_future(market, offset=0, roll='volume', adjustment='mul')
            for market in markets
    ]

    # We'll use these to keep track of best position reading
```

[1] 由于数据版权的原因,作者并未提供完整的数据供读者模拟,为了让程序调试通,译者在源代码中将此行代码注释掉,并将市场指定为"FC"。

```
# Used to calculate stop points.
context.highest_in_position = {market: 0 for market in markets}
context.lowest_in_position = {market: 0 for market in markets}

# Schedule the daily trading
schedule_function(daily_trade, date_rules.every_day(), time_rules.market_close())

# We'll just use this for the progress output
# during the backtest. Doesn't impact anything.
context.months = 0

# Schedule monthly report output
schedule_function(
    func=report_result,
    date_rule=date_rules.month_start(),
    time_rule=time_rules.market_open()
)
```

我们在这里有几个辅助函数，就像我们在股票一章中看到的那样。这里有检查合约是否需要展期的逻辑。这在前一章已经讨论过了。配置头寸规模的逻辑，在上面配置头寸一节中已经解释过了。

现在，你可能更渴望看到的是每日交易逻辑的代码。我们使用获取的所有市场一年的连续数据启动 `daily_trade`。

```
# Get continuation data
hist = data.history(
    context.universe,
    fields=['close','volume'],
    frequency='1d',
    bar_count=250,
)
```

接下来我们将计算趋势。如前所述，如果 40 日指数移动平均线高于 80 日指数移动平均线，我们就看涨。

```
# Calculate trend
```

```
hist['trend'] = hist['close'].ewm(span=fast_ma).mean() >
hist['close'].ewm(span=slow_ma).mean()
```

在我们获得数据和趋势信息后，我们可以对每个市场进行迭代。在进行迭代时，我们首先检查是否持有头寸。如果持有头寸，我们检查它是多头还是空头，然后运行适用的逻辑。如果尚未持有头寸，我们会检查当前是看涨还是看跌，运行相关代码查看是否需要开仓。

就是这样，循序渐进。首先，我们启动循环并准备所需的数据，包括标准差计算。

```
# Iterate markets, check for trades
for continuation in context.universe:

    # Get root symbol of continuation
    root = continuation.root_symbol

    # Slice off history for just this market
    h = hist.xs(continuation, level=1)

    # Get standard deviation
    std = h.close.diff()[-vola_window:].std()
```

首先，我们处理多头头寸：

```
if root in open_pos: # Position is open

    # Get position
    p = context.portfolio.positions[open_pos[root]]

    if p.amount > 0: # Position is long
        if context.highest_in_position[root] == 0: # First day holding
                                                    the position
            context.highest_in_position[root] = p.cost_basis
        else:
            context.highest_in_position[root] = max(
                h['close'].iloc[-1], context.highest_in_position[root]
            )
```

```python
# Calculate stop point
stop = context.highest_in_position[root] - (std * stop_distance)
# Check if stop is hit
if h.iloc[-1]['close'] < stop:
    contract = open_pos[root]
    order_target(contract, 0)
    context.highest_in_position[root] = 0
# Check if trend has flipped
elif h['trend'].iloc[-1] == False:
    contract = open_pos[root]
    order_target(contract, 0)
    context.highest_in_position[root] = 0
```

其次,处理空头头寸:

```python
else: # Position is short
    if context.lowest_in_position[root] == 0: # First day holding the position
        context.lowest_in_position[root] = p.cost_basis
    else:
        context.lowest_in_position[root] = min(
            h['close'].iloc[-1], context.lowest_in_position[root]
        )

    # Calculate stop point
    stop = context.lowest_in_position[root] + (std * stop_distance)

    # Check if stop is hit
    if h.iloc[-1]['close'] > stop:
        contract = open_pos[root]
        order_target(contract, 0)
        context.lowest_in_position[root] = 0
    # Check if trend has flipped
    elif h['trend'].iloc[-1] == True:
        contract = open_pos[root]
        order_target(contract, 0)
        context.lowest_in_position[root] = 0
```

如果没有头寸，我们先处理看涨行情：

```
else: # No position on
    if h['trend'].iloc[-1]: # Bull trend
        # Check if we just made a new high
        if h['close'][-1] == h[-breakout_window:]['close'].max():
            contract = data.current(continuation, 'contract')
            contracts_to_trade = position_size( \
                                                context.portfolio.
                                                portfolio_value, \
                                                std, \
                                                contract.price_
                                                multiplier)

            # Limit size to 20% of avg. daily volume
            contracts_cap = int(h['volume'][-20:].mean() * 0.2)
            contracts_to_trade = min(contracts_to_trade, contracts_cap)

            # Place the order
            order_target(contract, contracts_to_trade)
```

然后，我们处理看跌行情：

```
else: # Bear trend
    # Check if we just made a new low
    if h['close'][-1] == h[-breakout_window:]['close'].min():
        contract = data.current(continuation, 'contract')

        contracts_to_trade = position_size( \
                                            context.portfol
                                            io.portfolio_value, \
                                            std, \
                                            contract.price_
                                            multiplier)

        # Limit size to 20% of avg. daily volume
        contracts_cap = int(h['volume'][-20:].mean() * 0.2)
        contracts_to_trade = min(contracts_to_trade, contracts_cap)
```

```
                    # Place the order
                    order_target(contract, -1 * contracts_to_trade)
```

最后，在 `daily_trade` 程序中，如果有未平仓头寸，我们执行该函数来检查是否有哪些合约需要展期。这在第十四章有更详细的解释。

```
# If we have open positions, check for rolls
if len(open_pos) > 0:
    roll_futures(context, data)
```

随着你的 Python 技能在阅读本书的过程中不断提高，我会越来越多地通过代码中的注释，而不是用文本在书中解释每一行。如果我都用文本解释，本书的页数将会翻一番。我将转而专注于解释新的概念和重要的部分。

现在我们已经看了代码的各个部分，你可能想要查看完整的模型代码。与本书中的所有其他代码一样，你可以从本书的网站 www.followingthetrend.com/trading-evolved 下载它。

```
%matplotlib inline

import zipline
from zipline.api import future_symbol, \
    set_commission, set_slippage, schedule_function, date_rules, \
    time_rules, continuous_future, order_target
import matplotlib①.pyplot as plt
import pyfolio as pf
import pandas as pd
import numpy as np
from zipline.finance.commission import PerTrade, PerContract
from zipline.finance.slippage import VolumeShareSlippage, \
    FixedSlippage, VolatilityVolumeShare

# These lines are for the dynamic text reporting
from IPython.display import display
import ipywidgets as widgets
out = widgets.HTML()
```

---

① 建议将安装的 matplotlib 程序库版本指定为 3.3.4，译者在用 3.7.11 版本运行时会报错。

```python
display(out)

"""
Model Settings
"""
starting_portfolio = 50000000
risk_factor = 0.0015
stop_distance = 3
breakout_window = 50
vola_window = 40
slow_ma = 80
fast_ma = 40
enable_commission = True
enable_slippage = True

def report_result(context, data):
    context.months += 1
    today = zipline.api.get_datetime().date()
    # Calculate annualized return so far
    ann_ret = np.power(context.portfolio.portfolio_value / starting_portfolio, 12 / context.months) - 1
    
    # Update the text
    out.value = """{} We have traded <b>{}</b> months and the annualized return is <b>{:.2%}</b>""".format(today, context.months, ann_ret)

def roll_futures(context, data):
    open_orders = zipline.api.get_open_orders()
    
    for held_contract in context.portfolio.positions:
        # don't roll positions that are set to change by core logic
        if held_contract in open_orders:
            continue
        
        # Save some time by only checking rolls for
        # contracts stopping trading in the next days
        days_to_auto_close = (
            held_contract.auto_close_date.date() - data.current_session.
```

```python
            date()
        ).days
        if days_to_auto_close > 5:
            continue

        # Make a continuation
        continuation = continuous_future(
                held_contract.root_symbol,
                offset=0,
                roll='volume',
                adjustment='mul'
        )

        # Get the current contract of the continuation
        continuation_contract = data.current(continuation, 'contract')

        if continuation_contract != held_contract:
            # Check how many contracts we hold
            pos_size = context.portfolio.positions[held_contract].amount
            # Close current position
            order_target(held_contract, 0)
            # Open new position
            order_target(continuation_contract, pos_size)

def position_size(portfolio_value, std, point_value):
    target_variation = portfolio_value * risk_factor
    contract_variation = std * point_value
    contracts = target_variation / contract_variation
    return int(np.nan_to_num(contracts))

def initialize(context):
    """
    Cost Settings
    """
    if enable_commission:
        comm_model = PerContract(cost=0.85, exchange_fee=1.5)
    else:
        comm_model = PerTrade(cost=0.0)
```

```python
    set_commission(us_futures=comm_model)

    if enable_slippage:
        slippage_model = VolatilityVolumeShare(volume_limit=0.2)
    else:
        slippage_model = FixedSlippage(spread=0.0)

    set_slippage(us_futures=slippage_model)

    """
    Markets to trade
    """
    currencies = [
        'AD',
        'BP',
        'CD',
        'CU',
        'DX',
        'JY',
        'NE',
        'SF',
    ]

    agricultural = [
        'BL',
        '_C',
        'CT',
        'FC',
        'KC',
        'LR',
        'LS',
        '_O',
        '_S',
        'SB',
        'SM',
        '_W',
    ]
    nonagricultural = [
        'CL',
```

```
        'GC',
        'HG',
        'HO',
        'LG',
        'NG',
        'PA',
        'PL',
        'RB',
        'SI',
    ]
    equities = [
        'ES',
        'NK',
        'NQ',
        'TW',
        'VX',
        'YM',
    ]
    rates = [
        'ED',
        'FV',
        'TU',
        'TY',
        'US',
    ]

    # Make a list of all the markets
    markets = currencies + agricultural + nonagricultural + equities + rates[1]

    # Make a list of all continuations
    context.universe = [
        continuous_future(market, offset=0, roll='volume', adjustment='mul')
            for market in markets
    ]

    # We'll use these to keep track of best position reading
```

[1] 由于数据版权的原因,作者并未提供完整的数据供读者模拟,为了让程序调试通,译者在源代码中将此行代码注释掉,并将市场指定为"FC"。

```python
    # Used to calculate stop points.
    context.highest_in_position = {market: 0 for market in markets}
    context.lowest_in_position = {market: 0 for market in markets}
    
    # Schedule the daily trading
    schedule_function(daily_trade, date_rules.every_day(), time_rules.market_close())
    
    # We'll just use this for the progress output
    # during the backtest. Doesn't impact anything.
    context.months = 0
    
    # Schedule monthly report output
    schedule_function(
        func=report_result,
        date_rule=date_rules.month_start(),
        time_rule=time_rules.market_open()
    )

def analyze(context, perf):
    returns, positions, transactions = pf.utils.extract_rets_pos_txn_from_zipline(perf)
    pf.create_returns_tear_sheet(returns, benchmark_rets=None)

def daily_trade(context, data):
    # Get continuation data
    hist = data.history(
        context.universe,
        fields=['close','volume'],
        frequency='1d',
        bar_count=250,
    )
    
    # Calculate trend
    hist['trend'] = hist['close'].ewm(span=fast_ma).mean() > hist['close'].ewm(span=slow_ma).mean()
    
    # Make dictionary of open positions
    open_pos = {
```

```python
        pos.root_symbol: pos
        for pos in context.portfolio.positions
    }
    
    # Iterate markets, check for trades
    for continuation in context.universe:
        
        # Get root symbol of continuation
        root = continuation.root_symbol
        
        # Slice off history for just this market
        h = hist.xs(continuation, level=1)
        
        # Get standard deviation
        std = h.close.diff()[-vola_window:].std()
        
        if root in open_pos: # Position is open
            
            # Get position
            p = context.portfolio.positions[open_pos[root]]
            
            if p.amount > 0: # Position is long
                if context.highest_in_position[root] == 0: # First day holding
                                                          #   the position
                    context.highest_in_position[root] = p.cost_basis
                else:
                    context.highest_in_position[root] = max(
                        h['close'].iloc[-1], context.highest_in_position[root]
                    )
                
                # Calculate stop point
                stop = context.highest_in_position[root] - (std * stop_distance)
                # Check if stop is hit
                if h.iloc[-1]['close'] < stop:
                    contract = open_pos[root]
                    order_target(contract, 0)
                    context.highest_in_position[root] = 0
                # Check if trend has flipped
                elif h['trend'].iloc[-1] == False:
```

```
            contract = open_pos[root]
            order_target(contract, 0)
            context.highest_in_position[root] = 0

    else: # Position is short
        if context.lowest_in_position[root] == 0: # First day
        holding the position
            context.lowest_in_position[root] = p.cost_basis
        else:
            context.lowest_in_position[root] = min(
                h['close'].iloc[-1], context.lowest_in_position[root]
            )

    # Calculate stop point
    stop = context.lowest_in_position[root] + (std  * stop_distance)

    # Check if stop is hit
    if h.iloc[-1]['close'] > stop:
        contract = open_pos[root]
        order_target(contract, 0)
        context.lowest_in_position[root] = 0
    # Check if trend has flipped
    elif h['trend'].iloc[-1] == True:
        contract = open_pos[root]
        order_target(contract, 0)
        context.lowest_in_position[root] = 0

else: # No position on
    if h['trend'].iloc[-1]: # Bull trend
        # Check if we just made a new high
        if h['close'][-1] == h[-breakout_window:]['close'].max():
            contract = data.current(continuation, 'contract')
            contracts_to_trade = position_size( \
                                        context.portfolio.
                                        portfolio_value, \
                                        std, \
                                        contract.price_
                                        multiplier)
```

```
                    # Limit size to 20% of avg. daily volume
                    contracts_cap = int(h['volume'][-20:].mean() * 0.2)
                    contracts_to_trade = min(contracts_to_trade, contracts_cap)

                    # Place the order
                    order_target(contract, contracts_to_trade)

            else: # Bear trend
                # Check if we just made a new low
                if h['close'][-1] == h[-breakout_window:]['close'].min():
                    contract = data.current(continuation, 'contract')

                    contracts_to_trade = position_size( \
                                                    context.portfolio.
                                                    portfolio_value, \
                                                    std, \
                                                    contract.price_mul
                                                    tiplier)

                    # Limit size to 20% of avg. daily volume
                    contracts_cap = int(h['volume'][-20:].mean() * 0.2)
                    contracts_to_trade = min(contracts_to_trade, contracts_cap)

                    # Place the order
                    order_target(contract, -1 * contracts_to_trade)

    # If we have open positions, check for rolls
    if len(open_pos) > 0:
        roll_futures(context, data)

start_date = pd.Timestamp('2001-01-01',tz='UTC')①
end_date = pd.Timestamp('2018-12-31',tz='UTC')

perf = zipline.run_algorithm(
    start=start_date, end=end_date,
    initialize=initialize,
```

---

① 由于数据版权的原因，作者并未提供完整的数据供读者模拟，为了让程序调试通，译者在源代码中将起止日期设置为 2016-01-01 和 2018-12-31。

```
analyze=analyze,
capital_base=starting_portfolio,
data_frequency = 'daily',
bundle='random_futures_data')
```

趋势跟随模型结果

运行模型后，首先要做的是检查权益曲线的总体形状。这当然不是一个有效的或可度量的决策基础，但它确实提供了关于模型是否值得进一步研究的一般性概述。有时，与夏普比率、年化回报率或最大回撤率等通常的比率相比，它会为你提供更多有关策略效果的信息。

表 15-1　核心趋势跟随模型每月回报

年度	一月	二月	三月	四月	五月	六月	七月	八月	九月	十月	十一月	十二月	全年
2001	-4.6	+0.8	+9.3	-9.3	+0.5	-2.8	+0.5	+1.9	+6.1	+7.4	-3.9	-1.3	+3.1
2002	-3.3	-2.1	-3.5	-1.8	+7.4	+12.6	+6.1	+0.3	+4.5	-6.1	-2.2	+6.4	+18.0
2003	+3.5	+7.2	-8.4	+1.1	+4.2	-2.9	+1.3	-4.0	+2.4	+8.3	-3.4	+8.5	+17.4
2004	+0.2	+3.5	+0.6	-7.1	+0.9	-0.4	+1.9	-2.4	+0.3	+3.1	+3.9	-1.6	+2.3
2005	-6.7	+0.1	+0.7	-0.4	-0.2	-4.2	+1.8	+1.5	+2.4	-1.9	+7.4	-1.2	-1.2
2006	+7.6	-1.6	+1.9	+9.6	+2.1	-4.4	-3.8	+7.1	-2.2	+2.7	+2.4	-4.6	+16.8
2007	-0.1	-5.7	-3.0	+6.4	+0.0	+5.4	-1.5	+1.9	+8.2	+2.0	+2.7	+1.8	+18.8
2008	+5.7	+21.0	-11.6	+0.9	+3.2	+0.5	-8.9	+6.0	+12.0	+28.4	+3.5	+3.3	+75.9
2009	-2.2	+2.7	-8.4	-1.4	+14.9	-9.9	+1.1	+5.0	+2.6	-5.1	+5.5	-3.0	-0.7
2010	-2.0	+0.3	+2.3	-0.3	-3.0	-2.4	+1.4	+3.8	+9.4	+8.7	-7.5	+9.3	+20.2
2011	+1.9	+1.3	-0.4	+14.6	-7.5	-4.9	+3.1	-2.7	+2.5	-8.8	-0.5	-1.8	-5.0
2012	+0.4	+4.2	+1.3	-1.8	+13.5	-7.7	+9.1	+1.2	-0.5	-7.3	-1.0	+0.8	+10.9
2013	+1.3	-2.2	+1.3	+0.5	+3.3	+2.4	-5.4	-3.4	-2.3	-0.9	+1.5	+3.8	-0.5
2014	-7.5	+2.5	-4.5	-2.2	+0.7	+0.0	+2.4	+13.3	+20.7	-2.9	+8.3	+9.9	+44.1
2015	+6.7	-7.0	-2.6	-2.8	-0.2	-1.0	+4.4	-0.7	+0.1	-5.3	+2.7	+0.2	-6.2
2016	+1.7	+1.0	-3.5	+3.1	-2.3	+0.2	-0.9	-2.7	-2.4	+1.9	+13.8	+0.6	+9.6
2017	-6.9	+1.6	-5.2	-1.8	-2.2	-1.5	+4.2	+0.3	-2.5	+7.0	+3.5	+3.0	-1.3
2018	+16.7	-2.2	-5.1	+0.8	-0.8	+3.8	-0.6	+3.7	-0.6	-2.7	+1.5	+8.6	+23.6

图15-2显示了这个简单趋势跟随模型与标准普尔500总回报指数的回测表现的对比。这个基本的概要图提供给我们了一些重要的信息。最明显的信息是，这种策略似乎比标准普尔500指数有更好的长期表现。然而，这几乎无关紧要。你甚至可以争辩说，从一开始这就是一个不相关的比较。毕竟，它不是一种与股票相关的策略。

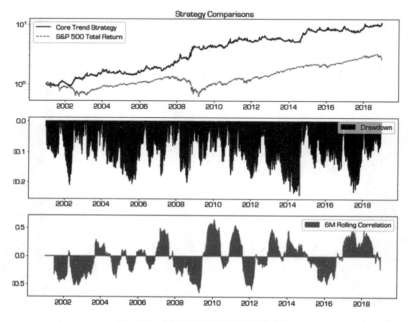

图15-2　核心趋势跟随模型权益曲线

简单地说，拥有更高的长期表现并不是衡量策略质量的标准。请记住，在这样的模拟中，我们可以简单地放大或缩小头寸风险规模，改变最终累积表现的数字。只比较起始点和结束点没有多大意义。我们需要考虑我们是怎么做到的。

接下来，我们可以从这幅图中看到，与股票市场相比该策略在不同时期的表现如何。在此期间发生了两次主要的股票熊市，而在此期间期货策略都表现良好。对于那些一直关注跟随趋势领域的人来说，这并不奇怪。历史上，这种方法在市场危机时期表现非常好。

然而，这幅图也说明趋势跟随模型在牛市中的表现有时会严重逊于预期。这可能是一个比人们能想到的问题还要严重的问题。在这幅图中，尽管该策略实际上与股票市场基本没什么关系，股票市场仍被用作基准。问题的关键在于，一般公众，甚至是金融专业人士，都倾向于将一切与股票市场进行比较。

如果你管理别人的资金，很快就会注意到这一点。即使你使用一个与股票市场无关的策略，你仍然会被拿来与股票市场进行比较。如果你损失了10%，而股票市场损失了15%，没有人会抱怨。如果你赚了10%，而股票市场赚了15%，你可能会发现一些客户不高兴。不管你是否喜欢，股票市场是事实上的基准。

虽然在牛市中与股市的低相关性可能有些问题，但在熊市中与股市的低相关性则十分重要。这正是这种策略的真正闪光点所在。人们都喜欢赚钱，但没有比你赚钱时你的邻居却在赔钱更好的事情了。

回报图也显示出一些令人担忧的方面。快速一瞥就会发现，回报率似乎在下降。我们看到更深、更持久的回撤。是的，这是真的。这是有充分理由的。过去几年，趋势跟随策略的环境并不理想。

低波动性也是一个问题。趋势跟随策略繁荣于高波动性市场中，因此在熊市波动中表现出色。然而，我们看到了一个波动率相当低的10年牛市，这降低了多样化期货策略的盈利潜力。

低利率环境也令人担忧。从历史上看，只要做多债券、国债和货币市场期货，利用债券收益率缓慢下降的机会，趋势跟随策略就能获得超高回报。随着债券收益率降至历史最低水平并停滞不前，这种收入来源也随之减少。

然而，如果把过去几年的情况视为趋势跟随策略衰落的一个标志，那就错了。这就像用2008年的极端回报推断未来回报的错误一样。我们所知道的是，这种高度简化的策略已经很好地运行了几十年。它的表现超过了传统的投资方式，在熊市和市场低迷时表现非常强劲。一个合理的假设是，它将在下一次熊市中表现良好。

表15-2中的持有期回报概览提供了一种观察回报的不同方式。它表明，如果

你在某一年的年初买入，并持有一定年限，你的年化回报率会是多少。如果你想知道，你从 2004 年 1 月开始执行这个策略并坚持四年会发生什么，那么你可以找到 2004 年那一行的第四列中的数字。它表明，在这段时间里，你将获得 9% 的年化收益。

表 15-2 核心趋势跟随模型持有期回报

年度	1	2	3	4	5	6	7	8	9	10	11	12	13	14	15	16	17	18
2001	+3	+10	+13	+10	+8	+9	+10	+17	+15	+15	+13	+13	+12	+14	+13	+12	+12	+12
2002	+18	+18	+12	+9	+10	+12	+19	+17	+17	+15	+14	+13	+15	+13	+13	+12	+13	
2003	+17	+10	+6	+9	+10	+19	+16	+17	+14	+14	+12	+15	+13	+13	+12	+12		
2004	+2	+1	+6	+9	+20	+16	+17	+14	+13	+12	+15	+13	+12	+11	+12			
2005	-1	+7	+11	+25	+19	+19	+15	+13	+16	+14	+13	+12	+13					
2006	+17	+18	+35	+25	+24	+18	+17	+15	+18	+15	+15	+13	+14					
2007	+19	+45	+28	+26	+19	+17	+15	+18	+15	+14	+13	+14						
2008	+76	+32	+28	+19	+17	+14	+18	+15	+14	+12	+13							
2009	-1	+9	+4	+6	+5	+10	+8	+8	+7	+9								
2010	+20	+7	+8	+6	+13	+9	+9	+8	+10									
2011	-5	+3	+2	+11	+7	+8	+6	+8										
2012	+11	+5	+17	+11	+10	+8	+10											
2013	-1	+20	+10	+10	+8	+10												
2014	+44	+16	+14	+10	+13													
2015	-6	+1	+0	+6														
2016	+10	+4	+10															
2017	-1	+10																
2018	+24																	

虽然这幅图没有说明一些重要的细节，比如获得这些回报所需承受的波动性和回撤，但它可以帮助提供一个长期的视角。

第十六章
时间回报趋势跟随模型

时间回报趋势跟随模型（Time Return Trend Model），可能是你见过的最简单的趋势跟随模型，也可能是你遇到的最简单的交易模型。至少当你只考虑性能良好的模型时，应该如此。这个模型的结果没有任何问题。它虽然不是最实用的交易模型，然而其规则十分简单，回报也堪称一流。当然，我会提供给你们所有的源代码。

这个模型的目的是捕捉长期趋势，同时避免常见的过早止损（Early Stop Out）的问题。通常情况下，经典的趋势跟随模型在短期回调（Short Term Pullback）中过早止损离场，只能眼睁睁看着价格再次回归趋势。尽管存在这个问题，这些经典趋势跟随模型往往仍能显示出强劲的长期表现。然而，时间回报趋势跟随模型则根本不受这个问题的影响。

它的规则如此简单，以至于乍一看很容易忽略这个模型。但是，我希望你能认真对待它。通过理解这个模型，我们可以学到很多东西。

你应该从一开始就记住，这种特别的模型对交易来说是不太实用的。对大多数读者来说，根本不可能进行交易。这是因为要真正实现这个模型，你需要一大笔钱，而且任何时候都会持有大量的头寸，一直保持很高的权益保证金比率（Margin to Equity Ratio）。

但是，这个模型仍然是一个非常有价值的学习工具。如果你理解了它的机制，你就可以调整模型，让它更实用。我将展示给你们的这个版本是为了学习，不是为了让你们去实践。

投资范围

就像以前的模型一样，我们将使用一个非常广泛的投资范围。这种模型完全依赖于多样化，在狭窄的投资范围内不会有很好的表现。如果你在任何特定的市场或少数几个市场中尝试这样的规则，你可能会看到平庸甚至糟糕的结果。这种模型的效果来自同时交易一系列广阔的市场。

在这个模型中，我们将使用与之前模型相同的广阔的期货市场进行交易。我们将覆盖股票指数、大宗商品、外汇、国债和货币市场。

交易频率

在这个特定的模型中，我们每月只交易一次。我们完全忽略了那个月里发生的任何事情。无论变动幅度有多大，一个月内都不会采取任何行动。没有止损点，也没有利润目标。只要你在月初进行交易，然后的一段时间里去钓鱼。

实际上，在每个月的交易时点之间，我们还需要做一件事。由于我们正在处理期货，我们确实需要每日检查合约是否需要展期。也就是说，当流动性从一种合约转移到另一种合约时，我们需要确保我们持有正确的合约。就像任何期货模型一样，这是我们无法摆脱的。

配置头寸

对于这个模型，我们将使用与前一个模型相同的配置头寸的逻辑。我们使用标准差来衡量波动性，并基于波动率倒数的逻辑配置头寸规模。也就是说，对于波动性较大的工具，我们持有的头寸较少，反之亦然。我们试图在每个头寸上达到一个近似相等的波动率，也就是近似相等的风险。

为了保持逻辑简单，这里没有定期地对头寸规模进行再平衡，也没有使用任何更复杂的波动率目标技术。这两者对于机构投资组合管理，比对个人账户更有意义。

交易规则

如前所述,这个模型每月只交易一次。每月我们只检查两件事:

价格比一年前高还是低?

价格比半年前高还是低?

这就是我们所关心的。这个模型没有突破指标,没有移动平均线,也没有任何类型的指标。这是有意为之的一种极其简单的趋势跟随模型。

请注意,我们在这里的计算是基于延展序列的,而不是基于单个合约,就像我们在上一个模型中所做的那样。我们通常需要这样研究期货模型,因为单个合约的历史时间序列有限。

动态表现图表

因为这个模型非常简单,所以这似乎是一个很好的地方,可以教给你一个崭新的、巧妙的小技巧。如果你已经在前面的章节中复制了模型并运行了回测,你现在就会注意到完成它们有时需要一段时间。我在前面展示了输出一些文本的简单方法,如运行期间上个月的表现。然而,这既不漂亮,信息也不多。

如果我们在等待回测完成的过程中,能够看到一个动态更新的图表,不是很好吗?这个图表中展示了当模拟发生时,模型表现的持续更新。这是一个众所周知的技巧——如果有东西可以看或听,人们就不会对等待时间感到厌烦。这就是为什么电梯里会有镜子。

事实证明,在运行回测时显示动态图表不仅是可能的,而且非常简单。从现在开始,在本书中,我将使用这种方法来输出正在运行的回测的结果。

为了在 Jupyter 记事本环境中设置这些动态图表,我们需要做三件简单的事情。

首先,到目前为止,我们一直在代码的顶部使用这一行 %matplotlib inline。这是在告诉图表库 matplotlib,当我们的代码请求展示图形时,将它们作为图像显示在输出中。但是这种方法不允许使用交互式图表。

为了能够获得交互式图表，我们需要将这一行更改为 %matplotlib notebook。

其次，我们需要添加一些简短的代码，以创建用于存储图表数据并初始化图表的 DataFrame。

```
# DataFame for storing and updating the data that we want to graph
dynamic_results = pd.DataFrame()
# Init figure
fig = plt.figure(figsize=(10, 6))
ax = fig.add_subplot(111)
ax.set_title('Time Return Performance')
```

最后，唯一剩下的事情就是在回测中更新数据。为了保持简洁，我在本例中添加了一个单独的调度函数 `schedule_function`。请记住，如果你纯粹追求回测运行的速度，使用动态图表将会减慢你的速度，并且动态图表更新的频率越高，运行速度越慢。

我将这一行添加到 `initialize` 函数中，它将每月更新一次图表。如果你注意力真的持续时间很短，你可以每天更新一次，但运行性能会受到影响。

```
schedule_function(update_chart, date_rules.month_start(), time_rules.
market_close())
```

然后，使用这个新的函数来存储和更新图形。

```
def update_chart(context, data):
    # This function continuously update the graph during the backtest
    today = data.current_session.date()
    dynamic_results.loc[today, 'PortfolioValue'] = context.portfolio.
portfolio_value

    if ax.lines: # Update existing line
        ax.lines[0].set_xdata(dynamic_results.index)
        ax.lines[0].set_ydata(dynamic_results.PortfolioValue)
    else: # Create new line
        ax.semilogy(dynamic_results)

    # Update scales min/max
```

```
ax.set_ylim(
    dynamic_results.PortfolioValue.min(),
    dynamic_results.PortfolioValue.max()
)
ax.set_xlim(
    dynamic_results.index.min(),
    dynamic_results.index.max()
)

# Redraw the graph
fig.canvas.draw()
```

时间回报趋势跟随模型源代码

这个模型的代码非常简单。即使你对编程一窍不通，也能弄明白。与大多数编程语言相比，Python 非常容易阅读和理解。

像往常一样，在最上面你会发现一些导入语句，告诉代码我们想要使用哪些库。然后，我们定义了一些参数。你可以更改这些参数，如风险因子、波动率计算窗口、流动性过滤器和趋势窗口等。

你会注意到，趋势窗口有两个设置，一个是短期窗口，另一个是长期窗口。一个设置为 125 天，另一个设置为 250 日，分别约为半年和一年。你会看到，规则要求两个时间窗口的返回值都为正数时多头开仓，而两个时间窗口都为负数时空头开仓。

在 Initialize 函数中，我们可以启用或禁用成本和滑点。再次进行测试，观察它是如何改变的。让我简单地告诉你结果，这没有多大意义。相信我，如果你在本地运行这段代码，并亲眼观察，你会学到更多。

然后，在同一个函数中，我们先定义投资范围，然后设置调度函数每月进行再平衡，每日进行期货展期检查。

在每月的再平衡中，我们首先检查在每个市场中是否还持有头寸。如果没有头寸，我们检查昨天的价格是否比一年前和半年前的价格都高。如果这样，多头开仓。如果它比这两个时间点的价格都低，空头开仓。否则，不持有任何头寸。

```python
%matplotlib notebook

import zipline
from zipline.api import future_symbol, \
    set_commission, set_slippage, schedule_function, date_rules, \
    time_rules, continuous_future, order_target
import matplotlib.pyplot as plt
import matplotlib
import pyfolio as pf
import pandas as pd
import numpy as np
from zipline.finance.commission import PerShare, PerTrade, PerContract
from zipline.finance.slippage import VolumeShareSlippage, \
    FixedSlippage, VolatilityVolumeShare

"""
Model Settings
"""
starting_portfolio = 10000000
risk_factor = 0.0015
vola_window = 60
short_trend_window = 125
long_trend_window = 250

"""
Prepare for dynamic chart
"""
dynamic_results = pd.DataFrame()
fig = plt.figure(figsize=(10, 6))
ax = fig.add_subplot(111)
ax.set_title('Time Return Performance')

def initialize(context):
    """
    Cost Settings
    """
    context.enable_commission = True
    context.enable_slippage = True
    if context.enable_commission:
```

```python
        comm_model = PerContract(cost=0.85, exchange_fee=1.5)
    else:
        comm_model = PerTrade(cost=0.0)

    set_commission(us_futures=comm_model)

    if context.enable_slippage:
        slippage_model=VolatilityVolumeShare(volume_limit=0.2)
    else:
        slippage_model=FixedSlippage(spread=0.0)

    set_slippage(us_futures=slippage_model)

    currencies = [
        'AD',
        'BP',
        'CD',
        'CU',
        'DX',
        'JY',
        'NE',
        'SF',
    ]
    agriculturals = [
        'BL',
        'BO',
        '_C',
        'CC',
        'CT',
        'FC',
        'KC',
        'LB',
        'LC',
        'LR',
        'LS',
        '_O',
        '_S',
        'SB',
        '_W',
```

```
]
nonagriculturals = [
    'CL',
    'GC',
    'HG',
    'HO',
    'LG',
    'NG',
    'PA',
    'PL',
    'RB',
    'SI',
]
equities = [
    'ES',
    'NK',
    'NQ',
    'TW',
    'VX',
    'YM',
]
rates = [
    'ED',
    'FV',
    'TU',
    'TY',
    'US',
]
# Join sector lists into one list
markets = currencies + agriculturals + nonagriculturals +
equities + rates[①]

# Make a list of all continuations
context.universe = [
    continuous_future(market, offset=0, roll='volume',
    adjustment='mul')
```

[①] 由于数据版权的原因，作者并未提供完整的数据供读者模拟。为了让程序调试通，译者在源代码中将此行代码注释掉，并将市场指定为"FC"。

```
            for market in markets
    ]
    
    # Schedule daily trading
    schedule_function(rebalance, date_rules.month_start(), time_
    rules.market_close())
    
    # Schedule daily roll check
    schedule_function(roll_futures,date_rules.every_day(), time_
    rules.market_close())
    
    # Schedule monthly chart update
    schedule_function(update_chart,date_rules.month_start(), time_
    rules.market_close())

def update_chart(context,data):
    # This function continuously update the graph during the backtest
    today = data.current_session.date()
    dynamic_results.loc[today, 'PortfolioValue'] = context.portfolio.
    portfolio_value
    
    if ax.lines: # Update existing line
        ax.lines[0].set_xdata(dynamic_results.index)
        ax.lines[0].set_ydata(dynamic_results.PortfolioValue)
    else: # Create new line
        ax.semilogy(dynamic_results)
    
    # Update scales min/max
    ax.set_ylim(
        dynamic_results.PortfolioValue.min(),
        dynamic_results.PortfolioValue.max()
    )
    ax.set_xlim(
        dynamic_results.index.min(),
        dynamic_results.index.max()
    )
    
    # Redraw the graph
    fig.canvas.draw()
```

```python
def roll_futures(context,data):
    today = data.current_session.date()
    open_orders = zipline.api.get_open_orders()
    for held_contract in context.portfolio.positions:
        if held_contract in open_orders:
            continue
        days_to_auto_close = (held_contract.auto_close_date.date() -
        today).days
        if days_to_auto_close > 10:
            continue

        # Make a continuation
        continuation = continuous_future(
            held_contract.root_symbol,
            offset=0,
            roll='volume',
            adjustment='mul'
            )
        continuation_contract = data.current(continuation, 'contract')

        if continuation_contract != held_contract:
            pos_size = context.portfolio.positions[held_contract].amount
            order_target(held_contract, 0)
            order_target(continuation_contract, pos_size)

def position_size(portfolio_value, std, pv, avg_volume):
    target_variation = portfolio_value * risk_factor
    contract_variation = std * pv
    contracts = target_variation / contract_variation
    return int(np.nan_to_num(contracts))

def rebalance(context, data):
    # Get the history
    hist = data.history(
        context.universe,
        fields=['close', 'volume'],
        frequency='1d',
        bar_count=long_trend_window,
```

```python
)
# Make a dictionary of open positions
open_pos = {pos.root_symbol: pos for pos in context.portfolio.positions}

# Loop all markets
for continuation in context.universe:
    # Slice off history for this market
    h = hist.xs(continuation, level=1)
    root = continuation.root_symbol
    
    # Calculate volatility
    std = h.close.diff()[-vola_window:].std()
    
    if root in open_pos: # Position is already open
        p = context.portfolio.positions[open_pos[root]]
        if p.amount > 0: # Long position
            if h.close[-1] < h.close[-long_trend_window]:
                # Lost slow trend, close position
                order_target(open_pos[root], 0)
            elif h.close[-1] < h.close[-short_trend_window]:
                # Lost fast trend, close position
                order_target(open_pos[root], 0)
        else: # Short position
            if h.close[-1] > h.close[-long_trend_window]:
                # Lost slow trend, close position
                order_target(open_pos[root], 0)
            elif h.close[-1] > h.close[-short_trend_window]:
                # Lost fast trend, close position
                order_target(open_pos[root], 0)
    
    else:    # No position open yet.
        if (h.close[-1] > h.close[-long_trend_window]) \
            and \
            (h.close[-1] > h.close[-short_trend_window]):
                # Buy new position
                contract = data.current(continuation,'contract')
                contracts_to_trade = position_size( \
                                    context.portfolio.portfolio_value, \
```

```
                              std, \
                              contract.price_multiplier, \
                              h['volume'][-20:].mean())
                    order_target(contract, contracts_to_trade)
        elif (h.close[-1] < h.close[-long_trend_window]) \
            and \
            (h.close[-1] < h.close[-short_trend_window]):
                # New short position
                contract = data.current(continuation, 'contract')
                contracts_to_trade = position_size( \
                              context.portfolio.portfolio_value, \
                              std, \
                              contract.price_multiplier, \
                              h['volume'][-20:].mean())

                order_target(contract, contracts_to_trade *-1)

start_date = pd.Timestamp('2001-01-01',tz='UTC')①
end_date = pd.Timestamp('2018-12-31',tz='UTC')

perf = zipline.run_algorithm(
    start=start_date, end=end_date,
    initialize=initialize,
    capital_base=starting_portfolio,
    data_frequency = 'daily',
    bundle='futures' )
```

时间回报趋势跟随模型结果

我们的模型是如此简单,以至于人们认为它不能展示出任何有意义的表现,对吗?答案是否定的。事实证明,趋势跟随模型不一定是复杂的。当然,这个模型有些过于简化,但可以很容易地进行改进。然而,即使在这种简单的状态下,它仍然可以工作。

---

① 由于数据版权的原因,作者并未提供完整的数据供读者模拟,为了让程序调试通,译者在源代码中将起止日期设置为 2016-01-01 和 2018-12-31。

快速浏览一下月度回报表和长期回报表，我们应该明白，至少不能忽略这种方法。我们可以看到一些有趣的特征。首先，它往往在熊市表现良好。在这段时间内，我们只经历了两次严重的熊市，但模型对这两次都处理得很好。其次，我们可以看到，该模型似乎展示出相当强劲的长期表现，回撤也在可接受的范围内。

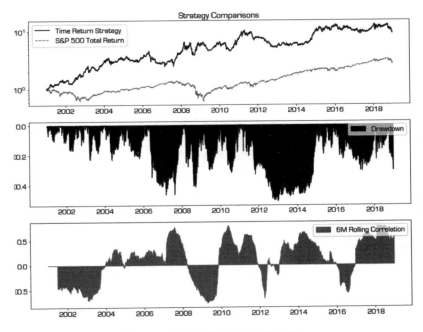

图 16-1　时间趋势跟随动量模型表现

表 16-1　时间趋势跟随模型每月回报率

年度	一月	二月	三月	四月	五月	六月	七月	八月	九月	十月	十一月	十二月	全年
2001	-0.9	+8.0	+6.3	-5.7	+2.4	+1.6	-4.6	+2.2	+9.8	+4.8	-3.4	-1.6	+19.1
2002	+2.6	+1.8	-9.7	-1.4	+8.0	+6.5	+2.4	+5.4	+9.8	-2.6	-0.4	+13.4	+39.3
2003	+8.9	+6.7	-7.6	+0.9	+6.7	-1.7	-7.8	+0.7	+6.0	+11.7	+5.5	+3.3	+36.0
2004	+4.2	+9.4	+2.3	-11.8	-3.1	-2.9	+2.3	-1.4	+4.4	+5.0	+3.7	-0.6	+10.4
2005	-2.4	+3.2	+1.3	-3.5	-4.4	-0.5	-2.7	+2.7	+0.6	-6.7	+8.0	+4.3	-1.1

续表

年度	一月	二月	三月	四月	五月	六月	七月	八月	九月	十月	十一月	十二月	全年
2006	+9.7	-2.4	+6.9	+2.4	-6.5	-3.9	-0.1	+4.0	-3.3	+1.5	+1.2	-2.0	+6.6
2007	+1.2	-2.2	-0.8	+8.0	+1.2	+4.2	-1.5	+4.7	+13.0	+9.4	+2.3	+2.3	+49.4
2008	+8.9	+32.7	-17.4	-1.1	+1.5	+15.9	-17.2	-13.0	-3.1	+16.3	+11.2	+1.7	+27.6
2009	+2.2	+3.3	-4.2	-5.5	-9.6	-1.0	-0.6	+5.8	+5.6	-0.9	+10.4	+0.8	+4.6
2010	-5.4	+2.9	+2.5	+1.9	-14.0	-4.9	-4.4	+4.8	+6.1	+13.7	-2.4	+21.1	+18.8
2011	+5.5	+8.7	-0.6	+8.1	-7.8	-7.4	+7.8	+2.2	-13.1	-6.3	+4.7	+0.8	-0.3
2012	+1.4	-4.3	-1.2	+0.8	-4.9	-8.2	+3.3	-6.2	-4.2	-3.5	+1.7	-2.7	-25.1
2013	+6.0	-2.7	+1.5	+4.3	-3.0	-0.3	-1.2	-0.5	+1.8	+1.5	+2.3	+0.6	+10.3
2014	-4.3	+0.1	-1.1	+3.0	-0.3	+5.9	-1.3	+4.1	+5.3	+7.7	+13.2	+3.8	+41.1
2015	+8.1	-4.9	+12.5	-8.1	+7.8	-7.1	+12.5	-3.1	+3.8	-6.8	+8.6	-3.3	+18.0
2016	+5.5	+2.0	-7.4	-3.3	-3.1	+10.8	-1.8	-2.6	+3.5	-5.0	-4.3	-0.4	-7.3
2017	-1.3	+1.6	-5.0	-0.8	-1.6	+2.5	-1.4	-0.5	+0.6	+5.6	+2.4	+3.4	+5.2
2018	+8.2	-6.1	+0.6	+4.1	-3.6	+1.3	+0.1	+3.9	+1.7	-8.9	-0.9	-11.1	-11.7

我们这个模型肯定不是最好的,但也不是完全疯狂的。它的波动性相当大,很可能对大多数人来说波动率太高了。但是,这种极其简单规则的表现,应该能告诉你趋势跟随的本质。

这里没有使用任何指标,没有移动平均线,没有相对强弱指数(Relative Strength Index, RSI),没有随机指标(Stochastics),没有指数平滑移动平均线(Moving Average Convergence and Divergence, MACD),不需要任何技术分析术语。我们所做的只是检查两个价格点,每月检查一次。下次有人向你推销一些惊人的趋势跟随系统时,请记住这一点。

表 16-2 持有期回报分析

年度	1	2	3	4	5	6	7	8	9	10	11	12	13	14	15	16	17	18
2001	+19	+29	+31	+26	+20	+17	+22	+22	+20	+20	+18	+14	+13	+15	+15	+14	+13	+12

续表

年度	1	2	3	4	5	6	7	8	9	10	11	12	13	14	15	16	17	18
2002	+39	+38	+28	+20	+17	+22	+23	+20	+20	+18	+13	+13	+15	+15	+13	+13	+11	
2003	+36	+23	+14	+12	+19	+20	+18	+18	+16	+11	+11	+13	+13	+12	+11	+10		
2004	+10	+4	+5	+15	+17	+15	+16	+13	+8	+9	+11	+12	+10	+10	+8			
2005	-1	+3	+16	+19	+16	+16	+14	+8	+8	+11	+12	+10	+10	+8				
2006	+7	+26	+27	+21	+20	+17	+9	+10	+13	+13	+11	+11	+9					
2007	+49	+38	+26	+24	+19	+10	+10	+13	+14	+12	+11	+9						
2008	+28	+16	+17	+12	+3	+5	+9	+10	+8	+8	+6							
2009	+5	+11	+7	-2	+0	+6	+8	+6	+6	+4								
2010	+19	+9	-4	-1	+7	+8	+6	+6	+4									
2011	-0	-14	-6	+4	+7	+4	+4	+2										
2012	-25	-9	+5	+8	+5	+5	+2											
2013	+10	+25	+22	+14	+12	+8												
2014	+41	+29	+16	+13	+7													
2015	+18	+5	+5	+0														
2016	-7	-1	-5															
2017	+5	-4																
2018	-12																	

但是，现在有一个问题你应该注意到了，这个回报分析表是不是有点像我们之前看到的表格？

是的，亲爱的读者。这正是我想慢慢说的。

趋势跟随模型的回报来自一个简单的概念。大多数趋势跟随模型之间，具有很高的相关性。或者换句话说，跟随趋势没有截然不同的方法。这就是为什么大多数趋势跟随交易模型具有高度相关性，以及为什么大多数趋势跟随对冲基金随着时间的推移看起来非常相似。它们最大的区别是资产组合和时间框架，在本例中，我故意保持两个模型差不多相同。

如图16-2所示，这两个不同的模型并不是完全相关，但是随着时间的推移，它们趋于持平，并提供差不多相同的结果。你可以很容易地做出几十个看似不同的趋势跟随模型，但当它们在相同的基础上进行比较时，可能看起来都非常相似。

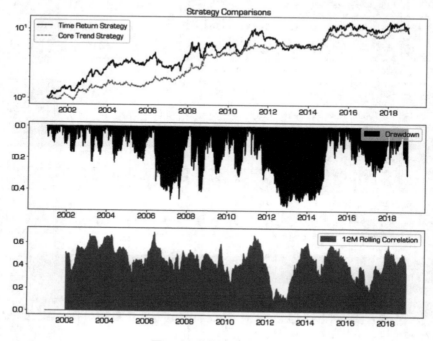

图 16-2　趋势跟随模型比较

我们必须从中得出的第一个也是最重要的结论是：作为一种现象，趋势跟随是很简单的。趋势跟随的大部分回报，可以用一句话都能概括出来的规则来获得。

至于投资回报，如果你只看年度数据，就会发现它们非常强劲。自 2000 年以来，只有三年出现负数。没有哪一年的损失超过 25%，而最好的一年则几乎上涨了 50%。如果你在 2000 年 1 月把 10 万美元投在这样的策略中，那么到 2016 年你就会有超过 250 万美元。当然，没人能在历史模拟中使用真正的资金进行交易。

虽然当你回顾一个长期模拟时，这种策略看起来很有吸引力，但它远非完善的策略。该模型的波动性有时远高于可接受水平。在分析交易模型时，波动性总是需要考虑的因素。在第二十二章中，你将更好地了解如何做到这一点。

2008年的回撤也有点令人担忧。当时的情况是，模型首先产生了巨大收益，然后大部分收益被回吐出来。在模拟中，这似乎不是什么大问题。来得容易去得快，对吧？然而，如果你刚好在模型这次盈利之后才进场投资，那么你只会看到亏损，而且需要三年时间才能收回损失。事实上，你永远不知道回撤什么时候会到来。你要假设它会在最糟糕的时间发生，因为现实往往如此。

在深入分析这个简单的时间回报模型的回报之前，我们应该找出并修正模型的几个不足之处。

再平衡

这是一种持有期非常长的交易模型，平均持有期约为半年。这种模型绝对需要一个再平衡机制。如果没有再平衡，头寸风险还有投资组合风险，最终会是非常随机的。

该模型基于近期波动率配置头寸。记住，我们观察过去的波动率，计算头寸规模，目的是为每个头寸等量配置风险。最理想的情况是，我们希望每个头寸每日都有同等的可能性影响投资组合。这也就是说，在缓慢变动的市场中头寸较大，而在波动较大的市场中头寸较小。

当然，市场不会为了让你的计算更简单而维持同样的波动水平。波动性不是静态的，因此你的配置也不可能是静态的。

解决这个问题的方法是定期重置头寸大小。如果你不这样做，你就会失去对头寸风险的控制，这将导致权益曲线出现一些令人讨厌的峰值。

随着时间的推移，实际头寸风险会发生变化。市场的波动会随着时间的推移而改变。如果你想在这个模型的基础上创建模型并进行改进，那么首先要做的可能就是再平衡和维持目标风险水平。

第十七章
反趋势交易

也许趋势跟随不是你喜欢的模型。毕竟，有时这是一种令人沮丧的交易策略。即使从长期来看结果往往是好的，但任何一个认真做过趋势跟随交易的人都会告诉你，经常感觉做相反的事情会赚钱。

大多数趋势跟随者反复观察到的一件事是，价格是如何跌破跟踪止损点（Trailing Stop），然后在你止损后很快又回到原来趋势的。出于必要的原因，趋势跟随模型要在某个点位止损离场。对于这种策略来说，这是不可避免的。你可能认为，解决办法是简单地将趋势跟随模型的跟踪止损点移远一些。然而，这并不容易。这将导致一个更长期限的趋势跟随模型，而在不同的时期中你仍然会遇到同样的问题。

这是一个非常有趣且容易观察到的市场现象。像往常一样，我们只能推测为什么会发生这种情况。但无论我们想出多么好的解释，我们也永远不能确定这是否是真正的原因。由于没有在全球所有交易员的家庭和工作场所安装监听设备，我们根本无法知道市场参与者为何会有这样的反应。

然而，我们在验证甚至实际运用市场现象的起因理论上的无能为力，并不能阻止我们编造一些故事。一个成功的交易模型的背后，往往有一个很好的故事。有时，这个故事可能有助于建立我们对方法的信心。有时，它可能有助于筹集必要的资产以进行交易。通常，一个可靠的交易模型始于这样的理论，即你想要利用什么市场现象和为什么这么做的宽泛想法。虽然这看起来令人惊讶，但如果你的交易有一个合乎逻辑的理由，它实际上是有帮助的。

对于这种情况,我想到了一个可能的解释。趋势跟随策略曾经是一个小众交易策略,很少有人认真对待它。随着这一策略获得了举足轻重的成功,它吸引了越来越多新的交易员和投资者。目前,通过这种策略管理的资金超过了 2.5 万亿美元。

我们有理由认为,这么大的规模会对市场产生严重影响。趋势跟随者曾经是被动的市场跟随者。但现在,有人可能会说,他们不仅是在跟随市场价格走势,而且是在创造市场价格走势。

与一些公众的看法相反,大到足以影响市场价格的规模很少是一种优势。你不可能打个响指,就能在你想买之前把价格降下来。更有可能的情况是,虽然你想买入,但当你开始这么做时,你的订单量会推高价格,并给你一个明显更差的执行价格。在这个行业中,有太多的资金可能会是个问题。

在我的第一本书中,我阐释了大多数趋势跟随对冲基金都采用非常类似的策略。这也就是说,它们都有类似于跟踪止损的机制。如果这是真的,那将说明它们都在非常相似的时间进行交易。

例如,如果石油市场有一个不错的牛市趋势,那么我们有理由认为,大多数(并不是所有)的趋势跟随者都是多头。现在想象一下,如果石油价格因为某种原因开始下跌,那么在某个时刻,趋势跟随者会开始离场。这可能会进一步压低价格,甚至可能触发其他趋势跟随者止损。

考虑到趋势跟随资本的庞大规模,这可能会造成一种情况,即它们的止损指令会放大市场的小型调整。它可能导致两件事:首先,市场被推回得比原本情况更远;其次,当趋势跟随者停止止损时,市场可能会出现反弹,因为价格被止损单人为压低了。

也许我们可以对此建立模型,看下利用这种现象是否有利可图。

反趋势模型逻辑

这里的总体想法是要反转趋势跟随模型的逻辑。我们要做的是,找出趋势跟随模型差不多在哪里止损,然后大约在那个时点开仓。这种类型的均值回归模型,将试图在这些回调期间进场,押注于价格再次上涨。显然,对于这种类型的模型，进场时机是最重要的因素。

在探索交易思路时，将策略中最重要的部分分离出来作为初始测试，通常会有帮助。这就是我们这里要做的。我们将探讨，在趋势跟随者通常止损离场的回调期间中开仓是否有预测的价值。

就像本书中所有的交易模型一样，我想再次强调，我只想教授和演示理念。它们并不是，也不应该成为实战级别的模型。这里的重点是，让你学习如何构建模型。如果提供给你可复制和交易的精确规则，那将大大违背这个目的。你需要研究这些模型，学习它们，然后建立自己的实战级别的模型。

参数没有为了展示潜在的最佳结果而进行优化或选择。它们故意走了一条中间路线，基本是随机地从一个合理的取值范围中挑选出来的。

讲完这些之后，现在我们来看一下进场规则。我们只希望在牛市中逢低买入。在我看来，熊市反弹的动力往往与牛市下跌的动力有很大不同，因此我们不能使用相同的逻辑，或者至少不使用相同的设置。为了让事情保持简单合理，我们将关注牛市下跌。

这意味着我们需要知道这里是否有牛市，需要定义什么是牛市。

图 17-1　指数移动平均

我在这里将牛市定义为，40 日指数移动平均线高于 80 日指数移动平均线。

指数移动平均线在技术分析师中很受欢迎，因为据说反应更快。指数移动平均线所做的就是，对最近的观测结果赋予比以前的观测结果更大的权重。我在这里使用指数移动平均线，不是因为它更好，而是因为它会是一个有用的工具，迟早会有人询问如何在 Python 中计算指数移动平均线。

在使用指数移动平均线时，有一件非常重要的事情需要理解。这是我们对许多技术分析指标感到困惑的典型原因。为什么你的指数移动平均线和我的不一样？听起来似乎 40 日指数移动平均线只需要 40 个交易日的收盘价，但事实并非如此。指数从以前的数值开始加权计算，也就是说它不会真正丢弃数据点。随着时间的推移，它只会让以前的数据点的权重下降，逐渐被遗忘。

这里需要理解的重要内容是，如果在一个市场的半年历史时间序列上应用 40 日指数移动平均线，与把它应用在同一市场十年的历史时间序列上相比，你会得到一个稍微不同的数值。所以，请不要给我发送电子邮件，询问为什么你的指数移动平均线和我的有点不同。

量化回调

我们知道身处牛市以后，我们就会寻找回调。量化回调的一个简单方法是，测量目前与近期高点的距离，但这需要放在某种背景中来考虑。例如，在黄金价格回调 10 美元时触发交易显然是没有意义的，而黄金价格回调 10 美元与汽油回调 10 美元是完全不同的。考虑到期货市场波动性的巨大差异，回调百分比也没有任何意义。

我们需要做的是将回调标准化为每个市场的波动率。如果你仔细想想，我们已经有了一个很好的工具。在以前的模型中，我们一直使用标准差作为波动率指标，以确定头寸规模。没有什么可以阻止我们将它用于标准化回调。

因此，在这个模型中，我们将使用价格变动的 40 日标准差进行头寸规模调整和回调衡量。回调将以当前价格与过去 20 日最高收盘价之差除以标准差来衡量。这将告诉我们一个月后，距离最高价格有多少个标准差。

这就产生了可以在不同市场进行比较的分析结果。你可以对股票、债券、大宗商品和其他市场使用同样的方法，因为它考虑到了波动性。在这个模型中，如果我们处在上面移动平均线所定义的牛市，并且看到三倍于标准差的回调，我们就会买入。

在 Python 代码中，我们用几行代码来计算这个回调。下面的代码片段来自模型的源代码，你将在本章的后面找到完整的代码。你可以看到，这段代码首先检查我们是否有正向的趋势。如果是，则计算最近收盘价与前 20 日最高收盘价（high_window）之间的差值，并将其除以标准差。

```
if h['trend'].iloc[-1]:
    pullback = (
    h['close'].values[-1] - np.max(h['close'].values[-high_
    window:])
     ) / std
```

至于离场，我们将使用一个非常简单的逻辑，只是为了演示进场逻辑。我想说明的是，这种模型最重要的是进场。这并不是说其他一切都不重要。然而，像这样的均值回归风格的模型，在很大程度上依赖于可靠的进场逻辑。但很多其他类型的策略不是这样的。

为了查看所描述的进场方法中是否有预测价值，我们将使用两个简单的退出准则。首先，如果两个移动平均线定义的趋势变为看跌，我们在第二天退出。其次，如果这种情况没有发生，我们将持有该头寸 20 个交易日，大约一个月，然后退出。

你可能想知道为什么这里没有止损点和目标离场价格。这些东西可能很有意义，我鼓励你尝试一下。但这里的目标是教你理念，并为进一步的研究提供想法。你可以复制这里展示的内容，尝试并修改它，使它成为你自己的模型。

规则总结

如果 40 日指数移动平均线高于 80 日指数移动平均线，则允许持有多头头寸。如果牛市中价格回落到过去 20 天最高收盘价标准差的三倍，我们就开仓买入。如果趋势转为熊市，我们就离场；如果该头寸已持有 20 个交易日，我们将离场。头寸规模按照均等的标准差波动性进行分配。

反趋势模型源代码

在之前的时间回报模型中,我们学习了如何在回测过程中制作一个动态更新图,以显示投资组合计算出的价值。这一次,我不再赘述如何添加一个不断更新图表以显示敞口随时间的变化。

```python
import zipline
from zipline.api import future_symbol, \
    set_commission, set_slippage, schedule_function, date_rules, \
    time_rules, continuous_future, order_target
import pyfolio as pf
import pandas as pd
import numpy as np

from zipline.finance.commission import PerShare, PerTrade, PerContract
from zipline.finance.slippage import FixedSlippage, VolatilityVolumeShare

# These lines are for the dynamic text reporting
from IPython.display import display
import ipywidgets as widgets
out = widgets.HTML()
display(out)

"""
Model Settings
"""
starting_portfolio = 20000000
vola_window = 40
slow_ma = 80
fast_ma = 40
risk_factor = 0.0015
high_window = 20
days_to_hold = 20
dip_buy = -3

def report_result(context, data):
```

```python
    context.months += 1
    today = zipline.api.get_datetime().date()
    # Calculate annualized return so far
    ann_ret = np.power(context.portfolio.portfolio_value / starting_
    portfolio,12 / context.months) - 1
    # Update the text
    out.value = """{} We have traded <b>{}</b> months
    and the annualized return is <b>{:.2%}</b>""".format(today,
    context.months, ann_ret)

def initialize(context):
    """
    Cost Settings
    """
    context.enable_commission = True
    context.enable_slippage = True

    if context.enable_commission:
        comm_model = PerContract(cost=0.85, exchange_fee=1.5)
    else:
        comm_model = PerTrade(cost=0.0)
    set_commission(us_futures=comm_model)

    if context.enable_slippage:
        slippage_model=VolatilityVolumeShare(volume_limit=0.3)
    else:
        slippage_model=FixedSlippage(spread=0.0)
    set_slippage(us_futures=slippage_model)

    agricultural = [
        'BL',
        'CC',
        'CT',
        'FC',
        'KC',
        'LB',
        'LR',
        'OJ',
        'RR',
```

```
    '_S',
    'SB',
    'LC',
    'LS',
]
nonagricultural = [
    'CL',
    'GC',
    'HG',
    'HO',
    'LG',
    'PA',
    'PL',
    'RB',
    'SI',
    'NG',
    'LO',
]
currencies = [
    'AD',
    'BP',
    'CD',
    'CU',
    'DX',
    'NE',
    'SF',
    'JY',
]
equities = [
    'ES',
    'NK',
    'NQ',
    'YM',
]
rates = [
    'ED',
    'FV',
    'TU',
    'TY',
```

```
            'US',
        ]
    markets = agricultural + nonagricultural + currencies + equities
    + rates①

    context.universe = \
        [
        continuous_future(market, offset=0, roll='volume', adjust
        ment='mul') \
        for market in markets
        ]

    # Dictionary used for keeping track of how many days a position
    has been open.
    context.bars_held = {market.root_symbol: 0 for market in context.
    universe}

    # Schedule daily trading
    schedule_function(daily_trade, date_rules.every_day(), time_
    rules.market_close())

    # We'll just use this for the progress output
    # during the backtest. Doesn't impact anything.
    context.months = 0

    # Schedule monthly report output
    schedule_function(
        func=report_result,
        date_rule=date_rules.month_start(),
        time_rule=time_rules.market_open()
    )

def roll_futures(context, data):
    open_orders = zipline.api.get_open_orders()
    for held_contract in context.portfolio.positions:
        # don't roll positions that are set to change by core logic
```

① 由于数据版权的原因，作者并未提供完整的数据供读者模拟。为了让程序调试通，译者在源代码中将此行代码注释掉，并将市场指定为"FC"。

```
        if held_contract in open_orders:
            continue

        # Save some time by only checking rolls for
        # contracts expiring in the next week
        days_to_auto_close = (
            held_contract.auto_close_date.date() - data.current_ses
            sion.date()
        ).days
        if days_to_auto_close > 5:
            continue

        # Make a continuation
        continuation = continuous_future(
            held_contract.root_symbol,
            offset=0,
            roll='volume',
            adjustment='mul'
            )

        # Get the current contract of the continuation
        continuation_contract = data.current(continuation, 'contract')

        if continuation_contract != held_contract:
            # Check how many contracts we hold
            pos_size = context.portfolio.positions[held_contract].
            amount
            # Close current position
            order_target(held_contract, 0)
            # Open new position
            order_target(continuation_contract, pos_size)

def position_size(portfolio_value, std, pv):
    target_variation = portfolio_value * risk_factor
    contract_variation = std * pv
    contracts = target_variation / contract_variation
    # Return rounded down number.
    return int(np.nan_to_num(contracts))
```

```python
def daily_trade(context, data):

    open_pos = {pos.root_symbol: pos for pos in context.portfolio.
    positions}

    hist = data.history(
        context.universe,
        fields=['close', 'volume'],
        frequency='1d',
        bar_count=250,
    )

    # Calculate the trend
    hist['trend'] = hist['close'].ewm(span=fast_ma).mean() > \
    hist['close'].ewm(span=slow_ma).mean()

    for continuation in context.universe:
        root = continuation.root_symbol

        # Slice off history for this market
        h = hist.xs(continuation, level=1)

        # Calculate volatility
        std = h.close.diff()[-vola_window:].std()

        if root in open_pos: # Check open positions first.
            context.bars_held[root] += 1 # One more day held

            if context.bars_held[root] >= 20:
                # Held for a month, exit
                contract = open_pos[root]
                order_target(contract, 0)

            elif h['trend'].iloc[-1] == False:
                # Trend changed, exit.
                contract = open_pos[root]
                order_target(contract, 0)

        else: # Check for new entries
```

```
            if h['trend'].iloc[-1]:
            
                # Calculate the pullback
                pullback = (
                    h['close'].values[-1] - np.max(h['close'].values[-high_
                    window:])
                    ) / std
                
                if pullback < dip_buy:
                    # Get the current contract
                    contract = data.current(continuation, 'contract')
                    
                    # Calculate size
                    contracts_to_trade = position_size( \
                                        context.portfolio.portfol
                                        io_value, \
                                        std, \
                                        contract.price_multiplier)
                    
                    # Trade
                    order_target(ccntract, contracts_to_trade)
                    
                    # Reset bar count to zero
                    context.bars_held[root] = 0
    
    # Check if we need to roll.
    if len(open_pos) > 0:
        roll_futures(context, data)

start_date = pd.Timestamp('2001-01-01',tz='UTC')[①]
end_date = pd.Timestamp('2018-12-31',tz='UTC')

perf = zipline.run_algorithm(
    start=start_date, end=end_date,
    initialize=initialize,
    capital_base=starting_portfolio,
```

---

① 由于数据版权的原因，作者并未提供完整的数据供读者模拟，为了让程序调试通，译者在源代码将起止日期设置为 2016-01-01 和 2018-12-31。

```
    data_frequency = 'daily',
    bundle='random_futures_data')
```

反趋势模型结果

我们再次看到,只要有一个坚实的基本前提,简单的规则集也可以显示出相当好的结果。虽然有几个令人担忧的负数月份,如表 17-1 所示,但考虑到这个演示模型中不可靠的止损逻辑,这应该不会太令人惊讶。我们看到这种策略有时可能会变得非常不稳定,但随着时间的推移,它已经带来了强劲的风险调整回报。

表 17-1 反趋势模型月度回报

年度	一月	二月	三月	四月	五月	六月	七月	八月	九月	十月	十一月	十二月	全年
2001	-2.0	-1.1	+1.2	-2.0	-1.5	-1.3	+1.3	-2.1	+3.8	+3.1	-1.0	-1.4	-3.3
2002	-1.6	+4.6	-2.5	+2.5	+4.3	+4.3	+1.9	+8.4	+2.9	+1.8	-2.1	+11.3	+41.2
2003	+14.5	-2.9	-4.3	-2.1	+0.4	-0.8	-0.6	+6.9	-0.1	-11.7	+9.6	+2.6	+9.3
2004	+5.8	+11.9	+0.6	-12.9	-2.1	-2.6	+2.8	+2.5	+7.4	+3.2	-0.9	+1.4	+16.1
2005	-2.1	+6.0	+0.9	-4.9	-2.1	-0.4	+0.5	+8.8	+5.8	-1.5	+4.8	+1.3	+17.4
2006	+2.9	-2.2	-2.4	+4.3	-3.7	-5.4	+0.3	+1.0	-1.1	-0.7	+3.3	-2.4	-6.4
2007	-0.9	+2.1	+1.8	+5.4	+0.1	+2.9	+1.1	-5.6	+5.9	+14.6	-4.8	+6.1	+30.9
2008	+9.2	+19.0	-3.7	+4.5	+2.3	+5.3	-4.8	-9.5	-2.1	-1.6	+2.4	-0.2	+19.3
2009	+0.1	-1.7	+1.3	+0.1	+4.8	+0.1	+2.0	+3.5	+7.9	+8.7	+14.4	-4.0	+42.2
2010	-1.9	+7.0	-2.1	+2.5	-26.1	+1.5	+1.9	+2.6	+8.4	+12.2	-5.9	+15.5	+9.2
2011	+6.8	+9.5	+0.5	+8.1	-1.4	-4.7	+7.7	-4.8	-11.5	+1.0	+3.2	-0.8	+12.2
2012	+6.6	-1.5	-0.5	-1.5	-12.0	-0.7	+6.4	-0.2	+1.6	-5.8	+0.5	+0.3	-7.9
2013	+2.8	-4.3	+1.8	+0.1	-6.7	-2.1	+3.3	+0.7	+3.8	+6.1	+0.4	+0.6	+5.9
2014	-0.0	+9.2	+1.4	+7.2	+1.0	+9.2	-8.0	+4.4	-0.4	-0.4	+1.6	-2.1	+24.0
2015	+7.4	-0.0	+0.3	-0.1	+0.2	+2.5	-4.3	-5.0	+2.6	-0.3	-2.5	-1.6	-1.9
2016	-5.7	+2.1	+3.4	+5.3	-3.7	+12.4	-0.4	-4.1	+6.9	-4.3	+1.6	-1.3	+11.1
2017	+0.5	+4.3	-2.5	+1.1	+1.6	+2.7	+5.1	+4.1	-7.0	-0.2	+6.0	+1.1	+17.2

对于这样一个简单的模型来说，这已经很不错了。这里的要点是，这种进场逻辑似乎是有价值的。当然，结论不是说你应该跑去找你的经纪人，把你所有的现金都押在这上面，而是说它可能是一个值得深入研究的有趣课题。如果这个简单的逻辑可以带来非常有吸引力的回报，那么你当然可以将它做得更好，使它适应你自己的需要，给它添加一些特性，并创建恰当的实战级别的模型。

图 17-2 中的权益曲线，向我们展示了一个具有明显正偏差的策略。它往往与股市的相关性较低，在长期牛市中通常表现不佳。但这未必是个问题，因为它在熊市中表现强劲，长期表现明显优于指数。

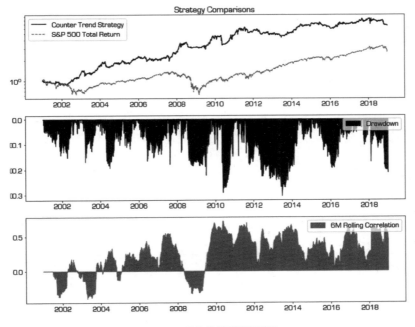

图 17-2　反趋势模型模拟结果

在表 17-2 中，你可以看到，如果你在某一年开始使用这种策略，并从那一年开始持续交易数年，会发生什么。这是一种有用的方法，可以快速了解初始交易的时点有时会对交易模型表现产生重大影响。这些数字显示了 x 轴上的年度对应的年化回报率。

虽然长期回报看起来很有吸引力，但这类图表能很快说明，在有些年度开始交易，你可能不会那么快乐。如果你从 2011 年开始采用这一策略，8 年后的年化回报率只有 4% 左右。但另一方面，如果你从 2007 年开始投资，那么同样的年数之后，你将获得 16% 的年化收益。

表 17-2　反趋势模型持有期分析

年度	1	2	3	4	5	6	7	8	9	10	11	12	13	14	15	16	17	18
2001	-3	+17	+14	+15	+15	+11	+14	+15	+17	+17	+16	+14	+13	+14	+13	+13	+13	+11
2002	+41	+24	+21	+20	+15	+17	+17	+20	+19	+18	+16	+15	+15	+14	+14	+14	+12	
2003	+9	+13	+14	+9	+13	+14	+18	+16	+16	+13	+13	+14	+12	+12	+13	+10		
2004	+16	+17	+8	+14	+15	+19	+18	+17	+14	+13	+14	+13	+12	+13	+10			
2005	+17	+5	+13	+14	+20	+18	+17	+14	+13	+14	+12	+12	+13	+10				
2006	-6	+11	+14	+20	+18	+17	+13	+12	+13	+12	+12	+12	+9					
2007	+31	+25	+30	+25	+22	+17	+15	+16	+14	+14	+14	+11						
2008	+19	+30	+23	+20	+14	+12	+14	+12	+12	+12	+9							
2009	+42	+25	+20	+13	+11	+13	+11	+11	+12	+8								
2010	+9	+11	+4	+5	+8	+6	+7	+8	+5									
2011	+12	+2	+3	+8	+6	+7	+8	+4										
2012	-8	-1	+7	+4	+6	+8	+3											
2013	+6	+15	+9	+9	+11	+5												
2014	+24	+10	+11	+12	+5													
2015	-2	+4	+9	+1														
2016	+11	+14	+2															
2017	+17	-2																
2018	-19																	

这个模型过去几年的回报率明显较低。测试的最后一年当然有影响，因为最后一年的回报率在 -19%[①] 左右。有些读者可能会对此感到惊讶，因为书中展示的模型往往在整个时期，或至少在最近几年都表现得非常好。对我来说，调整回测

---

① 原文此处为 -15%，与表格不符。——译者注

的设置，直到得到这样的结果很容易。然而，这确实与本书的主旨相悖。

如果你想要曲线拟合这次回测，请继续调整设置，直到得到你想要看到的结果。但要记住，它不太可能产生任何有意义的预测价值。这里使用的设置不是基于它们产生的回测结果，而是基于它们与前面展示的趋势跟随模型的对称性。原因很简单，因为这将使得解释这种交易方式的基本原理更容易。

虽然曲线拟合是一个坏主意，但这并不是说你应该完全按照本书中的精确的设置继续交易。你需要做的是，长期认真地思考你想通过一个模型实现什么。这不只是要追求高回报，而是要找到理想的回报，而理想回报并不总是可能的最高回报。事实上，理想回报很少是最高的回报。

观察这种均值回归模型更有趣的方法是，将其作为投资组合的组成部分，与趋势跟随模型一起交易。我讲得有点超前了，稍后会详细介绍。

第十八章
曲线交易

当我开始写这本书时，我的主要目的是拓宽散户的视野，展示他们可能没有意识到的事情，让他们看到新的可能性和工作方式。否则，他们可能不会想到这些。希望本章的概念将是这样的课程，展示一种许多读者可能没有考虑过的交易类型。

我在这里要展示的是，一种不使用任何历史数据的期货交易方法。诚然，我们仍将使用系统算法交易，但我们不需要任何历史价格来运行交易逻辑。我们只需要当前的价格。

我们将计算套利成本，并将它作为交易选择的唯一输入。这意味着我们不仅要看当期合约，还要看远期的合约。大多数基于期货的交易模型只交易当期合约，而不关注其他合约。对于这个模型，我们不会交易当期合约，而只交易更远的合约。

我在这里使用的术语是曲线交易（Curve Trading），这就是我对这种交易方式的称呼。更明确地说，我们在这里要做的是进行套利交易。套利交易的成本，由期限结构曲线的形状决定。按照你所熟悉的术语，你可能会认为曲线交易是在曲线上建立相互抵消的头寸，做多一个月份的合约，而做空另一个月份的合约。这是与曲线交易高度相关的一个概念——跨期价差（Calendar Spread）。如果你理解了本章中介绍的模型，你可以很容易在以后扩展到这种跨期价差类型的模型。但就目前而言，我们只是在进行套利交易（Carry Trading）。

期限结构基础知识

有些读者已经了解了期限结构的意思,但其他人可能更想先复习一下期限结构(Term Structure)。

期货合约的期限是有限的。每一份合约都有终止日期。例如,黄金期货合约不是只有一种,而是有数量相当多的合约。在任何时候,都会有一种特定的合约具有最高的流动性。大多数人会交易最接近到期的合约,只要它没有超过首次通知日(First Notice Date)。

首次通知日,通常是在到期前的一个月。它是指合约变为可交付物的日期。这时,仍然持有合约的人可以被要求进行交货或提货。作为交易员,我们并不想进行现货交割。然而,实际上这并不是真正的风险。无论如何,你的经纪人也不会让你在该日期之后继续持有头寸。首次通知日主要是商品期货中的一个概念,而商品期货也是我们在本章中要讨论的唯一一个板块。在大宗商品板块,期限结构交易最受关注。

图 18-1 显示了写作本章时大豆的期限结构。与任何金融数据一样,这当然也在不断变化。该图在 x 轴上显示了每个合约的到期日,以及相应的价格和未平仓权益。这些是在写作本章时,正在交易的合约。

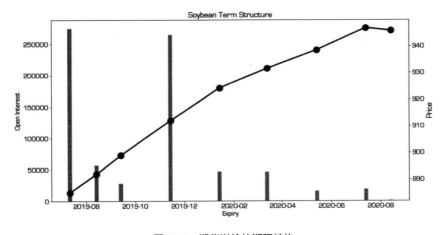

图 18-1　期货溢价的期限结构

在这个例子中，你可以看到曲线上每个后续的点都比前一个点高一些。也就是说，合约距离到期的时间越长，价格就越高。这种情况被称为期货溢价（Contango）。反过来，如果每个后续点都变得更便宜，就被称为现货溢价（Backwardation），如图 18-2 所示。

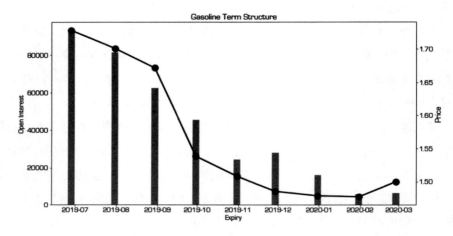

图 18-2　汽油现货溢价

最近的合约往往以与基础资产现货接近的价格交易。到期时间越短，价格往往越接近。原因很简单。在到期日，合约的价值与基础资产价值相同，因为合约会结算成为基础资产。但当距离到期日较长时，其他因素就会占据主导地位。

为什么不同时期的期货的价格会有所不同，原因有很多。影响因素包括利率、储存成本和季节性等。但是，作为量化交易员，我们很少需要深入研究这些原因。

对我们来说，重要的是如何解释这种模式。这里有一个简单的思考方法。如果期限结构为期货溢价，如图 18-1 所示，则存在看跌偏见（Bearish Bias）。为什么？因为合约越接近到期，价格就越接近标的价格。因此，如果基础资产保持完全不变，图 18-1 曲线上的每个点都必须缓慢向下移动，直到最终到达基础资产的价格。

现货溢价则相反，它具有内在的看涨偏见（Bullish Bias）。基础资产的价格需要下降，以与现货溢价结构上的点保持价格一致。如果基础资产的价格没有变动，那么合约价格就需要上涨以满足这一点。

现在如果你理解了大意，你可能已经在考虑如何量化这种效应了。

量化期限结构效应

虽然有不同的方法来量化期限结构，但我将展示一种我认为直观的方法。这涉及计算隐含年化收益率，或者说是套利成本（Cost of Carry）。套利成本需要进行年化，这样得到的数字可以在不同的交割日期之间进行比较。在金融界，时间总是很重要的。如果 3 个月后的合约以 2% 的折让进行交易，那么它比 12 个月后以同样 2% 的折让进行交易的合约的价值更高。就像今天赚的 100 美元，比一年后赚的 100 美元价值更高一样。

在本例中，我们将使用与图 18-1 相同的数据。首先，我将向你展示如何手动计算曲线上的一个点。然后，我们将查看如何轻松地对整条曲线进行计算。

曲线上的第一个点，也就是最近的合约 SH9，将于 2019 年 3 月 14 日到期。SH9 合约目前的交易价格为每蒲式耳 907.50 美分。当然，你不需要知道大豆交易单位蒲式耳是多大。下一个到期的合约是 SK9，将于同年 5 月 14 日到期，价格为每蒲式耳 921.50 美分。

SK9 在 SH9 之后 61 天到期。如果基础资产大豆的价格完全不动，SK9 将需要在未来 61 天内从 921.50 跌至 907.50。这一跌幅为 1.52%。如果 61 天内损失 1.52%，相当于年化损失 8.75%。

$$(-0.0152 + 1)^{(365/61)} - 1 = -8.75\%$$

这个计算提供给我们一个数字，我们可以将它用于联系和比较多个市场和到期日。这样我们有了一个可量化的、可比较的年度收益数字。

在期货链上快速完成这类事情是非常简单的。首先，我们将从一个带有价格和有效期的标准 Pandas DataFrame 开始。表 18-1 中的数据与我们之前使用的期限结构图中的相同，它显示了期货溢价市场。如果你没有跳过本书第一部分的 Python 介绍，那么将这些数据放入到 Pandas DataFrame 中应该没有问题。

表 18-1 期限结构数据

序号	到期日（Expiry）	价格（Price）	未平仓权益（Open Interest）
0	2019.3.14	907.50	295,414
1	2019.5.14	921.50	206,154
2	2019.7.12	935.00	162,734
3	2019.8.14	940.25	14,972
4	2019.9.13	943.50	7,429
5	2019.11.14	952.00	75,413
6	2020.1.14	961.50	7,097

假设你在一个名为 df 的 DataFrame 中存储了上述表格数据，你可以像这样逐步地得到我们想要的分析结果。

```
df['day_diff'] = (df['expiry'] - df.iloc[0]['expiry']) / np.timedelta64(1, 'D')
df['pct_diff'] = (df.iloc[0].price / df.price) - 1
df['annualized_carry'] = (np.power(df['pct_diff'] + 1, (365 / df.day_diff))) - 1
```

因为你现在已经对 Python 有一些了解，所以，如果你愿意，你可以在一行中完成所有这些计算。Python 在单行中执行多个复杂操作的能力很强大，然而，这也往往使代码更难以理解。

运行这段代码，添加这些列应该会产生如表 18-2 所示的 DataFrame。现在我们有了一些有用的数据。这是一个我们可以直接用于交易逻辑的表格。

表 18-2 年化套利回报率

序号	到期日	价格	未平仓权益	日期差	价格差异率	年化套利回报率
0	2019.3.14	907.50	295,414	0	0.00%	0.00%
1	2019.5.14	921.50	206,154	61	-1.52%	-8.75%
2	2019.7.12	935.00	162,734	120	-2.94%	-8.68%
3	2019.8.14	940.25	14,972	153	-3.48%	-8.11%

续表

序号	到期日	价格	未平仓权益	日期差	价格差异率	年化套利回报率
4	2019.9.13	943.50	7,429	183	-3.82%	-7.47%
5	2019.11.14	952.00	75,413	245	-4.67%	-6.88%
6	2020.1.14	961.50	7,097	306	-5.62%	-6.66%

这个表格表明，理论上在曲线的哪个位置你能得到最好的回报。但是，你也需要考虑到流动性。通常你会发现，通过在曲线上进行交易可以获得可观的理论收益，但却没有流动性可用。

但在本例中，我们看到5月到期合约的回报率接近9%。它是最近的第二个交割合约，它似乎有足够的流动性可以利用。

这一逻辑构成了我们下一个交易模型的基础。

曲线模型逻辑

根据刚才描述的逻辑，我们将创建一个非常简单的模型。我们将只交易一系列流动性相当好的大宗商品。这不是一种适用于任何市场的策略。在外汇期货或低流动性市场尝试同样的方法几乎没有用。

在这个版本中，我们试图找到在曲线中一年后的一种合约来交易。也就是说，一种比当前合约晚一年到期的合约。交易每周只进行一次，并在此时检查覆盖的每个市场，确定一年后的合约，并计算年化套利回报率（Annualized Carry）。

在对我们覆盖的所有市场进行了计算之后，该模型对市场按套利回报率进行排序，并选择前5个现货溢价（Backwardation）市场做多，前5个期货溢价（Contango）市场做空。

默认情况下，我们试图使交易的每种合约的名义金额相等。你可能会问，我在本书以前章节中对波动性均等配置的价值大谈特谈，而现在不使用这种配置方式，是为什么？这有两个原因。首先，我认为我用这种非常不同的方法构建模型可能已经让读者感到困惑了，我这里想保持逻辑简单，易于理解。其次，对于这个特定的模型，两种配置方式不会有很大的差别。我们只交易一种资产类别，波动性差异不会很大。

与本书中的其他模型不同，我们现在处理的是潜在的低流动性市场。这需要一些额外的考虑。即使当期黄金合约的交易很活跃，一年后的合约也未必如此。

这表明，我们需要确保我们的模型，或者更确切地说，我们的回测引擎能够真实地处理它。我们不能简单地假设任何规模的订单都能被执行完成。幸运的是，Zipline 在这方面做得很好。我们的模型将使用滑点条件，以确保我们的交易量永远不会超过每日交易量的 20%。

然后，这个模型将按照最多不超过交易量的 20% 下订单，并将剩余的开仓订单留到下一个交易日。根据需要，大订单将在几天内分批完成。

但为了安全起见，我也会加入一个额外的流动性条件。例如，假设一年后的咖啡合约平均每天有 100 份合约，而你的模型认为购买 1000 份合约是个好主意。Zipline 的逻辑会每日为订单完成情况建模，可能要花上几周或更长的时间才能执行完成。这也许很现实，但不是我们想看到的。

出于这个原因，我们将设置一个限制条件，即检查想要交易的合约的平均日交易量，并避免下任何超过 25% 平均日交易量的订单。虽然有时可能仍然需要几天来完成订单，但不会花更多时间。这个条件将限制订单的最大规模。

正如后面的源代码所示，我在这里向你展示的默认版本的模型将尝试构建一个 150% 多仓和 150% 空仓的敞口，以实现接近于零的净敞口。当然，你不能指望通过做空大豆头寸来抵消原油多头头寸来实现"德尔塔中性（Delta Neutral）"。德尔塔中性一词源于期权市场，意思是你（至少在理论上）在市场中没有一定方向的敞口。

不要期待任何形式的完美对冲。但当然，拥有多头和空头两方头寸确实对保持整体风险水平是有帮助的。总而言之，300% 的总敞口水平对于一个合理多元化的期货模型来说并不过分。

如前所述，所有的主要设置都在代码的顶部，所以一旦你设置好本地 Python 建模环境，你就可以轻松地尝试构建自己的模型版本。

曲线模型源代码

到目前为止，你应该非常熟悉 Zipline 回测代码的一般结构。我将首先向你展示这个特定模型的关键部分，然后像往常一样，在本节的最后展示完整的源代码。

首先需要设置模型。

```
# settings
spread_months = 12
pos_per_side = 5
target_exposure_per_side = 1.5
initial_portfolio_millions = 1
volume_order_cap = 0.25
```

对于这些设置，我们可以稍微改变一下，轻松地尝试变化。`spread_months` 用于设置我们在曲线上的目标远近。在默认情况下，我们需要一个月后的合约。

`pos_per_side` 用于设置目前我们想要做多和做空的市场的数量。在当前实现的模型中，这个数字同时设置了多头和空头头寸。

`target_exposure_per_side` 用于设置每个方向的敞口比例。在默认值为 1.5 的设置中，我们尝试建立 150% 的多头敞口和 150% 的空头敞口。

接下来，设置我们想要的初始资金规模，最后设置一个订单上限数量。最后的订单上限设置对于这个特定的模型是非常重要的。交易这些流动性较低、期限较长的合约，意味着我们需要谨慎对待流动性。我们的交易规模不能太大，应该始终确保市场有足够的容量。

`volume_order_cap` 的默认值为 0.25，即我们的源代码将把订单规模限制在日均交易量的 25%。这将确保我们不会试图发出比市场能够处理的数量大得多的订单，同时也避免了花费数周的时间来执行这些订单。

交易逻辑每周执行一次。这是我们调整投资组合构成的唯一时间。因为我们在这里交易的是特定的合约，而不是像其他常见模型那样试图持有当前合约，所以模型不需要展期逻辑。

让我们逐步地查看逻辑，看看这个模型每月执行哪些操作。

首先，我们使用投资范围中的市场列表创建一个空的 DataFrame。我们在稍后将用我们计算的套利分析指标填充这个 DataFrame。

```
def weekly_trade(context, data):
    # Empty DataFrame to be filled in later.
    carry_df = pd.DataFrame(index = context.universe)
```

创建了空的 DataFrame 以后，我们将遍历覆盖的所有市场，获取当期合约和一年后的合约，计算套利收益并存储在 DataFrame 中。就是这样，循序渐进。

第一部分启动循环，获取合约链（Contract Chain），并将其转换为包含合约和相应到期日的 DataFrame。

```
for continuation in context.universe:
    # Get the chain
    chain = data.current_chain(continuation)

    # Transform the chain into dataframe
    df = pd.DataFrame(index = chain)
    for contract in chain:
        df.loc[contract, 'future'] = contract
        df.loc[contract, 'expiration_date'] = contract.expiration_date
```

接下来，我们寻找最接近我们目标日期的合约。由于这里的默认设置是交易 12 个月后的合约，我们寻找的是一年后到期的合约。虽然我们很可能会找到 12 个月后的合约，但不确定所有市场都会有 3 个月或 9 个月后的合约。因此，这个逻辑可以确保模型能够处理这些变化。

```
closest_expiration_date = df.iloc[0].expiration_date
target_expiration_date = closest_expiration_date + relativedelta(months=+spread_months)
df['days_to_target'] = abs(pd.to_datetime(df.expiration_date) - pd.to_datetime(target_expiration_date))
target_contract = df.loc[df.days_to_target == df.days_to_target.min()]
```

我们在这里找到的合约 `target_contract`，是到期日离我们的目标日期最近的合约。上面的逻辑首先检查当前合约到期后 X 个月的确切日期，其中 X 默认为 12。然后，我们将合约链中的所有合约排成一列，显示它们的到期日与目标日期有多少天的差距。最后，我们选择差距最小的合约。

现在我们需要得到当期合约和目标合约的最近收盘价，并计算年化套利回报率（Annualized Carry）。

```
# Get prices for front contract and target contract
prices = data.current(
    [
        df.index[0],
        target_contract.index[0]
    ],
    'close'
)

# Check the exact day difference between the contracts

days_to_front = int(
    (pd.to_datetime(target_contract.expiration_date) - pd.to_
    datetime(closest_expiration_date))[0].days
)

# Calculate the annualized carry
annualized_carry = (np.power(
    (prices[0] / prices[1]), (365 / days_to_front))
    ) - 1
```

如果你在书中留意一下，你可能已经注意到计算年化回报率的公式有点熟悉。这与我们在第十二章中计算年化动量得分的逻辑是一样的。

现在我们拥有了填充开始时创建的 DataFrame 所需的数据。为了比较所有市场，并选择最有吸引力的套利场景，我们需要知道哪一个是当期合约，哪一个是目标合约，以及年化套利收益率是多少。

```python
carry_df.loc[continuation, 'front'] = df.iloc[0].future
carry_df.loc[continuation, 'next'] = target_contract.index[0]
carry_df.loc[continuation, 'carry'] = annualized_carry
```

现在对它们进行排序，并删除任何可能为空的行。

```python
# Sort on carry
carry_df.sort_values('carry', inplace=True, ascending=False)
carry_df.dropna(inplace=True)
```

这个 DataFrame 对象，在代码中称为 `carry_df`，现在存储着我们用于决定交易哪些对象所需的分析。现在我们可以首先从中选择顶部和底部的 5 份合约，然后分别做多和做空。

```python
# Contract Selection
for i in np.arange(0, min(pos_per_side,len(carry_df))):
    j = -(i+1)
    
    # Buy top, short bottom
    long_contract = carry_df.iloc[i].next
    short_contract = carry_df.iloc[j].next
    
    new_longs.append(long_contract)
    new_shorts.append(short_contract)
```

这段代码的作用是通过数字 0 到 4 的循环，从合约数组的顶部和底部分别选出 5 份合约。既然我们知道了想要做多和做空的合约，那么我们所需要做的就是计算出每种合约的下单量，然后执行。

为了计算出下单量，我们需要提取一些历史数据。如前所述，我们将把订单量限制在平均日交易量的 25%。因此，显然我们需要知道平均日交易量是多大。

```python
# Get data for the new portfolio
new_portfolio = new_longs + new_shorts
hist = data.history(list(set(new_portfolio)), fields=['close','volume'],
    frequency='1d',
    bar_count=10,
    )
```

我们也说过，我们在进行一个等权重的配置。如果你想要修改，那么配置部分可能需要你自己进一步处理。

```
# Simple Equal Weighted
target_weight = (
    target_exposure_per_side * context.portfolio.portfolio_value
) / pos_per_side
```

现在，我们准备好了在下周想要持有合约的市场中进行循环。这里我们要做的是，对于每个市场首先计算要持有的目标合约数量，然后根据平均日交易量施加限制，最后执行订单。

```
# Trading
for contract in new_portfolio:
    # Slice history for contract
    h = hist.xs(continuation, level=1)

    # Equal weighted, with volume based cap.
    contracts_to_trade = target_weight / \
        contract.price_multiplier / \
        h.close.iloc[-1]

    # Position size cap
    contracts_cap = int(h['volume'].mean() * volume_order_cap)

    # Limit trade size to position size cap.
    contracts_to_trade = min(contracts_to_trade, contracts_cap)

    # Negative position for shorts
    if contract in new_shorts:
        contracts_to_trade *= -1

    # Execute
    order_target(contract, contracts_to_trade)
```

现在就只剩下最后一部分工作了。你知道我们还没做什么吗？

我们分析了市场，选择了合约，构建了一个新的投资组合，计算了头寸规模，然后进行交易。但我们还没有对原有头寸进行平仓。现在剩下唯一要做的就是遍历所有未平仓头寸，并平仓那些不属于下周投资组合的头寸。

```python
# Close any other open position
for pos in context.portfolio.positions:
    if pos not in new_portfolio:
        order_target(pos, 0.0)
```

与以前的模型一样，我将在下面展示这里使用的完整模型代码。你将看到，我在模拟运行期间使用了动态更新图表，就像我们前面看到的一样。这一次，我添加了一个回撤图表，目的是为了展示它的创建方法。

```python
%matplotlib notebook

import zipline
from zipline.api import future_symbol, \
    set_commission, set_slippage, schedule_function, \
    date_rules, time_rules, continuous_future, order_target

import matplotlib.pyplot as plt
import pyfolio as pf
import pandas as pd
import numpy as np
from zipline.finance.commission import PerTrade, PerContract
from zipline.finance.slippage import FixedSlippage, VolatilityVolumeShare

# We'll use this to find a future date, X months out.
from dateutil.relativedelta import relativedelta

# settings
spread_months = 12
pos_per_side = 5
target_exposure_per_side = 1.5
initial_portfolio_millions = 1
volume_order_cap = 0.25

# DataFame for storing and updating the data that we want to graph
```

```python
dynamic_results = pd.DataFrame()

fig = plt.figure(figsize=(10, 6))
ax = fig.add_subplot(211)
ax.set_title('Curve Trading')
ax2 = fig.add_subplot(212)
ax2.set_title('Drawdown')

def initialize(context):
    """
    Friction Settings
    """
    context.enable_commission = True
    context.enable_slippage = True

    if context.enable_commission:
        comm_model = PerContract(cost=0.85, exchange_fee=1.5)
    else:
        comm_model = PerTrade(cost=0.0)
    set_commission(us_futures=comm_model)

    if context.enable_slippage:
        slippage_model=VolatilityVolumeShare(volume_limit=0.3)
    else:
        slippage_model=FixedSlippage(spread=0.0)
    set_slippage(us_futures=slippage_model)

    """
    Markets to trade
    """
    most_liquid_commods = [
        'CL','HO','RB','NG','GC','LC','_C','_S','_W','SB', 'HG', 'CT', 'KC'
    ]①
    context.universe = [
        continuous_future(market, offset=0, roll='volume', adjustment='mul')
        for market in most_liquid_commods
```

---

① 由于数据版权的原因，作者并未提供完整的数据供读者模拟，为了让程序调试通，译者在源代码中将此行代码注释掉，并将市场指定为"FC"。

```python
    ]
    schedule_function(weekly_trade, date_rules.week_start(), time_
    rules.market_close())

    schedule_function(update_chart,date_rules.month_start(), time_
    rules.market_close())

def update_chart(context,data):
    # This function continuously update the graph during the backtest
    today = data.current_session.date()
    pv = context.portfolio.portfolio_value
    exp = context.portfolio.positions_exposure
    dynamic_results.loc[today, 'PortfolioValue'] = pv

    drawdown = (pv / dynamic_results['PortfolioValue'].max()) - 1
    exposure = exp / pv
    dynamic_results.loc[today, 'Drawdown'] = drawdown

    if ax.lines:
        ax.lines[0].set_xdata(dynamic_results.index)
        ax.lines[0].set_ydata(dynamic_results.PortfolioValue)
        ax2.lines[0].set_xdata(dynamic_results.index)
        ax2.lines[0].set_ydata(dynamic_results.Drawdown)
    else:
        ax.plot(dynamic_results.PortfolioValue)
        ax2.plot(dynamic_results.Drawdown)

    ax.set_ylim(
        dynamic_results.PortfolioValue.min(),
        dynamic_results.PortfolioValue.max()
    )
    ax.set_xlim(
        dynamic_results.index.min(),
        dynamic_results.index.max()
    )
    ax2.set_ylim(
        dynamic_results.Drawdown.min(),
        dynamic_results.Drawdown.max()
```

```python
    )
    ax2.set_xlim(
        dynamic_results.index.min(),
        dynamic_results.index.max()
    )
    fig.canvas.draw()

def weekly_trade(context, data):
    # Empty DataFrame to be filled in later.
    carry_df = pd.DataFrame(index = context.universe)

    for continuation in context.universe:
        # Get the chain
        chain = data.current_chain(continuation)

        # Transform the chain into dataframe
        df = pd.DataFrame(index = chain)
        for contract in chain:
            df.loc[contract, 'future'] = contract
            df.loc[contract, 'expiration_date'] = contract.expiration_date

        # Locate the contract closest to the target date.
        # X months out from the front contract.
        closest_expiration_date = df.iloc[0].expiration_date
        target_expiration_date = closest_expiration_date + relativedelta(months=+spread_months)
        df['days_to_target'] = abs(pd.to_datetime(df.expiration_date)
            - pd.to_datetime(target_expiration_date))
        target_contract = df.loc[df.days_to_target == df.days_to_target.min()]

        # Get prices for front contract and target contract
        prices = data.current(
            [
                df.index[0],
                target_contract.index[0]
            ],
            'close'
```

```python
    )
    
    # Check the exact day difference between the contracts
    days_to_front = int(
        (pd.to_datetime(target_contract.expiration_date) - pd.to_
        datetime(closest_expiration_date))[0].days
    )
    
    # Calculate the annualized carry
    annualized_carry = (np.power(
        (prices[0] / prices[1]), (365 / days_to_front))
    ) - 1
    
    carry_df.loc[continuation, 'front'] = df.iloc[0].future
    carry_df.loc[continuation, 'next'] = target_contract.index[0]
    carry_df.loc[continuation, 'carry'] = annualized_carry

# Sort on carry
carry_df.sort_values('carry', inplace=True, ascending=False)
carry_df.dropna(inplace=True)

new_portfolio = []
new_longs = []
new_shorts = []

# Contract Selection
for i in np.arange(0, min(pos_per_side,len(carry_df))):
    j = -(i+1)
    
    # Buy top, short bottom
    long_contract = carry_df.iloc[i].next
    short_contract = carry_df.iloc[j].next
    
    new_longs.append(long_contract)
    new_shorts.append(short_contract)

# Get data for the new portfolio
new_portfolio = new_longs + new_shorts
hist = data.history(list(set(new_portfolio)), fields=['close','volume'],
```

```python
        frequency='1d',
        bar_count=10,
        )

    # Simple Equal Weighted
    target_weight = (
        target_exposure_per_side  * context.portfolio.portfolio_value
    ) / pos_per_side

    # Trading
    for contract in new_portfolio:
        # Slice history for contract
        h = hist.xs(continuation, level=1)

        # Equal weighted, with volume based cap.
        contracts_to_trade = target_weight / \
            contract.price_multiplier / \
            h.close.iloc[-1]

        # Position size cap
        contracts_cap = int(h['volume'].mean() * volume_order_cap)

        # Limit trade size to position size cap.
        contracts_to_trade = min(contracts_to_trade, contracts_cap)
        # Negative position for shorts
        if contract in new_shorts:
            contracts_to_trade *= -1

        # Execute
        order_target(contract, contracts_to_trade)

    # Close any other open position
    for pos in context.portfolio.positions:
        if pos not in new_portfolio:
            order_target(pos, 0.0)
```

```
start_date = pd.Timestamp('2001-01-01',tz='UTC')①
end_date = pd.Timestamp('2018-12-31',tz='UTC')

perf = zipline.run_algorithm(
    start=start_date, end=end_date,
    initialize=initialize,
    capital_base=initial_portfolio_millions * 1000000,
    data_frequency = 'daily',
    bundle='random_futures_data')
```

曲线模型结果

这是一种不使用历史价格序列的算法交易模型。这是相当不寻常的。如果你之前不熟悉期限结构或跨期交易（Calendar Trading）的概念，这可能看起来是一个非常奇怪的想法。但正如回测结果所示，即使是这样一个简单的实现，实际上也可以运行得相当好。

先浏览一下月度回报表，了解策略在一段时间内的表现。对于一个没有历史数据、没有止损、没有回报目标、没有指标的、简单等权重的模型来说，它真的还不错。

表 18-3　曲线交易月度回报

年度	一月	二月	三月	四月	五月	六月	七月	八月	九月	十月	十一月	十二月	全年
2001	+4.2	+1.4	+5.8	+2.5	+2.7	+2.5	-3.0	+7.7	-3.1	-7.0	-2.3	-0.1	+10.7
2002	+0.6	+3.0	-6.0	+6.1	-2.1	-1.0	+4.1	+0.8	+0.9	-3.7	-2.6	+2.2	+1.7
2003	+5.1	+11.4	-5.5	-1.5	+5.6	+0.3	-0.8	-3.8	+0.3	-0.3	-2.0	+0.1	+8.1
2004	-4.2	+4.2	-0.3	+5.3	-0.5	+3.1	+15.3	-2.1	+12.9	+11.7	-2.0	-5.7	+41.2
2005	+5.7	-0.6	+10.6	-0.2	+3.5	+4.5	+0.5	+6.0	+4.3	-0.2	+7.3	+1.2	+51.1
2006	-1.6	+0.4	+3.1	+3.1	-1.2	+7.5	-1.5	-4.7	-0.7	-1.9	+1.2	+1.0	+4.2
2007	+1.2	+2.5	+1.1	+4.8	-2.6	+0.4	-1.6	+5.3	+1.9	+5.1	+2.2	+2.0	+24.2
2008	-1.0	+3.8	+5.2	+2.7	+15.2	-1.1	-11.4	-4.5	+5.9	-6.8	+8.9	+9.7	+26.3
2009	+5.9	+6.0	-5.4	+0.1	-6.7	+1.2	+1.6	+10.5	-1.3	-4.8	+0.8	+0.8	+7.3

① 由于数据版权的原因，作者并未提供完整的数据供读者模拟，为了让程序调试通，译者在源代码中将起止日期设置为 2016-01-01 和 2018-12-31。

续表

年度	一月	二月	三月	四月	五月	六月	七月	八月	九月	十月	十一月	十二月	全年
2010	+6.4	-3.0	+0.4	-1.6	+6.0	+3.0	-8.3	+6.8	+7.9	+14.3	-5.2	+6.6	+36.1
2011	+4.2	+2.5	+0.3	-2.9	+0.5	+6.6	+3.6	+1.2	+0.0	+2.8	+0.0	+3.0	+23.9
2012	+0.3	+6.4	+3.4	+1.5	-6.5	+5.7	+1.6	+1.6	-3.3	+1.2	+3.1	-0.1	+15.2
2013	+2.2	-2.0	+1.7	-0.8	+3.7	+2.3	+3.5	+2.0	-2.1	+1.4	+0.0	+1.2	+13.6
2014	+0.2	-8.4	-3.1	-2.5	+6.8	+2.6	-0.5	-1.5	+5.8	-13.5	-2.9	+1.4	-16.1
2015	-1.2	+0.0	+6.7	-1.8	+2.9	-5.6	+4.8	+3.0	-0.8	+3.1	+0.0	+7.3	+19.4
2016	-3.9	+2.9	-3.3	-8.5	-3.6	+1.2	+8.3	-4.3	-0.3	-1.5	+2.0	-3.5	-14.5
2017	-0.5	+0.9	+0.4	+4.7	-2.3	-1.5	-4.6	+5.2	+0.1	+7.7	+4.2	+4.5	+19.6
2018	+1.6	+1.1	+4.4	+3.1	+3.7	+9.0	-1.3	+8.1	+3.4	-8.6	-6.0	+0.8	+19.1

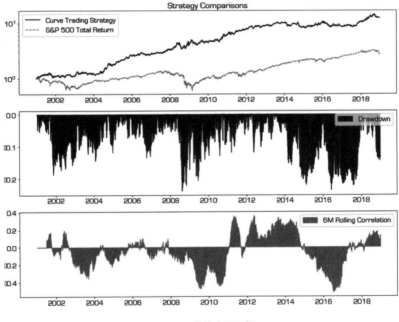

图 18-3　曲线交易回报

查看图 18-3 中的权益曲线，你会发现它惊人地平滑。因为它与股票指数没有明显的相关性，所以这也就不足为奇了。这个策略就是所谓的不相关策略（Uncorrelated Strategy）。这个术语在金融行业中经常出现，指的是至少在理论上与股票市场无关的策略。

表 18-4 展示了持有期回报，即如果你在某一年开始使用这种策略，并持有一定年限，你的回报率会是多少。从表中可以看到，对于大多数起点来说都有相当不错的长期回报。即使选择最糟糕的开始年份，你也会发现恢复并不需要太长时间，而且很快就会超过传统的投资方法。

表 18-4 曲线交易持有期回报

年度	1	2	3	4	5	6	7	8	9	10	11	12	13	14	15	16	17	18
2001	11	6	7	14	21	18	19	20	18	20	20	20	19	16	17	14	15	15
2002	2	5	16	24	20	20	21	19	21	21	21	20	17	17	15	15	15	
2003	8	24	32	25	24	25	22	24	24	23	22	18	18	16	16	16		
2004	41	46	31	29	28	25	26	26	25	24	19	19	16	16	17			
2005	51	25	25	25	22	24	23	22	17	17	14	15	15					
2006	4	14	18	15	19	20	19	18	14	15	12	12	13					
2007	24	25	19	23	23	22	21	15	16	12	13	13						
2008	26	16	23	23	21	20	14	15	11	12	12							
2009	7	21	22	20	19	12	13	9	10	11								
2010	36	30	25	22	13	14	10	11	12									
2011	24	19	17	8	10	6	8	9										
2012	15	14	3	7	2	5	7											
2013	14	-2	4	-1	3	6												
2014	-16	0	-5	1	4													
2015	19	1	7	10														
2016	-14	1	7															
2017	20	19																
2018	19																	

模型思考

这种模型对流动性高度敏感，这一点再怎么强调也不为过。正如这个模型的源代码所示，交易的基础只有一百万美元。这对于期货模型来说是非常小的。然而，在这种模型中，无足轻重也是你的一种优势，用较少的资本配置可能能够获得相当高的回报。但是，如果你想要交易上亿美元的资金，游戏就会发生巨大变化。

当然，我确实意识到，许多读者不敢苟同我的分类，即一百万只是一笔很少的钱。当然，在现实世界中，这是一大笔钱。但就专业期货交易而言，这真的不多。

这个模型可以上下调整规模。它能够以稍低或稍高的规模进行交易，但仍然显示出有吸引力的回报。但是，正式机构的大规模资金将难以运行这个模型。

这个模型的实现非常简单。我再次介绍了一个概念并演示一种走近算法建模的方法。这里提供给你的源代码应该能够让你试验你自己的模型版本，并根据你自己的情况和需求进行调整和改进。

一般来说，你会在左侧靠近曲线处发现更好的流动性。这个模型交易的是12个月后到期的合约。它当下的交易规模通常相当有限。如果在到期前三个月交易，你会发现流动性更好一些。你的滑点假设和对交易激进程度的偏好，将会极大地影响你的结果。

在这里要小心你创建的模型。更改代码中的几个数字是很容易的，最终可能会得到每年50%或更多的回报。但模拟的表现最多只能与其内在假设的情况一样，你不太可能在实际交易中实现这样的回报。

另一个研究领域是，将期限结构信息与其他分析相结合。这里展示的方法只考虑隐含收益率或套利成本，但没有理由让你的模型在现实中如此纯粹。是的，我只是想把这些提出来，让你们完成这些作业。

第十九章
比较和组合模型

在期货方面，我们已经研究了几种不同的方法。首先，是一个标准的趋势跟随模型，带有趋势过滤器、跟踪止损和突破逻辑。其次，是一个简单的时间回报模型，只比较每月的价格与一年前和半年前的价格。第三，是反向趋势或均值回归方法，目的是在趋势跟随者止损时进场，操作时间更短。最后是一个基于套利交易的模型，只看期限结构曲线的形状。

在这之前，我们介绍了一个系统股票动量模型。该模型只进行股票的多头交易，应该与绝对回报期货模型有很大的不同。

在介绍每个模型的章节中，你可能已经注意到，我没有展示通常的回报统计数据。这在很大程度上是有意为之，因为我已经意识到，许多读者过多地盯着这些数字看以至于错过了更大的图景。这有点像在现场演讲前分发幻灯片打印稿，没人会听你在那之后要说什么。

但现在，你基本已经完成了前面的章节，我应该可以放心地向你展示这些数据了。你要寻找的数据如表 19-1 所示。这个表中列出了我们之前看过的策略以及标准普尔 500 指数，对应同一个统计量的数值。它涵盖了从 2001 年初到 2018 年底的回测期间。

表 19-1 期货策略统计量

模型	年化回报	最大回撤	年化波动率	夏普比率	卡玛比率	索提诺比率
趋势跟随	12.12%	-25.48%	19.35%	0.69	0.48	0.98
反趋势	11.00%	-30.09%	18.55%	0.66	0.37	0.92
曲线交易	14.89%	-23.89%	18.62%	0.84	0.62	1.22
时间回报	11.78%	-40.31%	21.09%	0.63	0.29	0.9
系统动量	7.84%	-39.83%	16.48%	0.54	0.2	0.76
标普500指数	5.60%	-55.25%	18.92%	0.38	0.1	0.5

显然，曲线交易模型是最好的，对吧？动量模型就不值得费心研究吗？怕大家得出这样的结论就是我之前没有展示这些简单数据的原因。评估交易模型，比简单地看一张这样的表格要复杂得多。你需要研究细节、长期回报的概况，当然还有模型的可扩展性。在业务最前端，你通常会在回报概要中寻找特定的行为，而这种行为通常与其他因素相关。哪个模型更有前途取决于你目前正在寻找什么，以及什么能够契合或补充你当前的组合。

所有这些模型都是简单的演示模型。它们是教学工具，不是实战级的模型。但它们都显示出潜力，可以被打磨成实战级模型。

你还可以看到，所有这些都比"买入并持有"的股票市场策略更具吸引力。一些读者可能会惊讶地发现，随着时间的推移，股票市场的回报是多么微薄。在2001年到2018年这段时间里，即使包括股息和过去10年的牛市在内，标准普尔500指数的年回报率都不到6%。其中，有一段时间从峰值回撤过半。

另一个可能让一些人感到惊讶的是，夏普比率的水平。没有一个策略的夏普比率大于1。有一种不幸的误解，认为夏普比率小于1就是表现不好。事实并非如此。事实上，对于系统策略而言，实现的夏普比率超过1是很少见的。

图19-1显示了这五种策略与股票市场相比的长期发展情况。在如此长的时间尺度上，与指数进行比较似乎不太公平。但事实是，在短期内它们总是会被拿来和指数比较。这是这个行业的祸根。

图 19-1 模型比较

请记住,这些回测从 2001 年开始的原因是,Zipline 目前存在着一个问题,让使用 2000 年前的数据变得棘手。希望这很快就能解决。事实上,股票指数一开始就暴跌,这可能会让这个比较有点不公平。出于这个原因,我还会向你们展示从 2003 年熊市底部开始的同一幅图。我不会从 2008~2009 年熊市的底部开始,那就太愚蠢了。将完美的市场时机(进入这一代人持续时间最长的牛市)与其他策略进行比较,并没有任何意义。

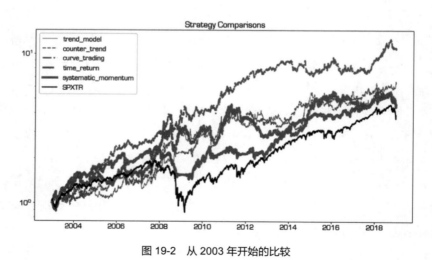

图 19-2 从 2003 年开始的比较

即使我们有先见之明，在科技股崩盘的底部以无可挑剔的时机买入该指数，该指数仍将显示更低的回报和更深的回撤。

组合模型

每个人都知道多样化投资是有益的。至少每个人都应该知道这一点。但大多数人认为多样化只是持有多个头寸。这样没错，但你也可以在多样化的交易风格中找到附加价值。把一个单独的交易模型看作投资组合的一个组件。

你可能会发现，多个模型构成的整体投资组合比任何单独的策略都要好得多。我将用一个简单的投资组合来说明这一点。这个投资组合包括我们目前看到的五种交易模型。

由于我们有五个模型，我们将为每个模型分配均等的 20% 的资本权重。再平衡周期是每月一次。这表明，我们需要每个月都相应地调整所有头寸，将权重重新设定到 20% 的目标。这样的再平衡频率，对于模型级别较小的账户来说既困难又耗时，但在更大的规模上是完全合理的。如果你愿意，可以使用年度数据重复这个试验。与其他语言相比，进行这样的投资组合计算是 Python 的一大优势。

你可以在本书第二十章中阅读这个投资组合是如何计算的，并看到它的代码。

表 19-2 多模型投资组合

模型	年化回报	最大回撤	年化波动率	夏普比率	卡玛比率	索提诺比率
趋势跟随	12.12%	-25.48%	19.35%	0.69	0.48	0.98
反趋势	11.00%	-30.09%	18.55%	0.66	0.37	0.92
曲线交易	14.89%	-23.89%	18.62%	0.84	0.62	1.22
时间回报	11.78%	-40.31%	21.09%	0.63	0.29	0.9
系统动量	7.84%	-39.83%	16.48%	0.54	0.2	0.76
组合模型	14.92%	-17.55%	11.81%	1.24	0.85	1.79

表 19-2 展示了每个单独的模型与多模型投资组合（Combined Portfolio）的比较。这些数字应该非常清楚。在低波动性的情况下，多模型投资组合的表现远远超过了每一个单独的策略。我们获得了更高的年化回报率、更低的最大回撤、更低的波动率、更高的夏普比率等。

我希望这将有助于澄清我的坚持，也就是在评估一个新的交易模型时，需要查看详细的回报概要。你追求的不一定是回报本身，而是它的概要，以及它是否适合你现有的模型。

你可能会发现一个模型长期期望回报较低，但它也与其他模型有较低的或负的相关性。因此，它对你的整体交易模型组合有很大的帮助。

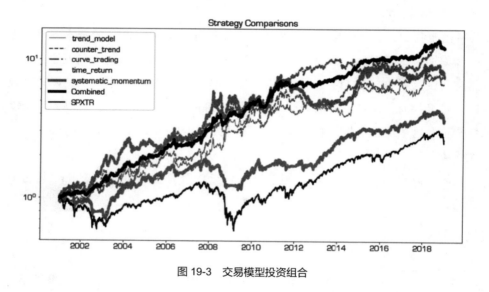

图 19-3　交易模型投资组合

你还将在图 19-3 和表 19-3 中看到，一旦模型组合起来，总体回报概要似乎更有吸引力。由于每个模型的盈亏时间往往不同，因此它们可以很好地相互补充，并有助于平滑掉长期波动。回撤会被抑制，从而产生更高的长期回报。

虽然这个多模型投资组合有几年是微利，但它没有哪一年是亏钱的。

表 19-3 组合模型的持有期分析

年度	1	2	3	4	5	6	7	8	9	10	11	12	13	14	15	16	17	18
2001	8	13	17	18	17	16	18	19	19	20	18	17	17	17	17	16	16	15
2002	18	22	22	20	17	19	21	20	21	20	18	18	18	17	16	16	15	
2003	27	24	21	17	20	21	21	21	20	18	18	18	17	16	16	15		
2004	21	18	14	18	20	20	21	19	17	17	17	17	16	15	14			
2005	15	11	17	20	20	21	19	16	16	17	16	15	15	14				
2006	7	18	21	21	22	19	17	16	17	16	15	15	14					
2007	29	29	26	26	22	18	18	19	17	16	16	14						
2008	29	24	24	20	16	16	17	15	14	13								
2009	20	22	17	13	14	15	14	13	13	12								
2010	25	16	11	12	14	13	12	12	11									
2011	8	5	8	12	11	10	10	9										
2012	1	8	13	12	10	11	9											
2013	16	20	16	13	13	11												
2014	24	16	12	12	10													
2015	9	6	8	7														
2016	4	8	6															
2017	13	7																
2018	2																	

实现多模型投资组合

虽然像这样的演示似乎为你所有的投资提供了一个简单的解决方案,但它实施起来可能并不那么容易。交易每一种模型都需要数百万美元。很明显,交易所有的模型需要更多的资金。我意识到,并不是本书的每位读者都有空闲的一亿美元可供交易。然而,即使你遗憾地没有成为亿万富翁,了解不同方法组合的力量也会大有裨益。

资金不足并不是构建多模型投资组合(Portfolio of Models)的唯一潜在问题。

在实践中，实现本章展示的多模型投资组合可能是非常复杂的。随着复杂性的增加，你缺乏单独模型所能提供的简单概览，可能需要更复杂的软件来跟踪头寸、信号、风险配置等。

一个专业的交易机构可以建立起交易这种复杂组合的能力，以监控风险并进行适当的报告和分析。对于散户来说，这也许是不可能的。

当然，还有另一种看待问题的方式。理解如何构建和实现复杂的多模型投资组合，可以帮助你获得在行业中找到一份好工作所需的技能集。在这个行业的尖端工作，你有可能赚到比交易自己的投资组合多得多的钱。

别忘了，这个行业中有吸引力的报酬是通过交易别人的资金赚来的。你个人是否有资金来交易这些模型并不重要。当然，如果有这些资金更好。反之，你仍然可以利用这些知识从中获利。如果你在对冲基金或类似的公司找到了一份好工作，你为它们工作可能会得到比使用自己的资金交易获得的回报多得多的报酬。

第二十章
回测表现可视化与模型组合

在前面的章节中,你已经看到了展示回测表现的多种图表。因为这是一本完全透明的书,所以我也会向你们展示这些图表是如何实现的。这些事情用 Python 完成都非常简单。我们只需要一个时间序列,就可以构建各种图形、分析指标、表格以及其他类型的输出。

存储模型的结果

在第八章中,我们研究了从 Zipline 回测中提取结果的一些方法,并在此基础上构建了一些分析指标和图表。这里也可以应用相同的方法,但不同之处在于,回测结果将被存储起来以便后续进一步分析。

目前为止你已看到,当我们进行 Zipline 回测时,我们会提取返回的结果。在本书前面的示例模型中,代码看起来是这样的:

```
perf = zipline.run_algorithm(
    start=start_date, end=end_date,
    initialize=initialize,
    analyze=analyze,
    capital_base=millions_traded * 1000000,
    data_frequency = 'daily',
    bundle='random_futures_data' )
```

在本例中，在完成回测运行后，变量 `perf` 将保存所有结果。它是一个 DataFrame，由运行期间收集或计算的大量的不同的数据组成。如果你只想在回测中存储投资组合的每日价值，你可以很容易做到这一点。它存储在列 `portfolio_value` 中。我们可以简单地用一行代码将它保存为以逗号分隔的文件。

```
perf.portfolio_value.to_csv('model_performance.csv')
```

这就是实现上述功能所需的代码。这一行代码将保存回测的投资组合的价值到一个指定名称文件中。投资组合价值通常被称为权益曲线（Equity Curve）。如果你想分析回测的其他方面，你可以保存已完成的交易和在 `perf` 中找到的任何其他数据。

将 DataFrame 保存到逗号分隔的文件中，这个技巧在很多情况下都非常有用。另一个与此相关的工具是 `.to_clipboard()`，它有时在调试期间可能特别有用。它不是将数据保存到磁盘，而是把 DataFrame 放在内存中的剪贴板上。它以正确的格式将数据存储在剪贴板上，这样如果你想要进一步检查，就可以直接粘贴到 Excel 中。这种能快速地将一些数据复制到 Excel 中进行可视化检查的技巧，在调试时是非常有用的。

如何进行模型表现分析

为了计算和可视化每个模型的表现分析，我从 Jupyter 记事本开始。如前所述，在记事本中将不同的逻辑片段分离到不同的单元中，是很有意义的。下面的单元可以访问上面单元中获取或计算的数据。

运行回测之后，我将投资组合的历史价值序列保存到一个本地 CSV 文件中。然后，模型表现分析的记事本会读取其中一个 CSV 文件，并读取标准普尔 500 总回报指数（S&P 500 Total Return Index）作为基准数据进行比较。这是我记事本的第一个单元的功能。

```python
%matplotlib inline

import matplotlib.pyplot as plt
import pandas as pd

# Where the data is
path = 'C:/Trading Evolved/Backtests/'①

# Set benchmark to compare with
bm = 'SPXTR'
bm_name = 'S&P 500 Total Return'

# These are the saved performance csv files from our book models.
strat_names = {
    "trend_model" : "Core Trend Strategy",
    "time_return" : "Time Return Strategy",
    "counter_trend" : "Counter Trend Strategy",
    "curve_trading" : "Curve Trading Strategy",
    "systematic_momentum" : "Equity Momentum Strategy",
}

# Pick one to analyze
strat = 'curve_trading'

# Look up the name
strat_name = strat_names[strat]

# Read the strategy
df = pd.read_csv(path + strat + '.csv', index_col=0, parse_dates=True,
date_parser=lambda x:pd.to_datetime(x).tz_localize(None),names=[strat] )

# Read the benchmark
df[bm_name] = pd.read_csv(path+bm + '.csv', index_col=0, parse_dates=[0],date_parser=lambda x:pd.to_datetime(x).tz_localize(None))

# Limit history to end of 2018 for the book
df = df.loc[:'2018-12-31']
```

---

① 此处路径要根据本地存储位置设置。

```
# Print confirmation that all's done
print("Fetched: {}".format(strat_name))
```

完成这些之后，我们所需的数据就存储在一个结构整齐的 DataFrame 中了。接下来，我想绘制一个漂亮的月度回报表。编写用于展示模型月度和年度聚合表现的 Python 代码，不需要做太多工作。通常情况下，前人已经为此编写了代码，没有必要做重复工作。在本例中，我将使用 Emyrical 程序库。如果你遵循了前面章节的要求，那么你的计算机上应该已经安装了这个程序库。它与我们之前在第八章中使用的 PyFolio 程序库，捆绑在一起进行了安装。

因此，计算月度和年度的回报只需要一行代码。下面单元的其余代码是关于如何构造一个格式整齐的表的。为此，我决定使用优秀的原始 HTML。我这么做只是为了确保它看起来符合本书的风格。如果你只想以文本形式存储每月的数值，那么下面单元的大部分内容都是多余的。下面代码的大部分，只是关于如何格式化 HTML 表以更好地显示的。

```
# Used for performance calculations
import empyrical as em

# Used for displaying HTML formatted content in notebook
from IPython.core.display import display, HTML

# Use Empyrical to aggregate on monthly and yearly periods
monthly_data = em.aggregate_returns(df[strat].pct_change(),'monthly')
yearly_data = em.aggregate_returns(df[strat].pct_change(),'yearly')

# Start off an HTML table for display
table = """
<table id='monthlyTable' class='table table-hover table-condensed table-striped'>
<thead>
<tr>
<th style="text-align:right">Year</th>
<th style="text-align:right">Jan</th>
<th style="text-align:right">Feb</th>
```

```
<th style="text-align:right">Mar</th>
<th style="text-align:right">Apr</th>
<th style="text-align:right">May</th>
<th style="text-align:right">Jun</th>
<th style="text-align:right">Jul</th>
<th style="text-align:right">Aug</th>
<th style="text-align:right">Sep</th>
<th style="text-align:right">Oct</th>
<th style="text-align:right">Nov</th>
<th style="text-align:right">Dec</th>
<th style="text-align:right">Year</th>
</tr>
</thead>
<tbody>
<tr>"""

first_year = True
first_month = True
yr = 0
mnth = 0

# Look month by month and add to the HTML table
for m, val in monthly_data.iteritems():
    yr = m[0]
    mnth = m[1]

    # If first month of year, add year label to table.
    if(first_month):
        table += "<td align='right'><b>{}</b></td>\n".format(yr)
        first_month = False

    # pad empty months for first year if sim doesn't start in January
    if(first_year):
        first_year = False
        if(mnth > 1):
            for i in range(1, mnth):
                table += "<td align='right'>-</td>\n"

    # Add the monthly performance
```

```
        table += "<td align='right'>{:+.1f}</td>\n".format(val * 100)

        # Check for December, add yearly number
        if(mnth==12):
            table += "<td align='right'><b>{:+.1f}</b></td>\n".format(yearly_
                data[yr] * 100)
            table += '</tr>\n <tr> \n'
            first_month = True

# add padding for empty months and last year's value
if(mnth != 12):
    for i in range(mnth+1, 13):
        table += "<td align='right'>-</td>\n"
        if(i==12):
            table += "<td align='right'><b>{:+.1f}</b></td>\n".format(
                yearly_data[yr] * 100
            )
            table += '</tr>\n <tr> \n'

# Finalize table
table += '</tr>\n </tbody> \n </table>'

# And display it.
display(HTML(table))
```

这段代码将输出一张表。这张表看起来就像在本书策略分析章节中多次看到的一样。接下来，我们要绘制策略表现分析图。在前面的章节中，我使用了一个对数图对每种策略与股票指数进行比较。虽然将你的策略与标准普尔 500 指数进行比较可能没有多大意义，但很有可能其他人会进行这种比较，而不管它是否合乎逻辑。

在同一幅图中，我绘制了一幅回撤图和时间窗口为 6 个月的滚动相关性图。这些很容易计算，你应该也已经知道如何绘制这些图了。这里的代码，将设置一个相当大的图形尺寸，并设置图中线条的颜色为黑色和灰色。

```
import matplotlib
```

```python
# Assumed trading days in a year
yr_periods = 252

# Format for book display
font = {'family' : 'eurostile',
        'weight' : 'normal',
        'size': 16}
matplotlib.rc('font', **font)

# Rebase to first row with a single line of code
df = df / df.iloc[0]

# Calculate correlation
df['Correlation'] = df[strat].pct_change().rolling(window=int(yr_
periods / 2)).corr(df[bm_name].pct_change())

# Calculate cumulative drawdown
df['Drawdown'] = (df[strat] / df[strat].cummax()) - 1

# Make sure no NA values are in there
df.fillna(0, inplace=True)

# Start a plot figure
fig = plt.figure(figsize=(15, 12))

# First chart
ax = fig.add_subplot(311)
ax.set_title('Strategy Comparisons')
ax.semilogy(df[strat], '-',label=strat_name, color='black')
ax.semilogy(df[bm_name] , '--', label=bm_name,color='grey')
ax.legend()

# Second chart
ax = fig.add_subplot(312)
ax.fill_between(df.index, df['Drawdown'], label='Drawdown',
color='black')
ax.legend()

# Third chart
```

```
ax = fig.add_subplot(313)
ax.fill_between(df.index,df['Correlation'], label='6M Rolling
Correlation', color='grey')
ax.legend()
```

最后，我为每一章创建了一张所谓的持有期回报表，以显示你从某一年的 1 月份开始持有一定年限后获得的回报率。我将再次选择使用 HTML 输出，以确保它可以很好地显示在本书中。由于书的页面的宽度有限，我还将数字四舍五入到百分数。

```
def holding_period_map(df):
    # Aggregate yearly returns
    yr = em.aggregate_returns(df[strat].pct_change(), 'yearly')

    yr_start = 0

    #Start off table
    table = "<table class='table table-hover table-condensed table-
    striped'>"
    table += "<tr><th>Years</th>"

    # Build the first row of the table
    for i in range(len(yr)):
        table += "<th>{}</th>".format(i+1)
    table += "</tr>"

    # Iterate years
    for the_year, value in yr.iteritems():
        # New table row
        table += "<tr><th>{}</th>".format(the_year)

        # Iterate years held
        for yrs_held in (range(1, len(yr)+1)):
            if yrs_held <= len(yr[yr_start:yr_start + yrs_held]):
                ret = em.annual_return(yr[yr_start:yr_start + yrs_held],
                'yearly' )
                table += "<td>{:+.0f}</td>".format(ret * 100)
        table += "</tr>"
```

```
        r_start+=1
    return table

table = holding_period_map(df)
display(HTML(table))
```

如何进行多模型投资组合分析

在第十九章中，我们探讨了多模型投资组合带来的多样化好处。在第十九章中使用的方法是，在每个月的开始进行再平衡，重新设置每个策略的权重。在本章的代码中，我将提供另一种再平衡的方法。如下一段代码所示，如果市场发展推动任何策略损失超过某个比例，也可以触发对偏离率（Percentage Divergence）的再平衡。

这是一个比较高级的主题，事实上超出了我打算在本书中展示的内容。无论如何，为了让策略透明，我在这里包含了这段源代码。然而，我将避免冗长地讨论这些代码是如何构造的及其原因。它使用了一些技巧来增强程序性能，利用 Numpy 来加快运行速度。

一旦你熟悉了 Python 和回测，你可能想要深入研究这个主题，即如何优化复杂的操作和提高代码的运行速度，但这超出了本书的范围。

```
import pandas as pd
import numpy as np

base_path = 'C:/Trading Evolved/Backtests/'
# Rebalance on percent divergence
class PercentRebalance(object):
    def __init__(self, percent_target):
        self.rebalance_count = 0
        self.percent_target = percent_target

    def rebalance(self, row, weights, date):
        total = row.sum()
        rebalanced = row
```

```python
            rebalanced = np.multiply(total, weights)
            if np.any(np.abs((row-rebalanced)/rebalanced) > (self.percent_t
arget/100.0)):
                self.rebalance_count = self.rebalance_count + 1
                return rebalanced
            else:
                return row


# Rebalance on calendar
class MonthRebalance(object):
    def __init__(self, months):
        self.month_to_rebalance = months
        self.rebalance_count = 0
        self.last_rebalance_month = 0

    def rebalance(self, row, weights, date):
        current_month = date.month

        if self.last_rebalance_month != current_month:
            total = row.sum()
            rebalanced = np.multiply(weights, total)
            self.rebalance_count = self.rebalance_count + 1
            self.last_rebalance_month = date.month
            return rebalanced
        else:
            return row


# Calculate the rebalanced combination
def calc_rebalanced_returns(returns, rebalancer, weights):
    returns = returns.copy() + 1

    # create a numpy ndarray to hold the cumulative returns
    cumulative = np.zeros(returns.shape)
    cumulative[0] = np.array(weights)

    # also convert returns to an ndarray for faster access
    rets = returns.values

    # using ndarrays all of the multiplicaion is now handled by numpy
```

```python
    for i in range(1, len(cumulative) ):
        np.multiply(cumulative[i-1], rets[i], out=cumulative[i])
        cumulative[i] = rebalancer.rebalance(cumulative[i], weights, 
        returns.index[i])

    # convert the cumulative returns back into a dataframe
    cumulativeDF = pd.DataFrame(cumulative, index=returns.index, 
    columns=returns.columns)

    # finding out how many times rebalancing happens is an interesting 
    exercise
    print ("Rebalanced {} times".format(rebalancer.rebalance_count))

    # turn the cumulative values back into daily returns
    rr = cumulativeDF.pct_change() + 1
    rebalanced_return = rr.dot(weights) - 1
    return rebalanced_return

def get_strat(strat):
    df = pd.read_csv(base_path + strat + '.csv', index_col=0, parse_
    dates=True, names=[strat] )
    return df

# Use monthly rebalancer, one month interval
rebalancer = MonthRebalance(1)

# Define strategies and weights
portfolio = {
    'trend_model': 0.2,
    'counter_trend': 0.2,
    'curve_trading': 0.2,
    'time_return': 0.2,
    'systematic_momentum' : 0.2,
}

# Read all the files into one DataFrame
df = pd.concat(
    [
        pd.read_csv('{}{}.csv'.format(
```

```python
                    base_path,
                    strat
                    ),
                    index_col=0,
                    parse_dates=True,
                    date_parser=lambda x:pd.to_datetime(x).tz_localize(None),
                    names=[strat]
                    ).pct_change().dropna()
        for strat in list(portfolio.keys())
    ], axis=1
)
df.dropna(inplace=True)
# Calculate the combined portfolio
df['Combined'] = calc_rebalanced_returns(
    df,
    rebalancer,
    weights=list(portfolio.values())
    )

df.dropna(inplace=True)

# Make Graph
import matplotlib
import matplotlib.pyplot as plt

include_combined = True
include_benchmark = True
benchmark = 'SPXTR'

if include_benchmark:
    df[benchmark] = get_strat(benchmark).pct_change()

#returns = returns['2003-1-1':]
normalized = (df+1).cumprod()

font = {'family' : 'eurostile',
        'weight' : 'normal',
        'size'   : 16}
```

```python
matplotlib.rc('font', **font)

fig = plt.figure(figsize=(15, 8))

# First chart
ax = fig.add_subplot(111)
ax.set_title('Strategy Comparisons')

dashstyles = ['-','--','-.','.-.', '-']
i = 0
for strat in normalized:
    if strat == 'Combined':
        if not include_combined:
            continue
        clr = 'black'
        dash = '-'
        width = 5
    elif strat == benchmark:
        if not include_benchmark:
            continue
        clr = 'black'
        dash = '-'
        width = 2
    #elif strat == 'equity_momentum':
    #    continue

    else:
        clr = 'grey'
        dash = dashstyles[i]
        width = i + 1
        i += 1
    ax.semilogy(normalized[strat], dash, label=strat, color=clr,
    linewidth=width)

    ax.legend()
```

第二十一章
你不可能一直是赢家

如果一只灵长类动物的表现超过了你，你也不必担心。这种情况经常发生，即便是最优秀的人也会有这样的情况。让我们从头说起。

早在 1973 年，伯顿·马尔基尔（Burton Malkiel）出版了他撰写的标志性著作《漫步华尔街》（*A Random Walk Down Wall Street*）。这本书中，有很多内容没有很好地经受住时间的考验，但也有一些部分内容是相当有预见性的。然而，具有讽刺意味的是，虽然他的大部分分析都是准确的，但结论却与事实略有不同。

这本书的作者是所谓的有效市场假说（Efficient Market Hypothesis）的主要支持者。有效市场假说理论认为资产价格完全反映了所有已知信息，所以你不可能一直打败市场。在没有新信息的情况下，股票价格的变动完全是随机的，因此是不可预测的。

当然，这个理论的价值与一篇证明大黄蜂不能飞行的学术论文差不多。几十年来，实证观察一直在抨击这种学术模型，现在只有职业学者才会认真对待这个理论。

然而，我写本章的目的，并不是要质疑马尔基尔教授的理论。毕竟，沃伦·巴菲特在这方面已经做得很好了。我提到这本书是因为一句名言，一个比作者所预期或期望的更真实的故事：

"一只蒙上眼睛的猴子向一份报纸的金融版面投掷飞镖，也能选出一个投资组合，其表现与专家精心挑选的投资组合一样好。"

现在我们开始讨论一下。这是绝对真实的，但错误在于忽视了猴子，不相信它们的能力。而且，我看不出蒙上这只可怜的猴子的眼睛有什么好处，除了让它看起来很滑稽。

灵长类动物跑赢股市的能力是无可争议的。问题是我们如何利用这些知识。马尔基尔教授的结论是，我们应该放弃与这些毛茸茸的小家伙竞争的所有希望，直接购买共同基金。在20世纪70年代，这似乎是个好主意，但那是在我们获得共同基金行业失败的确凿证据之前。黑猩猩比共同基金更有可能取得好的表现。

指出共同基金是一个糟糕的主意，这并没有带来任何新的知识到台面上。2019年，标普道琼斯指数公司发布的标普指数与主动基金对比季度报告令人震惊。大约80%的共同基金在任何给定的3年或5年内都无法匹敌基准指数。那些确实超过基准指数的基金每年往往都不一样，这表明纯粹是因为运气的影响。

共同基金的目的是为基金经理和银行创造最大的收入，同时确保它们的表现落后的幅度足够小，以让大多数散户存款人意识不到发生了什么事情。这是一种很好的商业模式。你推出一只基金，将几乎所有的资金投资于类似指定指数成分股的资产。小的偏差是允许的，但要保持在非常严格的跟踪误差计划范围中。这种设计是为了避免任何明显的相对指数的偏差。

共同基金按资产的百分比收取固定的年管理费，但这当然不是全部的收入基础。大多数提供共同基金的银行也有经纪部门，也就是基金交易的地方。交易流信息是有价值的，例如知道基金再平衡的时间和方式，以及它们会下什么样的订单。从共同基金中赚钱的方法有很多，你需要做的就是确保它们不会偏离基准指数太多。

在1970年代，当《漫步华尔街》被写出来的时候，这种模式可能并不明显。那时候，共同基金看起来真是个不错的主意。我们现在知道了不同的事情，共同基金的表现不太可能超过众所周知的灵长类动物。共同基金甚至都没打算胜过它们。战胜灵长类动物的努力是徒劳无功的，不如稳妥运行，表现略低一些，但收取大量的管理费，大赚一笔。

是的，我离题了。这些都不是新信息。毕竟，现在指出共同基金不是很好的投资，不只是多此一举，更像是对着超市里的马肉狗粮罐头大喊大叫一样白费口舌。购买共同基金不是问题的答案。

也许我们应该辞职，然后雇个办公室黑猩猩。是的，我知道马尔基尔要求用猴子，但用猩猩也不像是在作弊。毕竟，与对冲基金行业的新人相比，黑猩猩有明显的优势，比如工资更低、行为更好、脾气更冷静。然而，并不是每个人都足够幸运，能够保有合作的灵长类动物的服务。好消息是，我们有办法模拟这些非凡生物的技能，那就是随机数生成器。

泡沫先生来到华尔街

在你开始为股票市场设计交易策略之前，你需要知道平均表现良好的黑猩猩期望能达到的水平。事实是，随机的选股方法随着时间的推移会带来不错的利润。当然，我并不是建议你随意挑选股票，但这个知识确实有一定的启示。

也许你设计的选股模型显示出相当好的长期结果。你已经研究它很长时间了，构建了一个结合了技术指标、基本比率和设计的精确规则的复杂方法。现在，你的模拟清楚地表明你可以通过这些规则赚钱。

当然，一个问题是，与随机方法相比，你赚的钱是多还是少，风险是高还是低。而且，构建一个与随机方法大致相同的模型是相当容易的。在这种情况下，你需要问自己是否真的增加了任何价值。

为了阐释这一原理，我将让我们假想的办公室黑猩猩泡沫先生（Mr. Bubbles）展示它的一些最佳策略。

我们将从一个简单的经典策略开始——等量随机50（Equal Random 50）策略。这个策略的规则真的很简单。每个月初，泡沫先生都会向一张同样虚构的股票名单投掷假想飞镖，从当日属于标准普尔500指数成分股中选出50只股票。整个投资组合将在每个月的第一天被卖出，并用50只新股票代替。

别误会我们在这里做的事情。只有黑猩猩才真会这么交易，我们这样做是为了了解股票的行为。

在随机选择了 50 只股票后，我们简单地等量购买每只股票。等量当然不是指股票的股数，而是指金额的大小。在本例中，我们初始资金是 10 万美元，每只股票投资 2000 美元。这就是为什么我们称该策略为等量随机 50 策略，即随机选择规模相同的 50 个头寸。

　　当得到股息时，它们将以现金形式留在账户中，直到下个月的再平衡。那时它们将被用来再次购买股票。这种策略总是全额投资的，除了这些暂时闲置的现金股利。

　　猴子的这种策略根本不关心自己买了什么股票，也不关心整个市场的走势。你认为这样的策略会有什么效果？

　　直觉的回答是，结果将以指数为中心震荡。这虽然合理，但不正确。这就像朝着镖靶上扔飞镖一样，如果你瞄准中心，投掷足够多的次数，理论上你应该在靶心周围得到一个相当均匀的分布。当然，除非你有一双奇特的手臂，投掷时把飞镖拉向左边。

　　这个回答的逻辑错误是，假设指数是某种平均值。然而，它不是。指数是一种完全不同的系统交易策略，而且设计得很糟糕。

　　因为这里的模拟使用的是随机数，所以只模拟一次当然是没有意义的。毕竟，如果你转一两次轮盘，任何事情都有可能发生，你甚至有可能赢钱。但如果你反复多次，最终结果是可以预测的——你几乎不可能带着任何现金离开赌场。

　　对于本章中的每个随机策略，我将展示 50 次迭代的结果。一些研究过统计学的读者此时此刻可能会对这几页颇有微词，但你不必担心。我进行了同样的模拟，每次迭代 500 次，但结果差异并不大。

　　图 21-1 展示了这 50 次迭代的结果。没有必要眯着眼睛仔细去分辨所有线条之间的差别。从这幅图中读到的最重要的事情是，该指数与其他线条的比较。标普 500 总回报指数（S&P 500 Total Return Index）以加粗黑线表示，以区别于其他线条。

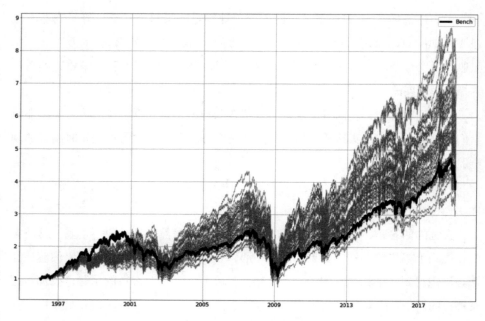

图 21-1　随机选择股票策略

在这幅图中，你应该注意到的第一件也是最明显的事是，随机选股方法的几乎所有模拟结果都比指数更赚钱。

你可能会注意到的第二件事是，随机选股方法在世纪之交开始跑赢指数。但在 20 世纪 90 年代，指数曾处于领先地位。我们将在后面讨论其中的原因。

当然，更高的整体回报不是免费得到的。回报的获得很少是不需代价的。图 21-2 显示了回报与波动性的散点图。这描绘了一个有些不同的情况。你这里会看到，所有随机策略回测的波动性都更高。随机策略的一些回测，波动性较高，但长期回报与指数大致相等。这显然不是很有吸引力。但对它们中的许多策略来说，回报足够高，足以弥补额外的波动性。

你可能注意到我还没有提到交易成本。滑点和佣金怎么办？到目前为止，我还没有应用这些设置。因为在本例中，如果我们把这些成本包括进去，就不能进行公平的比较。

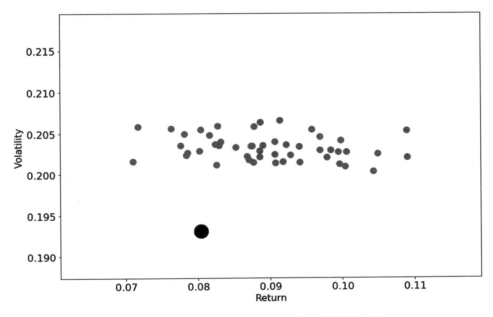

图 21-2　等量随机 50 策略与标普 500 总回报指数的对比

这里，我们并不是在试图设计一个实用的交易计划，对成本、滑点等进行实际的核算，从而得到一个预期回报数字。我们让一只黑猩猩朝镖靶扔飞镖，这本身就是很不现实的。这里，我们是在比较指数和泡沫先生的飞镖投掷技能的概念。如果我们把交易成本算在黑猩猩的策略上，那么我们就需要把交易成本也算在标准普尔指数上。

然而，指数不包括任何此类费用。指数不是一种带有滑点和佣金的实际交易策略。它们假设你没有任何费用或滑点，可以立即在市场上以任何金额进行买卖。所以，泡沫先生也能做同样的事才公平。

本书中的其他模型使用的是真实的交易成本，但在这一章中，我们将免费进行交易。现在，我只想讲一下股票市场。

显然，从长期来看，这种看似荒谬的策略表现优于市场，至少它有高于平均的可能性取得更高的回报，但波动性稍微高一些。我们可以得出这样的结论：与指数方法相比，这个策略的结果并不完全离谱。

这里没有什么技巧。在过去几十年里，随机选股模型在回报方面有很高的可能性超过指数。当然，这是有原因的。但在进入本章的真正要点之前，我还要再多说几句。

我们刚刚尝试的模型使用了相同的头寸规模。你可能认为，也许这就是诀窍。为了以防头寸配置的影响，我把这个因素从模型中去掉，进入双随机 50 模型（Random Random 50 Model）。

双随机 50 与等量随机 50 基本相同。它根据指数成分股随机选择，每月替换整个投资组合。唯一的区别是，它分配给头寸的权重不相等。相反，它分配给头寸一个随机的权重。我们总是使用 100% 的可用资金购买股票，但我们购买每只股票的数量完全是随机的。

这的确是有些道理。毕竟，为什么黑猩猩会购买等量的每种股票呢？

如图 21-3 所示，你将看到的一个非常相似的图案。我们再次看到，1990 年代末模型的表现不佳，但之后 15 年中的表现却非常强劲。

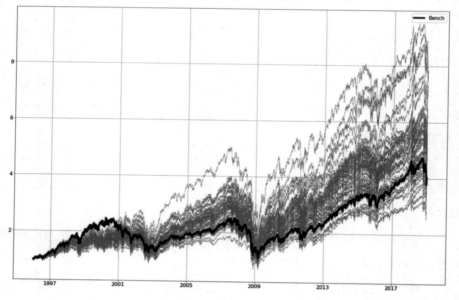

图 21-3　双随机（随机选股、随机权重）策略的表现

这里，虽然最优秀和最糟糕的随机迭代的表现之间有相当大的差距，但即使在 20 世纪 90 年代受到拖累，几乎每一次迭代都胜过指数。请记住，如果你用同样的方法将实际的共同基金与指数作对比，这幅图会是什么样子。在随机挑选的 50 只共同基金中，可能有一到两只基金的表现高于该指数，但不会更多。这与黑猩猩的策略完全相反。投资共同基金，你有 20% 的概率跑赢大盘，而投资一只黑猩猩，你有 80% 的概率。

至于散点图，看起来也很相似。在波动性和回报方面，我们策略的区间都更宽。考虑到随机的持仓规模和可能带来的极端配置效应，这也在意料之中。

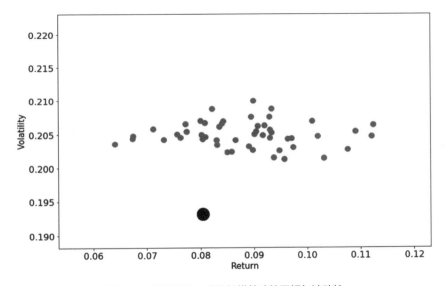

图 21-4　随机选择、随机规模策略的回报与波动性

虽然，我们有一些迭代显然比指数更糟糕——它们波动性较高回报较低或者波动性较高而回报与指数差不多，但大多数迭代都显示出较好的长期回报。

当然，我们还可以把这个小游戏做得更深入一些，添加一个随机变量表示选择股票的数量。但这真的没有那么重要。最终的结果也是可以预测到的。我们会看到回报率和波动性的区间更大，但仍然会看到随机模型的预期回报率更高。

所以，我们不再深入分析这个游戏了。我将直接跳到这一章的重点。

问题在于指数

现在，我们知道了随机选股的表现优于指数，至少它有更高的概率显示出卓越的长期回报。无论是相同规模、随机规模、甚至是随机数量的股票，结果都差不多。只要我们持有合理数量的股票，并避免完全疯狂的配置，我们似乎就能跑赢大盘。至少在 20 世纪 90 年代之后是这样的。那么，这到底是怎么回事呢？我只是在浪费你的时间去阅读这些毫无意义的策略，还是说这里有什么要点吗？

这个很容易被忽视的问题，就是我们正在进行的比较本身。真的有理由将指数作为基准吗？要理解为什么随机选股看起来更好，你需要了解指数真正是什么——指数只是另一种交易模型。

市场指数不是对金融市场的某种客观度量。我不确定这样的客观度量是否存在，更不确定如何创建一个公平的市场度量标准。事实上，我从未见过哪个指数方法没有这样或那样的缺陷。但这并不是指数提供商的错。无论你如何构建一个指数，它都必然倾向于某些因素。

大多数现代市场指数基于两种主要的市场因素：长期动量和市值。让我们先来看看为什么我说这些指数是基于动量的，然后再看下更明显的市值问题。

一只股票怎样才能被纳入标准普尔 500 指数？实际上，成分股的选择是由委员会在自由裁量的基础上完成的，但任何被考虑的股票都需要满足一定的标准。其中最重要的是，股票的总市值必须超过 50 亿美元。此外，还有关于流动性和自由流通股的规则，以确保股票实际上可以大规模交易。

价值 50 亿美元的公司不是凭空出现的。这些公司一开始规模很小，后来越来越大。随着股价的上涨，它们变得更有价值。在某个时点上，它们变得足够有价值，才可以被纳入某个指数。因此，从一个非常现实的意义上讲，标普 500 的成分股之所以被纳入，主要是因为它们过去有强劲的价格表现。这就是指数是一种动量策略的原因。也许它不是一个优秀的动量策略，但动量仍然是选择股票的一个主要因素。

第二个因素与此密切相关，即当前的市值。但在这里，问题在于权重。大多数主要指数都是基于市值加权的。当然，也有例外，最明显的例子是道琼斯指数，它纯粹是基于价格水平加权。

市值问题很重要。如果你正在寻找使上述黑猩猩策略看起来有效的诀窍，这就是那个诀窍。大多数主要指数的市值加权模型，都在无意中有破坏多样化的副作用。

大多数人会认为，像标准普尔500这样的宽基指数是高度多样化的。毕竟，它涵盖了美国最大的500家公司。问题是，如果你舍弃后300只股票，指数价格的走势看起来几乎是一样的。它不是一个多样化的指数。它极度集中在少数大公司。

该指数中，最大的三家公司的总权重约为10.5%。这与排名垫底的230只股票的权重之和相当。目前，权重最高的公司有将近4%的权重，而权重最低的公司权重小于0.01%。这不是多样化。

这意味着，当你以传统的指数方式投资时，你实际上是在购买一种基于市值因子的策略。你把几乎所有的钱都投入少数几家非常大的公司，而指数中的其他股票并不重要。

这就是为什么黑猩猩比我们聪明的原因。这不是说它们做了什么特别正确的事情，更像是指数出错了。

有时，大盘股的表现优于小盘股，这发生在20世纪90年代中后期。然而，大多数时候，大盘股的表现不如中小盘股。这种效应甚至可以在标普500这样的指数中看到，其中所有的股票根据定义都是大盘股。然而，其中市值数十亿美元的股票，与市值大到足以让瑞士国内生产总值看起来像一个舍入误差的股票之间，也存在相当大的差距。

世界上最大的公司之所以市值这么高，是因为它们表现良好。然而，一旦公司的市值相当于南美的国内生产总值，就会产生一个问题——它的市值此后还能翻多少倍。这些巨头必然会在一段时间后变得波动缓慢。它们下跌的潜力，将远远大于上涨的潜力。

这些高度集中的指数非常受欢迎。其中一个原因当然是许多人没有完全理解它们有多集中。但这只是故事的一小部分，更重要的因素是从众思想（Group

Think）。

有一句非常古老的行业格言，能非常合适地描述这种情况：“没有人因为买入 IBM 而被解雇。”这句谚语来自 IBM 公司是世界上最大企业之一的那个时代。当时，IBM 公司就相当于现在的苹果（Apple）公司或微软（Microsoft）公司。如果你买了众所周知的 IBM 公司的股票，那么你就是在做与其他人一样的事情，不可能因此而受到指责。大多数投资都是代表他人进行的，如基金经理和各类资产经理等就是代表受益人进行投资的。从这个角度来看，不被指责是最重要的。你的报酬是管理费用。如果你在别人赔钱的时候赔钱，你就没事了，没人会为此责怪你。但如果你竭尽全力做到最好，却冒着失败的风险，你可能会被解雇。所以，购买 IBM 公司的股票符合你们的利益。

随机策略之所以表现出众，是因为它们没有使用市值加权。这也是它们在 20 世纪 90 年代表现不佳的原因。然而，在 2000 年到 2002 年的互联网危机中，大公司遭受的打击最大。这就是大多数随机策略没有受到较大影响的原因。

我认为，这里的重点是你需要知道指数是什么。你还需要确定你的目标是超越指数，还是与指数无关。

在金融行业，我们讨论相对策略和绝对回报策略。很多时候，这两种十分不同的方法会被搞混。记住，相对策略必须始终与基准指数进行比较，而绝对回报策略则不应如此。

这在金融行业中常常是一个问题。事实上，大多数人并没有意识到其中的区别。如果你有一个绝对回报策略，并在年终取得 15% 的涨幅，那通常会被认为是一个好年份。而如果股票市场在那一年下跌了 20%，你的客户会信任你周末照看他们的孩子。但如果股市上涨了 25%，你很快就会从圣诞贺卡名单上消失。

发现泡沫先生

如果你想在家尝试，我将为你提供用于这个试验的源代码。这里的大部分代码与动量模型相同，但没有花哨的动量和分配逻辑。在展示整个代码之前，让我们先看看有趣的部分。

除了上次使用的 import 语句之外，我们还需要一个可以为我们生成随机数的程序库。

```
# To generate random numbers
from random import random,seed,randrange
```

我们用它来随机选择股票。实际的合格股票列表的获取方法与前面相同。

```
# Check eligible stocks
todays_universe = [
    symbol(ticker) for ticker in
    context.index_members.loc[context.index_members.index <
    today].iloc[-1,0].split(',')
]
```

实际的股票选择是由一个每月运行一次的循环完成的。这里，我们在一次循环中选择需要的每只股票，并使用 random（随机）程序库生成一个数字。我们确保这个数字介于 0 和股票列表长度减去 1 的数之间。记住，列表是从 0 开始的。

这里还使用了 `pop()`。这是一种方便的方法，可以从列表中选择一个项目并同时从列表中删除它。这确保了我们不会两次选择同样的股票。

```
        for i in np.arange(1, number_of_stocks +1):
            num = randrange(0, len(todays_universe) -1)
            buys.append(todays_universe.pop(num))
```

接下来的一个新的部分是，我们如何存储多次回测的运行结果。在本例中，我感兴趣的是投资组合随时间变化的价值，所以我在这个循环中存储的所有内容就是投资组合的价值。

```
# Run the backtests
for i in np.arange(1, number_of_runs + 1):
    print('Processing run ' + str(i))

    result = zipline.run_algorithm(
        start=start_date, end=end_date,
        initialize=initialize,
```

第二十一章　你不可能一直是赢家　333

```
            capital_base=100000,
            data_frequency = 'daily',
            bundle='random_stock_data' )
    
    df[i] = result['portfolio_value']
```

最后，我们将拥有一个随时间推移的投资组合价值的 DataFrame，每一个列代表一次回测。现在，你需要做的就是制作一些漂亮的图，或计算一些有用的分析指标。

下面是随机选股模型的完整源代码。

```
%matplotlib inline

import zipline
from zipline.api import order_target_percent, symbol, set_
    commission, \
        set_slippage, schedule_function, date_rules, time_rules
from zipline.finance.commission import PerTrade, PerDollar
from zipline.finance.slippage import VolumeShareSlippage, FixedSlippage

import pandas as pd
import numpy as np

# To generate random numbers
from random import random,seed,randrange
"""
Settings
"""
number_of_runs = 2
random_portfolio_size = False
number_of_stocks = 50   # portfolio size, if not random
sizing_method = 'equal' # equal or random
enable_commission = False
commission_pct = 0.001
enable_slippage = False
slippage_volume_limit = 0.025
slippage_impact = 0.05
```

```python
def initialize(context):
    # Fetch and store index membership
    context.index_members = pd.read_csv('../data/index_members/sp500.
    csv',index_col=0,parse_dates=[0])
    
    # Set commission and slippage.
    if enable_commission:
        comm_model = PerDollar(cost=commission_pct)
    else:
        comm_model = PerDollar(cost=0.0)
    set_commission(comm_model)
    
    if enable_slippage:
        slippage_model=VolumeShareSlippage(volume_limit=slippage_
        volume_limit,price_impact=slippage_impact)
    else:
        slippage_model=FixedSlippage(spread=0.0)
    set_slippage(slippage_model)
    
    schedule_function(
        func=rebalance,
        date_rule=date_rules.month_start(),
        time_rule=time_rules.market_open()
    )

def rebalance(context,data):
    today = zipline.api.get_datetime().tz_localize(None)
    
    # Check eligible stocks
    todays_universe = [
        symbol(ticker) for ticker in
        context.index_members.loc[context.index_members.index <
        today].iloc[-1,0].split(',')
    ]
    
    # Make a list of stocks to buy
    buys = []
    
    # To modify global variable, and not make new one
```

第二十一章　你不可能一直是赢家　335

```python
    global number_of_stocks
    
    # If random stockss selected
    if random_portfolio_size:
        # Buy between 5 and 200 stocks.
        number_of_stocks = randrange(5,200)
    
    # Select stocks
    for i in np.arange(1, number_of_stocks +1):
        num = randrange(0, len(todays_universe) -1)
        buys.append(todays_universe.pop(num))
    
    # Sell positions no longer wanted.
    for security in context.portfolio.positions:
        if (security not in buys):
            order_target_percent(security, 0.0)
    
    # Make an empty DataFrame to hold target position sizes
    buy_size = pd.DataFrame(index=buys)
    
    # Get random sizes, if enabled.
    if sizing_method == 'random':
        buy_size['rand'] = [randrange(1,100) for x in buy_size.
        iterrows()]
        buy_size['target_weight'] = buy_size['rand'] / buy_
        size['rand'].sum()
    elif sizing_method == 'equal':
        buy_size['target_weight'] = 1.0 / number_of_stocks
    
    # Send buy orders
    for security in buys:
        order_target_percent(security, buy_size.loc[security,
        'target_weight'])

start_date = pd.Timestamp('1996-01-01',tz='UTC')
end_date = pd.Timestamp('2018-12-31',tz='UTC')

# Empty DataFrame to hold the results
df = pd.DataFrame()
```

```
# Run the backtests
for i in np.arange(1, number_of_runs + 1):
    print('Processing run ' + str(i))
    
    result = zipline.run_algorithm(
        start=start_date, end=end_date,
        initialize=initialize,
        capital_base=100000,
        data_frequency = 'daily',
        bundle='random_stock_data' )
    
    df[i] = result['portfolio_value']
print('All Done. Ready to analyze.')
```

这段代码运行完成后，结果数据就在 df 对象中。你可以将它保存到磁盘，或使用前面章节描述的技术来绘制或分析它。

第二十二章
测量相对表现（特邀章节）

罗伯特·卡弗（Robert Carver），独立系统期货交易员、作家、研究顾问，现任伦敦大学玛丽女王学院客座讲师。他是《系统交易：设计交易和投资系统的独特新方法》（Systematic Trading: A unique new method for designing trading and investing systems）和《智能投资组合：构建和维护智能投资组合的实用指南》（Smart Portfolios: A practical guide to building and maintaining intelligent investment portfolios）的作者。

直到2013年，罗伯特一直在AHL工作，这是一家大型系统对冲基金，也是曼氏集团（Man Group）的一部分。他负责创建AHL的基本全球宏观战略，并管理基金数十亿美元的固定收益投资组合。在此之前，罗伯特为巴克莱投资银行交易复杂的衍生品。

罗伯特拥有曼彻斯特大学（University of Manchester）经济学学士学位以及伦敦大学伯克贝克学院（Birkbeck College, University of London）经济学硕士学位。

Python是运行交易策略回测并为其潜在表现提供大量诊断信息的优秀工具。但是，工具只有在你知道如何正确使用它们的时候才有用，否则它们可能是危险的。试着蒙上眼睛，用电锯切割一块木头，看看效果如何。同样，如果实际上你开发的策略的稳定性较差，那么一个表面上看起来很好的回测可能会导致你的财富遭受严重损失。

在本章中，我将重点分析相对表现（Relative Performance）：一种交易策略相对于另一种的表现。在多种不同的情况下，相对表现很重要。首先，所有策略都应该与某种基准进行比较。例如，如果你的策略集中于购买选中的标准普尔500成分股，那么它就要能胜过标准普尔500指数。

另一种重要的比较是，同一策略的不同变种之间的比较。找到最优策略变量的过程有时被称为拟合。考虑本书作者安德烈亚斯在第二十一章中介绍的期货趋势跟随模型，模型的进场规则有三个参数：两个移动平均的时间窗口的长度，以及我们回溯寻找突破的天数。安德烈亚斯为这些参数使用的值是40日、80日和50日。这些可能是不错的参数值（安德烈亚斯绝顶聪明），但也许我们可以做得更好？为了测试这一点，我们可以为不同的参数值的集合生成回测，并选择最好的参数。

如果你正在使用多个策略，需要决定在每个策略上分配多少宝贵的资金，那么策略之间的比较就是非常重要的。在回测中表现更好的策略，可能值得分配更多的资金。

你可能想要做的最后一种比较是，对比你的交易策略的旧版本和新版本。一旦你拥有了一个交易策略，就会有一种几乎无法忍受的冲动去修补和改进它。然后，没过不久，你就会发现策略的回测表现稍有改进。但是，你需要恰当的比较，查看是否值得升级到最新的版本，或坚持可靠的原始版本。

所有这些不同比较的一个关键点是显著性（Significance）。你的策略应该显著地优于基准。如果你要选择带有一组特定的参数的一个交易策略的变种，那么它应该比其他变种要好得多。在不同的策略中分配资金时，如果你要把很多鸡蛋放在一个篮子里，那么你需要确信这个篮子比其他可用的鸡蛋容器要好得多。最后，如果你考虑从一种策略转换到另一种策略，你需要确定回报的改善是否足以证明这种转换值得去做。

另一个重要的话题是可比性（Comparability）。如果你没有选择适合你的策略的基准，那么你的结果将是毫无意义的。对一个多样化的期货趋势跟随策略来说，使用标准普尔500指数作为基准是没有意义的，尽管你会经常在推销材料中看到这种比较。基准和策略应具有相似的风险，否则风险较高的策略将具有优势。

在本章中，我将重点比较安德烈亚斯的股票动量模型的回报与标准普尔 500 指数。当然，这个总体的想法也适用于其他情况。

有些比较可以使用 pyfolio 之类的工具自动完成。但在本章中，我将向你展示如何根据基本原理自己进行计算。这将让你更好地理解正在发生的事情。

首先，让我们看看回报。你可以从安德烈亚斯的网站下载这些文件以及源代码。你需要的文件是 SPXTR.csv 和 systematic_momentum.csv，它们都位于下载源代码文件的文件夹 Backtests 下。你可以在 www.followingthetrend.com/trading-evolved 上找到这些文件。

```
import pandas as pd
data_path = '../Backtests/'
strat = "systematic_momentum"
bench = 'SPXTR'
benchmark = pd.read_csv("{}{}.csv".format(data_path, bench), index_col=0, header=None, parse_dates=True)
strategy = pd.read_csv("{}{}.csv".format(data_path, strat), index_col=0, header=None, parse_dates=True)
```

在比较两种策略时，我们需要确保回报覆盖同一时期：

```
first_date = pd.Series([benchmark.index[0], strategy.index[0]]).max()
benchmark = benchmark[first_date:]
strategy = strategy[first_date:]
```

我们还需要通过使用 'ffill' 将基准回报与策略匹配，确保回报发生的时间间隔相同。'ffill' 的功能是通过向前进行填充，补上任何缺失的数据。

```
benchmark = benchmark.reindex(strategy.index).ffill()
```

下面绘制两种策略的账户价值的曲线。我更喜欢使用累积回报率。

先计算回报率：

```
benchmark_perc_returns = benchmark.diff()/benchmark.shift(1)
strategy_perc_returns = strategy.diff()/strategy.shift(1)
```

现在我们累积这些回报率：

```
benchmark_cum_returns = benchmark_perc_returns.cumsum()
strategy_cum_returns = strategy_perc_returns.cumsum()
both_cum_returns = pd.concat([benchmark_cum_returns, strategy_cum_
returns], axis=1)
both_cum_returns.columns=['benchmark', 'strategy']
both_cum_returns.plot()
```

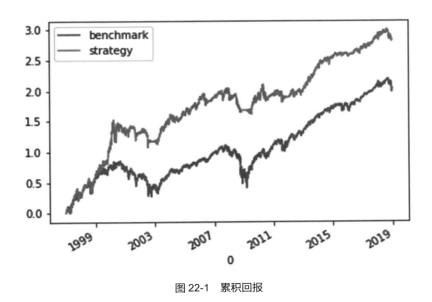

图 22-1　累积回报

顺便说一下，这相当于在对数尺度上画账户价值曲线。通过这种图表，我们更容易看到账户价值曲线的整个历史表现，因为这样无论在哪个时间点，10% 的利润或损失在图中具有完全相同的尺度。

从表面上看，这一策略似乎比基准要好得多。让我们看看表现的差值。

```
diff_cum_returns = strategy_cum_returns - benchmark_cum_returns
diff_cum_returns.plot()
```

现在，我们可以更清楚地看到，这种更好的表现仅限于回测的前 7 年左右。在那之后，相对表现就持平了。这种表现的变化显著吗？这是一个很好的问题。

稍后,当我们有合适的工具时,我们会回来回答这个问题。

图 22-2　累积回报差值

在此之前,让我们先进行一些基本的分析。每种策略能赚多少钱?就我个人而言,我喜欢计算年回报率。由于现在的回报率是每日回报率,所以我们需要将它乘上每年交易日的天数。不包括周末和其他非交易日,一年大约有 256 个交易日(事实上,我使用这个数字还有另一个原因):

```
print(strategy_perc_returns.mean()*256)
```

0.124743

```
print(benchmark_perc_returns.mean()*256)
```

0.094309

这一策略的年化表现相当不错,为 12.5%,而基准指数为 9.4%,只略高了 3%。但如果这一策略的风险比基准高得多,就不是一个公平的比较。让我们用回报的年标准差来度量风险。虽然它不是对风险的完美度量,因为它假设我们的回报遵循一个特定的统计分布,即高斯正态分布,但是它在本例中能很好地发挥作用。

```
print(strategy_perc_returns.std()*16)
```

0.189826

```
print(benchmark_perc_returns.std()*16)
```

0.192621

请注意，为了对标准差进行年化处理，我们要乘以一年中交易日天数的平方根。256 的平方根正好是 16。现在你知道，为什么我这么喜欢数字 256 了吧。

策略风险非常相似，但又略有不同。为了弥补这一点，我们需要使用风险调整回报（Risk Adjusted Return）。如果一个策略的风险大于基准指数，一个投资者可以加一点杠杆买入基准指数，使其最终风险达到策略的风险水平。如果一个策略的风险水平较低，就如示例中的情况，投资者可以买入较少数量的基准指数来匹配风险水平，还可以剩下一些多余的现金来赚取利息。

严格地说，我们应该使用夏普比率（Sharpe Ratio）来计算风险调整回报。夏普比率考虑了我们在使用杠杆时必须支付的利率，或者我们可以从过剩现金中赚取的任何利息。不过为了简单起见，这一章我们将使用简化版的夏普比率，它等于回报率除以标准差。

```
def simple_sharpe_ratio(perc_returns):
    return (perc_returns.mean()*256) / (perc_returns.std()*16)

simple_sharpe_ratio(strategy_perc_returns)
```

0.657144

```
simple_sharpe_ratio(benchmark_perc_returns)
```

0.489609

即使考虑到风险，这种策略看起来也更好。证明这一点的另一种方法是调整基准，使其具有与策略相同的风险。

```
adjusted_benchmark_perc_returns = benchmark_perc_returns * strategy_perc_returns.std() / benchmark_perc_returns.std()
```

```
adjusted_benchmark_cum_returns = adjusted_benchmark_perc_returns.
cumsum()
```

请记住，这忽略了使用杠杆化策略以匹配基准风险的成本，或是多余现金所赚取的任何利息，因为我们不需要将 100% 的资金投入基准以匹配策略的风险。这稍微夸大了策略的表现。让我们重新计算一下超额回报。这一次将通过对回报的平均差值进行年化来计算：

```
diff_cum_returns = strategy_cum_returns - adjusted_benchmark_cum_
returns
diff_returns = diff_cum_returns.diff()
diff_returns.mean()*256
```

0.032538

在对该策略较低的风险进行调整后，年化回报的提高程度略有增加：每年 3.3%。这听起来真不错。然而，我们真的能相信它吗？运气在交易中起着很大的作用，我们应该经常问自己，交易利润是否只是侥幸。

有一种正式的测试方法叫做"T-检验"。T-检验计算策略回报的均值大于基准回报均值的可能性有多大。T-检验函数在另一个 python 程序库 scipy 中：

```
from scipy.stats import ttest_rel
ttest_rel(strategy_perc_returns, adjusted_benchmark_perc_returns, nan_
policy='omit')

Ttest_relResult(statistic=masked_array(data = [1.0347721604748643],
             mask = [False],
       fill_value = 1e+20)
, pvalue=masked_array(data = 0.30082053402226544,
             mask = False,
       fill_value = 1e+20)
)
```

这里的关键数字是 T 统计量（1.03477）和 p 值（0.30082）。一个较高的 T 统计量使策略更有可能优于基准。p 值量化了这种可能性。p 值为 0.3 表明该策略有 30% 的可能性与基准的平均回报相同。这比运气（50% 的可能性）好一点，但也差不多。

p 值低于 5% 通常被认为是显著的结果，因此，这个策略没有通过显著性检验。当使用 5% 的 p 值规则时，请记住以下告诫：如果你测试了 20 种交易策略，那么你可能会发现至少有一种比基准明显好（p 值低于 5%）。所以，如果你已经考虑舍弃很多策略，那么你应该使用更严格的 p 值。

我需要再提醒一句：T- 检验对回报率的统计分布做了一些假设。在使用金融数据时，通常会严重违反这些假设。为了解释这一点，我们需要做一些不同的事情，即"非参数 T- 检验（Non parametric T-test）"。

这个检验将使用"蒙特卡洛（Monte Carlo）"技术来完成。虽然交易和赌博是近亲，但蒙特卡洛与赌博没有关系，而是与随机性有很大关系。我们将随机生成大量的"另类历史时间序列"。每个历史时间序列的长度将与实际的回测数据相同，并由从回测中随机抽取的点组成。对于每个历史时间序列，我们测量基准与策略之间的回报差值，然后我们看看所有差值的分布。如果只有少于 5% 的差值是负数（负数意味着策略表现劣于基准），那么该策略将通过 T- 检验。

```
import numpy as np

monte_carlo_runs = 5000 # make this larger if your computer can cope
length_returns = len(diff_returns.index)
bootstraps = [[int(np.random.uniform(high=length_returns)) for _not_
used1 in range(length_returns)] for_nct_used2 in range(monte_carlo_runs)]

def average_given_bootstrap(one_bootstrap, diff_returns):
    subset_returns = diff_returns.iloc[one_bootstrap]
    average_for_bootstrap = np.float(subset_returns.mean()*256)
    return average_for_bootstrap

bootstrapped_return_differences = [average_given_bootstrap(one_
bootstrap, diff_returns) for one_bootstrap in bootstraps]

bootstrapped_return_differences = pd.Series(bootstrapped_return_
differences)
bootstrapped_return_differences.plot.hist(bins=50)
```

以下是分布的图形:

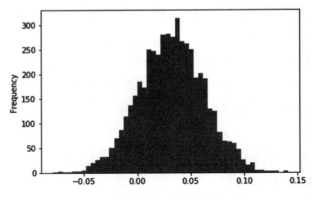

图 22-3 策略回报与基准的差值的分布

这个分布的平均值约为 3%:符合该策略的平均优异表现的预期。然而,分布的一部分低于 0%,表明理论上有可能回报率之差实际为零或负数。我们可以用数学方法来检验:

```
sum(bootstrapped_return_differences<0)/float(len(bootstrapped_return_differences))
```

0.1466

如果你得到的数字因随机性而略有不同,也不要担心。

我们可以将其解释为,有 14.7% 的可能性该策略并没有真正跑赢基准。这比我们之前使用标准 T- 检验得到的 30% 要好,尽管它仍然低于通常使用的 5% 临界值。

这种自举技术(Bootstrapping Technique)可以用于任何类型的统计量:相关性、波动性、Beta……只需替换 `average_given_bootstrap` 函数中的计算,你就可以实际了解到我们可以多么准确地测量相关统计量。

比较策略和基准的另一种方法是计算它的 alpha 和 beta。这里我为在文本中插入过多的希腊字母而道歉。这些数值来自这样一种观念:投资者应该只关心扣除市场基准敞口回报后的超额回报。对市场基准的敞口是由 beta 来度量的,剩下的超额回报被标记为 alpha。

从技术角度来看，beta 是策略与基准的协方差。通俗地说，beta 值是 1.0，意味着你期望获得与基准差不多的回报。beta 值高于 1.0，意味着你期望获得更高的回报，因为你的策略的风险更大。beta 小于 1.0，意味着你预期的回报较低，因为你对基准的敞口较小。这要么是因为你的策略的标准差低于基准，要么是因为策略与基准的相关性相对较低。

为了测量 beta，我们需要使用另一种时髦的统计技术：线性回归（Linear Regression）。第一步就是检查我们的基准是否适合我们的策略。这里，我们追求的是策略和基准回报率之间良好的线性关系。除了一些异常值，我们应该看到大部分存在线性关系。虽然有更复杂的方法可以做到这一点，但对我来说，没有什么方法比实际查看数据更有效。

```
both_returns = pd.concat([strategy_perc_returns, benchmark_perc_returns], axis=1)
both_weights.columns = both_returns.columns = ['strategy', 'benchmark']

both_returns.plot.scatter(x="benchmark", y="strategy")
```

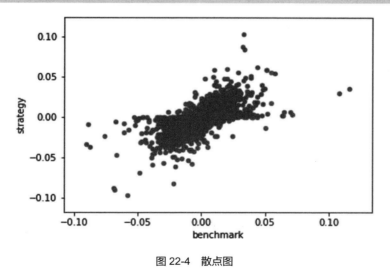

图 22-4　散点图

因为线性回归可以解释不同的风险水平，所以我们在这里可以使用原始的未调整的回报率。

```
import statsmodels.formula.api as smf

lm = smf.ols(formula='strategy ~ benchmark', data=both_returns).fit()
lm.params
```

Intercept   0.000227

benchmark   0.706171

第一个标签为截距（Intercept）的数值，是 alpha 值。第二个标签为基准的数值，是 beta 值。alpha 值是正数，每年约为 5.8%，这很好。然而，这只是运气，还是具有统计学意义？让我们检查一下：

```
lm.summary()
```

普通最小二乘法（Ordinary Least Square，OLS）回归结果			
Dep.Variable:	Strategy	R-squared:	0.513
Model:	OLS	Adj.R-squared:	0.513
Method:	Least Squares	F-statistic:	5840.
Date:	Fri,07 Jun 2019	Prob（F-statistic）:	0.00
Time:	07:47:09	Log-Likelihood:	18687.
No.Observations:	5536	AIC:	-3.737e+04
Df Residuals:	5534	BIC:	-3.736e+04
Df Model:	1		
Covariance Type:	nonrobust		

	Coef	Std err	t	P>|t|	[0.025	0.975]
Intercept（截距）	0.0002	0.000	2.041	0.041	8.97e-06	0.000
Benchmark	0.7062	0.009	76.422	0.000	0.688	0.724
Omnibus:	921.677	Durbin-Watson:	1.921			
Prob（Omnibus）:	0.000	Jarque-Bera（JB）:	17845.374			
Skew:	-0.145	Prob（JB）:	0.00			
Kurtosis:	11.791	Cond. No.	83.1			

这些数据太多了，我不打算在这里一一解释。但关键的数据是在"截距"行的"P>|t|"列。这显示了截距值为正的 T- 检验的 p 值为 0.041 或 4.1%，表明截距实际上为零或负数的概率只有 4.1%。这低于 5% 的临界值，因此我们有理由相信该策略优于基准。

实际上，这些结果依赖于更多的假设：策略和基准的回报都需要有良好的统计分布（这经常是不可能的），它们需要有一个线性关系（记住，我们在视觉上检查过，这看起来似乎是正确的）。原则上，我们可以使用自举技术来做这个非参数检验，但这超出了本章的范围。

现在，让我们回到我们之前问过的一个问题——2005 年之后该策略相对平稳的表现是否显著？我们可以使用另一种 T- 检验来测试这一点，它不要求被测试的两个数据集匹配。

```
from scipy.stats import ttest_ind
split_date = pd.datetime(2006,1,1)
ttest_ind(diff_returns[diff_returns.index<split_date], diff_returns[diff_returns.index>=split_date],nan_policy='omit')
```

```
Ttest_indResult(statistic=masked_array(data = [1.6351376708112633],
        mask = [False],
  fill_value = 1e+20)
, pvalue=masked_array(data = 0.10207707408174886,
        mask = False,
  fill_value = 1e+20)
)
```

现在，你应该是解释这些数字的专家了。p 值（0.102）相当低（尽管不低于 5%），表明 2006 年 1 月之后的回报很有可能低于这之前的回报。

我们如何利用这些信息？你可能会想，"好吧，我需要调整策略，让它在 2006 年后继续跑赢大盘。"不要那样做！那样就是隐式拟合（Implict Fitting）的一个例子。隐式拟合是指在看到了回测的所有结果后改变交易策略。

这是作弊！回测的目的是向我们展示，我们过去本可以做得怎样。当我们在 1997 年开始交易时，我们不可能知道 2006 年后的策略会发生什么，除非我们有时间机器。

隐式拟合导致了两个严重的问题。首先，我们可能会采用一种过于复杂的交易策略，可能会过度拟合，因此未来的表现会很糟糕。其次，我们的策略在过去的表现看起来比实际情况要好。

由于我们无法调整策略，让我们考虑这样一个简单的场景：我们试图决定将投资组合的多大比例分配给交易策略，以及将多大比例投入基准指数。

首先，我们使用隐式拟合。在 2006 年 1 月之前，我们将 100% 的资金投入到这一策略中（因为这一策略要好得多），2006 年 1 月之后分别将 50% 的资金投入到这一策略和基准中（因为在 2006 年 1 月之后，它们的表现似乎一样好）。

```
strategy_weight = pd.Series([0.0]*len(strategy_perc_returns),
index=strategy_perc_returns.index)
benchmark_weight = pd.Series([0.0]*len(benchmark_perc_returns),
index=benchmark_perc_returns.index)

strategy_weight[strategy_weight.index<split_date] = 1.0
benchmark_weight[benchmark_weight.index<split_date]=0.0

strategy_weight[strategy_weight.index>=split_date] = 0.5
benchmark_weight[benchmark_weight.index>=split_date]=0.5

both_weights = pd.concat([strategy_weight,benchmark_weight], axis=1)
both_returns = pd.concat([strategy_perc_returns, benchmark_perc_
returns], axis=1)
both_weights.columns = both_returns.columns = ['strategy',
'benchmark']

implicit_fit_returns = both_weights*both_returns
implicit_fit_returns = implicit_fit_returns.sum(axis=1)
```

现在我们要做正确的事情：只用过去的数据做出分配决定，而不使用时间机器。资本配置是一个很复杂的业务，为了简单起见，我将使用一个规则，即我们按每项资产的历史年回报率相对于每年 11% 回报（这大概是策略和基准的平均回报）的比例进行分配。

因为我们知道策略的相对回报会随着时间的推移降低，所以我们将使用最近

5年的回报确定历史平均值（准确地说，我们使用半周期 2.5 年的一个指数加权移动平均线，相当于周期为 5 年简单移动平均线，但更加平滑）。使用较短的周期会导致权重的噪声太大。

```
rolling_means = both_returns.ewm(halflife = 2.5*256).mean()
rolling_means = rolling_means + (0.16/256)
rolling_means[rolling_means<0]=0.000001
total_mean_to_normalise = rolling_means.sum(axis=1)
total_mean_to_normalise = pd.concat([total_mean_to_normalise]*2, axis=1)
total_mean_to_normalise.columns = rolling_means.columns
rolling_weights = rolling_means / total_mean_to_normalise
rolling_weights.plot()
```

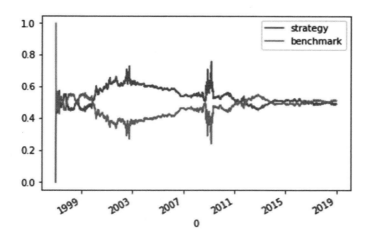

图 22-5　投资组合中策略与基准的权重

这些权重看起来与作弊的隐式权重没有太大区别。2006 年之前，我们将大部分资金投入到策略中；2011 年之后，我们的资金分配接近相同。然而，在 2006 年至 2011 年期间，滚动均值仍在根据相对回报的变化进行调整，因此我们最终在策略中投入了比隐式拟合更多的资金。

```
rolling_fit_returns = rolling_weights*both_returns
```

```
rolling_fit_returns = rolling_fit_returns.sum(axis=1)

compare_returns = pd.concat([rolling_fit_returns, implicit_fit_
returns], axis=1)
compare_returns.columns = ['rolling', 'implicit']
compare_returns.cumsum().plot()
```

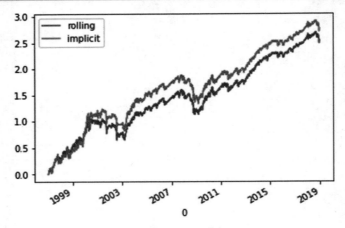

图 22-6　隐式拟合与滚动均值资金分配方式的累积回报对比

```
diff_compare = implicit_fit_returns - rolling_fit_returns
diff_compare.cumsum().plot()
```

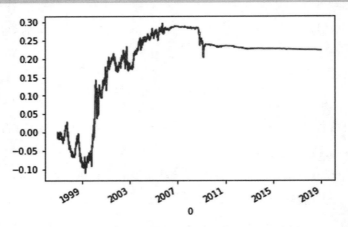

图 22-7　隐式拟合与滚动均值资金分配方式的回报差值

不出所料，隐式拟合比滚动均值的表现更好。隐式拟合的所有的超额回报都发生在 2008 年之前，因为当时它通过将所有资源分配到策略中来作弊。2009 年后，这两种方法的表现几乎相同（2008 年，隐式拟合的表现略好一些，因为其中策略的权重仍然较高，而策略的表现优于基准）。

我们比较风险调整回报的绝对数字：

```
simple_sharpe_ratio(rolling_fit_returns)
```

0.669280152423306

```
simple_sharpe_ratio(implicit_fit_returns)
```

0.6708715830455622

通过做一点弊，我们就成功地推高了夏普比率。想象一下，如果我们真的做了些手脚，能增加多少？用不了多久，你的夏普比率就会达到 2.0。你就会相信自己是一个天才交易员，可以安全地使用过高的杠杆，并能负担得起支付给你的经纪商的可观的交易成本。这些都是危险的假设，最终结果将令人沮丧：交易账户血本无归。

要非常小心，不要走上隐式拟合的道路。只使用那些在过去确实可获取的数据来修改、拟合或分配交易策略。

第二十三章
导入数据

当人们试图设置他们的第一个 Python 回测环境时，最常见的困难是连接数据。这是一项艰巨的任务，至少是如果你要靠自己来解决的话。这就是为什么我将花一些时间在这个主题上，并向你展示一些源代码。希望这些源代码能够帮助你，并为你省去一些麻烦。

第一步当然是获取实际数据。你需要找到能够以满意的价格获得你所需的数据的一家数据提供商。我不会在这里给出建议。我将在我的网站上写一些关于数据供应商的文章，在那里更新和添加这些信息更容易。

如果你只想继续阅读本章并立即了解 Python 回测，你可以从我的网站 www.followingthetrend.com/trading-evolved 下载随机生成的数据。我将在那里发布与本书相关的数据和代码。

在本书中，我们所有的示例代码都使用了 Zipline 回测引擎，因为我不得不为本书选择一个回测引擎，而 Zipline 似乎是一个不错的选择。对于每款回测软件，将数据连接到回测引擎的工作方式是不同的。如果你想使用不同的软件，你还需要弄清楚如何将数据连接起来。

股票数据和期货数据的工作方式非常不同，这意味着当我们导入这些数据时，导入的方式也略有差别。这两个资产类别需要一些不同的代码。我将从导入股票数据开始介绍。

有两种主要的方法来管理本地数据。选择哪一个在很大程度上取决于你自己的情况，以及你打算如何使用你的数据。你可以直接以数据提供商提供的格式导入数据到 Zipline，或者你可以在本地数据库中组织所有的数据，并使用它作为数据提供商和 Zipline 之间的中间层。

如果你刚刚开始进入回测世界的大门，你可能只想快速、容易地导入数据并开始回测。

相反，如果你的经验更加丰富，或者有更高的期望，你可能会看到使用本地证券数据库（Securities Database）的好处。这样，你就可以使用统一的格式，整合来自多个数据提供商的数据。你可以通过使用 Python 构建的多种工具直接访问数据，还可以添加各种有用的元数据信息。

创建一个集束

虽然创建一个集束（Making a Bundle）看起来像是交易员在市场行情好的时候做的事情，但它实际上指的是将你的数据导入 Zipline 的过程。

这是 Zipline 特有的过程。如果你决定使用不同的回测引擎，这部分将不适用。其他的回测程序库使用它们自己的不同方式来连接数据。虽然 Zipline 使用的方法可能更复杂，但 Zipline 拥有丰富的附加功能、良好的可扩展性以及庞大的回测引擎特性集合。

在这一章中，我们将首先查看如何为股票创建集束，然后再介绍如何为期货创建集束。这有很多相似之处，但也有一些重要的不同点。

这里的示例集束，我们只能获取每日历史数据。但 Zipline 也支持分钟级的数据，并且处理速度非常快。

到目前为止，在本书中，我们只在 Jupyter 记事本中编写代码。这对于编写、运行和分析回测来说是一个很好的环境，但我们还需要一些其他的工具来构建我们的集束。还有另一个名为 Spyder 的程序，应该已经与 Anaconda 软件包一起安装在你的电脑上。你应该能在你的电脑上找到 Spyder 程序。它是一个通用的 Python 代码编辑器，你可以在其中编写、运行和调试代码。我们也将使用它编写集束。

在制作一个新的集束时，需要完成两部分工作。第一部分是实际编写集束，这是主要任务，也是我们将要详细讨论的内容。第二部分很简单，但也不要忘了，那就是必须注册新的集束。这涉及在一个文本文件中添加少量文本，但如果不这样做，Zipline 将不会知道创建了一个新的集束。

编写你的第一个集束似乎有点令人生畏，特别是因为很难找到清晰的文档。和大多数事情一样，一旦你知道怎么做，就不是那么难了。

首先，我简要介绍一下集束所包含的内容。显然，一个数据集束需要从某处读取数据，这可能是最简单的部分。这里，Pandas 库是你的好朋友，它可以轻松地从本地文本文件、数据库文件、数据库服务器、网络调用或任何你喜欢和需要的地方读取数据。

你的集束需要有一个特定的函数签名，也就是说你的摄取函数（Ingest Function）需要一组特定的参数。如果你对这些还很陌生，不要太担心。你可以只使用我的示例代码，并更改少量需要更改的内容，以读取你自己的数据。

遵循本书"少讲述，多展示"的指导原则，让我们深入研究一下，如何制作一个简单但功能齐全的集束，读取磁盘上的股票历史价格数据。我将循序渐进地展示和解释，然后在本节的最后，我将一次性展示所有代码。

首先是通常的 import 语句。

```
import pandas as pd
from os import listdir
```

我们需要使用 Pandas 从磁盘读取 csv 文件，并且使用 DataFrame 的常用技巧。我们还需要使用 listdir 函数来检查哪些文件是可用的。

接下来，我们将设置数据所在的路径。虽然有经验的程序员会指出，硬编码这样的字符串并不是很好的编写代码的方法，但这个例子并不是为了展示编写代码的方法。我想向你展示一些简单的方法来完成工作。一旦你对它如何工作更有信心，你就可以继续进行改进。

```
# Change the path to where you have your data
path = 'C:/yourdatapath/data/random_stocks/'①
```

这才是真正的开始。接下来，我们开始创建摄取函数（Ingest Function）。我

---

① 此处要根据读者本地数据存储路径进行调整。

简要地提到过，这样一个函数需要有一个特定的签名，也就是你将在函数定义中看到的。

```
"""
The ingest function needs to have this exact signature,
meaning these arguments passed, as shown below.
"""
def random_stock_data(environ,
                asset_db_writer,
                minute_bar_writer,
                daily_bar_writer,
                adjustment_writer,
                calendar,
                start_session,
                end_session,
                cache,
                show_progress,
                output_dir):
```

接下来的部分演示了 Python 的一种简洁的工作方式。看看我们可以在短短的一行代码中完成多少工作。这一行读取指定文件夹中的所有文件，去掉最后四个字符，并返回修剪后的文件名的列表。

当然，这是基于我们这里的假设，即指定文件夹中的所有文件都是以股票名称命名的 csv 文件，文件后缀是 .csv，如 IBM.csv、AAPL.csv 等。

```
# Get list of files from path
# Slicing off the last part
# 'example.csv'[:-4] = 'example'
symbols = [f[:-4] for f in listdir(path)]
```

为了防止你忘记将数据放在这个文件夹中，我们抛出一个错误。

```
if not symbols:
    raise ValueError("No symbols found in folder.")
```

现在，我们将准备三个 DataFrame，稍后我们将需要用数据填充它们。而现在，我们只是创建这些 DataFrame 的结构。

```python
# Prepare an empty DataFrame for dividends
divs = pd.DataFrame(columns=['sid',
                             'amount',
                             'ex_date',
                             'record_date',
                             'declared_date',
                             'pay_date']
                    )

# Prepare an empty DataFrame for splits
splits = pd.DataFrame(columns=['sid',
                               'ratio',
                               'effective_date']
                      )

# Prepare an empty DataFrame for metadata
metadata = pd.DataFrame(columns=('start_date',
                                 'end_date',
                                 'auto_close_date',
                                 'symbol',
                                 'exchange')
                        )
```

  Zipline 回测引擎强制遵守交易所的日历。虽然大多数回测引擎只是简单地使用提供给它们的数据，但是 Zipline 知道哪些天是给定交易所的有效交易日，并且它会要求在这些日期而不是其他日期填充历史数据。

  实际上，数据提供商提供给你的数据可能与这些严格的规则有一些轻微的偏差。在有效的交易日，某只股票的数据可能缺失。或者，在非交易日中，错误地提供了数据。的确，这是不应该发生的。如果你找到了一家完美的数据提供商，请让我知道。当然，我没有找到。

  我们将定义在稍后注册集束时应该遵循哪个交易所的日历。然后，这段集束代码就会知道这个日历。如果你再次查看函数定义签名，你将看到这里提供了日历。从中，我们现在可以检查哪些天是有效的交易日。

```
# Check valid trading dates, according to the selected exchange calendar
sessions = calendar.sessions_in_range(start_session, end_session)
```

现在我们要做的就是获取数据，将数据的日期与交易所日历对齐，处理股息和元数据。这实际是集束的大部分代码。但这也是它变得有趣的地方。到目前为止，我们只看到了一个函数，我们称之为 `random_stock_data`。这个函数只剩下三行了。

```
# Get data for all stocks and write to Zipline
daily_bar_writer.write(
        process_stocks(symbols, sessions, metadata, divs)
        )

# Write the metadata
asset_db_writer.write(equities=metadata)

# Write splits and dividends
adjustment_writer.write(splits=splits,
                        dividends=divs)
```

如果查看这些行，你应该意识到神奇的事一定发生在一个名为 `process_stocks` 的不同函数中。这是一个所谓的生成器函数（Generator Function），它将迭代我们的股票，处理数据并填充我们需要的 DataFrame。

这个函数将返回日线写入程序所需的历史数据，它将填充我们需要的元数据和股息信息。我们还提供了之前创建的空的 DataFrame `split`。我们的数据已经像大多数数据一样，针对股票拆分进行了调整。

这就剩下生成器函数了。数据就是在生成器函数中获取和处理的。在定义函数并传递股票代码列表、有效交易日、元数据和股息对象之后，我们启动一个包含所有股票代码的循环。

使用 `enumerate` 来循环遍历股票的意义在于，我们将自动为每只股票按顺序获得一个数字。第一个数字是 0，然后是 1，以此类推。我们需要为每只股票提供唯一的证券标识符（Security Identifier, SID），只要它是唯一的数字就可以了。

Enumerate 提供给我们的这些自动增加的数字，很好地实现了证券标识符的功能。

```
"""
Generator function to iterate stocks,
build historical data, metadata
and dividend data
"""
def process_stocks(symbols, sessions, metadata, divs):
    # Loop the stocks, setting a unique Security ID (SID)
    for sid, symbol in enumerate(symbols):
```

函数的其余部分在该循环中，这意味着对于数据文件夹中每个可用的股票代码，所有其余的代码都将运行一次。根据你提供的数据量多少，这可能需要几分钟左右。每当一个任务可能需要运行一段时间时，某种进度输出就会十分有用，这样我们就可以知道所有的工作都在按部就班地进行。虽然还有其他更好的方式，但这里我将使用一个简单的打印语句。

```
print('Loading {}...'.format(symbol))
# Read the stock data from csv file.
df = pd.read_csv('{}/{}.csv'.format(path, symbol), index_col=[0],
parse_dates=[0])
```

如这段代码所示，我们使用 Pandas 库从文件中读取数据，指定我们前面设置的文件路径，并添加股票代码来创建文件名。我们将第一列设置为索引列，并要求 Pandas 解析日期格式。

接下来，我们将确保数据符合指定交易所的日历。附带说明一下，一旦你熟悉了 Python 和 Zipline，你可以尝试编辑日历或创建自己的日历。

在将日期与日历对齐时，你需要决定在出现差异时要做什么。希望这里不会有任何差异，但如果发生这种情况，就需要某种处理方式。在下面的代码中，作为一个例子，我告诉 Pandas 向前补上缺失的交易日数据，然后作为安全措施，删除任何可能的空值。

请注意，下面的代码将检查我们从磁盘读取的实际数据的首个和最后一个日期，然后使用该范围内的有效交易日，重新制定数据的索引。

```
# Check first and last date.
start_date = df.index[0]
end_date = df.index[-1]

# Synch to the official exchange calendar
df = df.reindex(sessions.tz_localize(None))[start_date:end_date]

# Forward fill missing data
df.fillna(method='ffill', inplace=True)

# Drop remaining NaN
df.dropna(inplace=True)
```

现在我们有了足够的股票元数据信息。如果愿意,你实际上可以向元数据添加更多的信息,如公司名称,但是我们已经拥有了工作所需的一切数据。现在,我们只需要向 `metadata` 中添加我们在函数定义中传递的 DataFrame。

一个常见的陷阱是,忽略了交易所字段。毕竟,我们并不真的需要这些信息,也不会用它来做任何事情。但问题是,如果你省略了该字段,Zipline 将无法使用你的集束。这里我们简单地对交易所字段进行硬编码,以避免这个问题。

```
# The auto_close date is the day after the last trade.
ac_date = end_date + pd.Timedelta(days=1)

# Add a row to the metadata DataFrame. Don't forget to add an exchange field.
metadata.loc[sid] = start_date, end_date, ac_date, symbol, "NYSE"
```

在我们将数据传回之前的最后一个任务是检查股息。由于你可能有或没有股息数据,所以我添加了一个检查,检查数据文件中是否有股息这一列。如果有股息数据,我们处理它并将数据添加到 `divs` DataFrame。

```
# If there's dividend data, add that to the dividend DataFrame
if 'dividend' in df.columns:
```

```
# Slice off the days with dividends
tmp = df[df['dividend'] != 0.0]['dividend']
div = pd.DataFrame(data=tmp.index.tolist(), columns=['ex_date'])

# Provide empty columns as we don't have this data for now
div['record_date'] = pd.NaT
div['declared_date'] = pd.NaT
div['pay_date'] = pd.NaT

# Store the dividends and set the Security ID
div['amount'] = tmp.tolist()
div['sid'] = sid

# Start numbering at where we left off last time
ind = pd.Index(range(divs.shape[0], divs.shape[0] + div.shape[0]))
div.set_index(ind, inplace=True)

# Append this stock's dividends to the list of all dividends
divs = divs.append(div)
```

这样就只剩下将历史数据传递给调用者这最后一个小的细节了。因为这是一个生成器函数，所以我们使用 yield。

```
yield sid, df
```

这就是整个集束的内容。虽然我确实承认如果你不是 Python 程序员，那么仅仅通过阅读在线文档找到实现方法似乎困难重重，但你使用我这里的示例，并将其根据你自己的数据进行修改，应该是一件轻而易举的事情。

下面是这个数据集束的全部代码。

```
import pandas as pd
from os import listdir
# Change the path to where you have your data
path = 'C:/Users/Andreas Clenow/BookSamples/BookModels/data/random_stocks/'[1]
```

---

[1] 此处要根据读者本地数据存储路径进行调整。

```
"""
The ingest function needs to have this exact signature,
meaning these arguments passed, as shown below.
"""
def random_stock_data(environ,
                      asset_db_writer,
                      minute_bar_writer,
                      daily_bar_writer,
                      adjustment_writer,
                      calendar,
                      start_session,
                      end_session,
                      cache,
                      show_progress,
                      output_dir):

    # Get list of files from path
    # Slicing off the last part
    # 'example.csv'[:-4] = 'example'
    symbols = [f[:-4] for f in listdir(path)]

    if not symbols:
        raise ValueError("No symbols found in folder.")

    # Prepare an empty DataFrame for dividends
    divs = pd.DataFrame(columns=['sid',
                                 'amount',
                                 'ex_date',
                                 'record_date',
                                 'declared_date',
                                 'pay_date']
    )

    # Prepare an empty DataFrame for splits
    splits = pd.DataFrame(columns=['sid',
                                   'ratio',
                                   'effective_date']
    )
```

```python
    # Prepare an empty DataFrame for metadata
    metadata = pd.DataFrame(columns=('start_date',
                                    'end_date',
                                    'auto_close_date',
                                    'symbol',
                                    'exchange'
                                    )
                            )

    # Check valid trading dates, according to the selected exchange calendar
    sessions = calendar.sessions_in_range(start_session, end_session)

    # Get data for all stocks and write to Zipline
    daily_bar_writer.write(
            process_stocks(symbols, sessions, metadata, divs)
            )

    # Write the metadata
    asset_db_writer.write(equities=metadata)

    # Write splits and dividends
    adjustment_writer.write(splits=splits,dividends=divs)

"""
Generator function to iterate stocks,
build historical data, metadata
and dividend data
"""
def process_stocks(symbols, sessions, metadata, divs):
    # Loop the stocks, setting a unique Security ID (SID)
    for sid, symbol in enumerate(symbols):
        print('Loading {}...'.format(symbol))
        # Read the stock data from csv file.
        df = pd.read_csv('{}/{}.csv'.format(path, symbol), index_col=[0],
        parse_dates=[0])

        # Check first and last date.
```

```python
start_date = df.index[0]
end_date = df.index[-1]

# Synch to the official exchange calendar
df = df.reindex(sessions.tz_localize(None))[start_date:end_date]

# Forward fill missing data
df.fillna(method='ffill', inplace=True)

# Drop remaining NaN
df.dropna(inplace=True)

# The auto_close date is the day after the last trade.
ac_date = end_date + pd.Timedelta(days=1)

# Add a row to the metadata DataFrame. Don't forget to add an exchange field.
metadata.loc[sid] = start_date, end_date, ac_date, symbol, "NYSE"

# If there's dividend data, add that to the dividend DataFrame
if 'dividend' in df.columns:

    # Slice off the days with dividends
    tmp = df[df['dividend'] != 0.0]['dividend']
    div = pd.DataFrame(data=tmp.index.tolist(), columns=['ex_date'])

    # Provide empty columns as we don't have this data for now
    div['record_date'] = pd.NaT
    div['declared_date'] = pd.NaT
    div['pay_date'] = pd.NaT

    # Store the dividends and set the Security ID
    div['amount'] = tmp.tolist()
    div['sid'] = sid

    # Start numbering at where we left off last time
    ind = pd.Index(range(divs.shape[0], divs.shape[0] + div.shape[0]))
    div.set_index(ind, inplace=True)
```

```
        # Append this stock's dividends to the list of all dividends
        divs = divs.append(div)

    yield sid, df
```

这段代码应该保存为 `.py` 文件,放在 Zipline 集束文件夹(Bundle Folder)中。它在计算机上的确切位置取决于你的安装和本地设置。你通过搜索应该能很容易找到它,但作为参考,我的路径显示在下面。对于这个示例,我假设你将这个集束保存为 `random_stock_data.py`。你可以随意命名该文件,我们需要在注册集束时引用这个文件名。

```
C:\Users\Username\conda.envs\zip38\Lib\site-packages\zipline\data\bundles
```

现在我们已经创建了集束,我们需要向 Zipline 注册它。这是在一个名为 `extension.py` 的文件中完成的,你应该能在你的主目录 /.zipline 下找到它。如果你使用的是 Windows 操作系统,它可能在 `C:/users/username/.zipline/extension.py` 下,如果你使用的是 UNIX 风格的操作系统,它可能在 `~/.zipline/extension.py` 下。如果文件不存在,就创建它。

在这个文件中,我们需要导入集束,并按照下面的语法注册它。假设你使用名称 `random_stock_data.py` 将集束代码保存了在正确的文件夹中。

```
from zipline.data.bundles import register, random_stock_data
register('random_stock_data', random_stock_data.random_stock_data,
         calendar_name='NYSE')
```

你可以看到,这是我们指定交易所日历的地方。正如我们前面所见,它定义了哪些天是有效的交易日。也许你想知道为什么要重复这个名称两次,`random_stock_data.random_stock_data`。这很简单,因为在这个例子中,集束的文件名和函数名碰巧是相同的。为了简单起见,我们在这里也使用相同的名称来命名集束。

修改并保存这个文件之后,我们就可以摄取这个集束了。摄取过程指的是,实际运行集束代码以将数据导入 Zipline 的过程。

现在你已经准备好摄取新的集束了。还记得我们在第七章是怎么做的吗？

打开 zip38 环境的终端窗口。你可以通过 Anaconda Navigator 做到这一点。然后，像以前一样摄取新的集束。

```
zipline ingest -b random_stock_data
```

如果现在一切正常，你将看到数据是如何通过 Zipline 逐个提取和存储的。当这个过程完成后，你就可以开始构建正式却有些随机的回测了。

正如以前章节所示，每个模型的回测代码都指定了它是从哪个集束中提取数据的。因此，现在你可以简单地修改这部分代码，以使用你的随机集束。这部分代码通常在接近底部的地方。

Zipline 和期货数据

Python 回测引擎正在快速发展。当你阅读本书时，可能已经发生了一些革命性的事情，使本书的部分内容过时了。但在撰写本书时，在我看来，Zipline 在为期货提供稳定性最好、功能最丰富的 Python 回测环境方面处于领先地位。我们在第十四章已经讨论过这一点。

然而，在本地安装中确实需要做一些工作来正确设置。但别害怕，我会指导你的。既然你已经读到了这一章，你可能已经学会了如何制作股票的 Zipline 集束，就像我们在本章前面讨论的那样。我们在那里学到的很多东西也适用于期货，但也有一些需要把握的难点。

在 Python 世界中，你必须始终意识到一件事，没有什么软件是真正完美无瑕的。你经常会遇到这样的情况：为什么有人留下一些看似未完成的东西，或者为什么你只是为了让你的解决方案运行起来，就需要去编辑其他人的源代码。这就是你所在的 Python 世界。但另一方面，这些都是免费的。

首先，我们总览一下启动和运行 Zipline 的期货回测需要做的事情，具体如下：

- 构建一个期货集束。
- 提供给期货集束准确的元数据。
- 为期货基础代码（Root Symbol）提供额外的元数据。
- 在 `extension.py` 中注册期货集束。
- 编辑 `constants.py` 以确保你所有市场都有滑点和交易佣金的默认定义。

以下是需要注意的陷阱：

Zipline 要求对期货代码使用非常特殊的语法。确保将期货代码格式化为 RRMYY，其中 RR 是两个字符的合约基础代码，M 是一个字符的月份，YY 是两位数字的年份。例如：2002 年 1 月的原油合约就是 CLF02。

- 需要提供两个字符的合约基础代码。现实中，合约基础代码可以有一个、三个或者四个字符。因此，你需要强制使用两个字符的语法。
- 所有市场的合约基础代码必须在 `constants.py` 文件中列出，并带有默认费用和滑点。如果你想包含尚未在该文件中的市场，则需要将其添加进该文件。
- 对于股票集束，Zipline 希望提供一个 DataFrame 用于股息和拆分调整。显然，这在期货领域没有多大意义。但是，只要我们提供一个空的 DataFrame，回测引擎就会欣然接受。
- Zpline 希望在节假日日历指定的确切日期中填充数据。如果你少了或多了几天的数据，那么数据接收将会失败。这是有可能发生的，甚至很可能，因此你需要使用 Pandas 来确保你的日期与预期的日期匹配。这与我们前面看到的股票集束相同，解决方案也是相同的。
- Zipline 的当前版本（在撰写本章时为 1.3 版）在 2000 年之前的数据中存在一些问题。将数据限制在 2000 年后，可以简化这一过程。
- 你可能想要将首个通知日的可用数据合并到集束中。由于许多读者没有这些数据，我现在将简化并跳过它。你可以通过将自动平仓日设置为最后交易日

（Last Traded Date）的上月同一日，来近似作为大多数商品期货的首个通知日（First Notice Day）。

期货数据集束

在很大程度上，期货集束与股票集束的运行方式是相同的，但要注意这个资产类别的特殊考虑因素。在这里的示例集束中，我们将读取从本书网站中能够下载的随机数据。

我提供这些随机数据来帮助你更快地启动和运行。通过这个随机样本数据集及其集束，你应该能够看到期货集束的工作逻辑。你可以测试它并在需要的地方进行修改，以让你自己的数据能够工作。

要运行这个示例，你需要从本书网站 www.followingthetrend.com/trading-evolved/ 下载我的随机样本数据。或者，你可以修改代码，使用你自己的数据。除了随机数据，你还可以从该网站下载一个元数据查找文件（Metadata Lookup File）。该文件包含了点值（Point Value）、板块等重要的期货信息。这个集束也使用该文件为 Zipline 框架提供信息。

我还将在这个代码示例中，向你介绍一个新的小技巧。加载数据可能需要一段时间，而为每个市场输出一行新的文本，就像我们在股票集束中所做的那样，可能有些原始。相反，这一次你将看到一个整洁的小进度条。

代码的开始，我们通常有一些导入语句，包括我们将用于进度条的 tqdm 程序库。

```
import pandas as pd
from os import listdir
from tqdm import tqdm # Used for progress bar
```

如前所述，我们需要提供随机历史数据和元数据查询表。下一段代码指定了数据的位置，然后将元数据查询表读入内存，以便稍后访问。你可以更改路径，以匹配你放置下载数据的位置。

```
# Change the path to where you have your data
base_path = "C:/your_path/data/"
data_path = base_path + 'random_futures/'
meta_path = 'futures_meta/meta.csv'
futures_lookup = pd.read_csv(base_path + meta_path, index_col=0)
```

我的期货查询表的布局如表 23-1 所示。这些字段大多数都简单明了，比如合约基础代码、描述和板块。然而，你可能会想，期货的合约乘数和最小货币单位是什么。

合约乘数（Multiplier），有时被称为点值（Point Value）或合约规模（Contract Size），是期货合约的一个关键属性。它定义了合约价格变化 1 美元时你的盈利或损失的金额，因此被称为合约乘数。

最小货币单位是我作为一个提醒添加到表中的。一些美国期货市场以美分而不是美元计价，如果你不为此进行调整，可能会得到一些奇怪的结果。你应该向你的本地数据提供商查询，查看他们为此类市场提供的是美元还是美分价格。

表 23-1 期货查询表

序号	基础代码	合约乘数	最小货币单位	描述	交易所	板块
0	AD	100000	1	澳元 / 美元	芝加哥商业交易所	外汇
1	BO	600	0.01	大豆油	芝加哥交易所	农产品
2	BP	62500	1	英镑 / 美元	芝加哥商业交易所	外汇

如同股票集束示例一样，我们从函数的签名开始介绍摄取函数。

```
"""
The ingest function needs to have this exact signature,
meaning these arguments passed, as shown below.
"""
def random_futures_data(environ,
                        asset_db_writer,
                        minute_bar_writer,
                        daily_bar_writer,
```

```
                    adjustment_writer,
                    calendar,
                    start_session,
                    end_session,
                    cache,
                    show_progress,
                    output_dir):
```

到目前为止，它和我们之前看到的并没有什么不同。这里的下一段代码也非常类似，但请注意，我们必须在元数据中提供一些额外的字段。

```
# Prepare an empty DataFrame for dividends
divs = pd.DataFrame(columns=['sid',
                             'amount',
                             'ex_date',
                             'record_date',
                             'declared_date',
                             'pay_date']
)

# Prepare an empty DataFrame for splits
splits = pd.DataFrame(columns=['sid',
                               'ratio',
                               'effective_date']
)

# Prepare an empty DataFrame for metadata
metadata = pd.DataFrame(columns=['start_date',
                                 'end_date',
                                 'auto_close_date',
                                 'symbol',
                                 'root_symbol',
                                 'expiration_date',
                                 'notice_date',
                                 'tick_size',
                                 'exchange']
)
```

对于期货合约，我们需要提供有关合约基础代码、到期日、通知日期和价格变动单位（Tick Size）的信息，我们将在元数据中进行这些操作。

下一段代码没有什么新的惊喜，这里我们获取所选日历的有效交易日，调用函数来获取和处理数据，并写入结果。当然，在这个特殊的函数中，也有一些有趣的部分。

注意，我们还必须写入股票拆分和股息的空数据。我们显然没有期货市场的这类信息，所以只提供带有预期表头的空框架即可。

```
# Check valid trading dates, according to the selected exchange calendar
sessions = calendar.sessions_in_range(start_session, end_session)

# Get data for all stocks and write to Zipline
daily_bar_writer.write(
        process_futures(symbols, sessions, metadata)
)

adjustment_writer.write(splits=splits, dividends=divs)
```

你可能还记得前面提到的最后一步是写入元数据。这里的工作方式几乎相同。与以前一样，生成器函数 `process_futures` 已经为我们准备好了合约元数据。

我们现在需要准备合约基础代码元数据，并将其写入 Zipline 框架。我们可以使用之前得到的期货查询表。只需要添加一个具有唯一 `root_symbol_id` 的列，并删除现在不需要的 `minor_fx_adj` 字段。

```
# Prepare root level metadata
root_symbols = futures_lookup.copy()
root_symbols['root_symbol_id'] = root_symbols.index.values
del root_symbols['minor_fx_adj']

#write the meta data
asset_db_writer.write(futures=metadata, root_symbols=root_symbols)
```

这就是摄取函数所有的内容，但我们还没有看到实际读取和处理数据的函数。期货集束的结构与股票集束相同，但要注意期货的特殊考虑因素。

首先我们定义函数，并开始循环遍历所有期货代码。注意，在初始化循环时我们是如何使用 tqdm 的。这就是我们需要做的事情，以在这个循环中显示一个漂亮的小进度条。

```
def process_futures(symbols, sessions, metadata):
    # Loop the stocks, setting a unique Security ID (SID)
    sid = 0
    # Loop the symbols with progress bar, using tqdm
    for symbol in tqdm(symbols, desc='Loading data...'):
        sid += 1

        # Read the stock data from csv file.
        df = pd.read_csv('{}/{}.csv'.format(data_path, symbol), index_col=[0], parse_dates=[0])
```

既然我们已经从磁盘读取了数据，我们就可以开始对它进行一些处理了。

首先，将检查最小报价单位因子，并将所有价格与之相乘。

```
        # Check for minor currency quotes
        adjustment_factor = futures_lookup.loc[
                futures_lookup['root_symbol'] == df.iloc[0]['root_symbol']
                ]['minor_fx_adj'].iloc[0]

        df['open'] *= adjustment_factor
        df['high'] *= adjustment_factor
        df['low'] *= adjustment_factor
        df['close'] *= adjustment_factor
```

上面使用的 `value *= x` 语法等同于 `value = value * x`，就像 `value += x` 等同于 `value = value + x` 一样。

获得完美数据的努力几乎是徒劳的。我发现期货数据的一个很常见的问题是，偶尔你会看到最高价低于收盘价，或者类似的问题。为了向你展示一种方法来防止这样的小错误破坏代码的运行，我将在下面提供这样一段代码。

```
        # Avoid potential high / low data errors in data set
```

第二十三章 导入数据 373

```
# And apply minor currency adjustment for USc quotes
df['high'] = df[['high', 'close']].max(axis=1)
df['low'] = df[['low', 'close']].min(axis=1)
df['high'] = df[['high', 'open']].max(axis=1)
df['low'] = df[['low', 'open']].min(axis=1)
```

现在，我们重新制定日期的索引以匹配有效的交易日，并删除 2000 年之前的日期，以快速绕过 Zipline 当前使用这些日期的问题。

```
# Synch to the official exchange calendar
df = df.reindex(sessions.tz_localize(None))[df.index[0]:df.index[-1] ]

# Forward fill missing data
df.fillna(method='ffill', inplace=True)

# Drop remaining NaN
df.dropna(inplace=True)

# Cut dates before 2000, avoiding Zipline issue
df = df['2000-01-01':]
```

我们需要为每个合约收集一些元数据。为了使代码更容易阅读和管理，我将这个功能外包给一个单独的函数，而我们在这里调用这个函数。我们稍后会详细讨论该函数。

```
# Prepare contract metadata
make_meta(sid, metadata, df, sessions)
```

最后，我们通过删除不再需要的字段并返回证券标识符（Security ID，SID）和数据，来完成这个期货代码循环和函数。

```
del df['openinterest']
del df['expiration_date']
del df['root_symbol']
del df['symbol']

yield sid, df
```

这样就只剩下构造元数据了。我们将这个功能放在一个单独的函数中。这个函数为每个单独的合约向 `meta` DataFrame 添加一行。

```
def make_meta(sid, metadata, df, sessions):
    # Check first and last date.
    start_date = df.index[0]
    end_date = df.index[-1]

    # The auto_close date is the day after the last trade.
    ac_date = end_date + pd.Timedelta(days=1)

    symbol = df.iloc[0]['symbol']
    root_sym = df.iloc[0]['roct_symbol']
    exchng = futures_lookup.loc[futures_lookup['root_symbol'] ==
    root_sym ]['exchange'].iloc[0]
    exp_date = end_date

    # Add notice day if you have.
    # Tip to improve: Set notice date to one month prior to
    # expiry for commodity markets.
    notice_date = ac_date
    tick_size = 0.0001   # Placeholder

    # Add a row to the metadata DataFrame.
    metadata.loc[sid] = start_date, end_date, ac_date, symbol, \
                       root_sym, exp_date, notice_date, tick_size, exchng
```

这个 `make_meta` 函数为每个合约填充属性值，添加合约基础代码、合约起始和到期日期等。这是一个非常简单的函数，但这里有一点很有趣。

为了简单起见，在这段代码中，我只是将首个通知日设置为与到期日相同。如果你只进行金融期货交易，这其实不是问题，但在大宗商品市场就可能有问题。

如果你的数据提供商有真实的首次通知日，我们只需在代码中提供这些日期。但对大多数读者来说，情况可能并非如此。所以，我要提个建议，给你们留点作业。如果你读到这里，你应该能算出这个。

如果是大宗商品市场，你可以将首个通知日设定在到期日的上月同一日。因此，你需要做的是检查查询表中的板块。如果板块是商品，则首个通知日是到期日减去一个月。

为了方便学习，这个期货集束的完整源代码如下：

```python
import pandas as pd
from os import listdir
from tqdm import tqdm # Used for progress bar

# Change the path to where you have your data
base_path = "C:/your_path/data/"
data_path = base_path + 'random_futures/'
meta_path = 'futures_meta/meta.csv'
futures_lookup = pd.read_csv(base_path + meta_path, index_col=0)

"""
The ingest function needs to have this exact signature,
meaning these arguments passed, as shown below.
"""
def random_futures_data(environ,
                asset_db_writer,
                minute_bar_writer,
                daily_bar_writer,
                adjustment_writer,
                calendar,
                start_session,
                end_session,
                cache,
                show_progress,
                output_dir):
    
    # Get list of files from path
    # Slicing off the last part
    # 'example.csv'[:-4] = 'example'
    symbols = [f[:-4] for f in listdir(data_path)]
    t_symbols = [(symbol[-2:]+symbol[-3],symbol) for symbol in symbols]
    t_symbols.sort()
```

```
    symbols = [t[1] for t in t_symbols]
    if not symbols:
        raise ValueError("No symbols found in folder.")

    # Prepare an empty DataFrame for dividends
    divs = pd.DataFrame(columns=['sid',
                                 'amount',
                                 'ex_date',
                                 'record_date',
                                 'declared_date',
                                 'pay_date']
                        )

    # Prepare an empty DataFrame for splits
    splits = pd.DataFrame(columns=['sid',
                                   'ratio',
                                   'effective_date']
                          )

    # Prepare an empty DataFrame for metadata
    metadata = pd.DataFrame(columns=('start_date',
                                     'end_date',
                                     'auto_close_date',
                                     'symbol',
                                     'root_symbol',
                                     'expiration_date',
                                     'notice_date',
                                     'tick_size',
                                     'exchange'
                                     )
                            )

    # Check valid trading dates, according to the selected exchange calendar
    sessions = calendar.sessions_in_range(start_session, end_session)

    # Get data for all stocks and write to Zipline
    daily_bar_writer.write(
            process_futures(symbols, sessions, metadata)
            )
```

第二十三章 导入数据 377

```python
        adjustment_writer.write(splits=splits, dividends=divs)

        # Prepare root level metadata
        root_symbols = futures_lookup.copy()
        root_symbols['root_symbol_id'] = root_symbols.index.values
        del root_symbols['minor_fx_adj']

        # write the meta data
        asset_db_writer.write(futures=metadata, root_symbols=root_symbols)

def process_futures(symbols, sessions, metadata):
    # Loop the stocks, setting a unique Security ID (SID)
    sid = 0
    # Loop the symbols with progress bar, using tqdm
    for symbol in tqdm(symbols, desc='Loading data...'):
        sid += 1

        # Read the stock data from csv file.
        df = pd.read_csv('{}/{}.csv'.format(data_path, symbol), index_
        col=[0], parse_dates=[0])

        # Check for minor currency quotes
        adjustment_factor = futures_lookup.loc[
                futures_lookup['root_symbol'] == df.iloc[0]['root_
                symbol']]['minor_fx_adj'].iloc[0]

        df['open'] *= adjustment_factor
        df['high'] *= adjustment_factor
        df['low'] *= adjustment_factor
        df['close'] *= adjustment_factor

        # Avoid potential high / low data errors in data set
        # And apply minor currency adjustment for USc quotes
        df['high'] = df[['high', 'close']].max(axis=1)
        df['low'] = df[['low', 'close']].min(axis=1)
        df['high'] = df[['high', 'open']].max(axis=1)
        df['low'] = df[['low', 'open']].min(axis=1)
```

```python
        # Synch to the official exchange calendar
        df = df.reindex(sessions.tz_localize(None))[df.index[0]:df.index[-1] ]

        # Forward fill missing data
        df.fillna(method='ffill', inplace=True)

        # Drop remaining NaN
        df.dropna(inplace=True)

        # Cut dates before 2000, avoiding Zipline issue
        df = df['2000-01-01':]

        # Prepare contract metadata
        make_meta(sid, metadata, df, sessions)

        del df['openinterest']
        del df['expiration_date']
        del df['root_symbol']
        del df['symbol']

        yield sid, df

def make_meta(sid, metadata, df, sessions):
    # Check first and last date.
    start_date = df.index[0]
    end_date = df.index[-1]

    # The auto_close date is the day after the last trade.
    ac_date = end_date + pd.Timedelta(days=1)

    symbol = df.iloc[0]['symbol']
    root_sym = df.iloc[0]['root_symbol']
    exchng = futures_lookup.loc[futures_lookup['root_symbol'] == root_sym ]['exchange'].iloc[0]
    exp_date = end_date

    # Add notice day if you have.
    # Tip to improve: Set notice date to one month prior to
```

```
        # expiry for commodity markets.
        notice_date = ac_date
        tick_size = 0.0001  # Placeholder

        # Add a row to the metadata DataFrame.
        metadata.loc[sid] = start_date, end_date, ac_date, symbol, \
                        root_sym, exp_date, notice_date, tick_size, exchng
```

我们还需要注册这个集束。就像我们前面看到的股票集束一样，我们在文件 `extension.py` 中注册这个集束。假设你已经为随机股票集束创建或修改了这个文件，而且刚将期货集束保存为 Zipline bundles 文件夹中的 `random_futures_data.py`，那么你的新文件应该看起来像这样：

```
from zipline.data.bundles import register, random_stock_data, random_futures_data
register('random_stock_data', random_stock_data.random_stock_data,
        calendar_name='NYSE')
register('random_futures_data', random_futures_data.random_futures_data,calendar_name='us_futures')
```

注册集束后，我们就能够摄取它。也就是说，现在我们可以从磁盘上以逗号分隔的文件中提取数据，并让 Zipline 可以使用它们。

如果你在纸质书上读到这里，你就需要手动敲键盘了。或者，你也可以去 www.followingthetrend.com/trading-evolved 下载。

正如集束的源代码所示，这个以逗号分隔的文件很容易被 Pandas 读取，并用于向 Zipline 提供关于每个市场的必要信息。

最后，除非在你阅读本文时这个问题已经修复，否则请找到文件 `constants.py`。对你来说，搜索这个文件要比输入本书中的路径快得多。在这个文件中，有两个字典变量需要修改。第一个叫做 `FUTURES_EXCHANGE_FEES_BY_SYMBOL`，它列出了每个期货合约名称和相应的交易费用。确保你打算涵盖的所有市场都列在那里。如果没有，请添加进去。

同一文件中的第二个字典变量称为 `ROOT_SYMBOL_TO_ETA`，它影响滑点条件。同样，确保你在回测中打算涵盖的所有市场都列在这里。

现在，你可以摄取这个集束了。

```
zipline ingest -b random_futures_data
```

修补框架

在写本书时，Zipline 框架中缺少一行代码，这将阻止你加载期货数据。希望在你阅读本书时，这个问题已经解决了，否则你将不得不自己进行必要的修改。别担心，只要你知道该怎么做，这并不难。

你需要做的是，找到一个名为 `run_algo.py` 的文件。你可以在 Zipline 安装路径的子文件夹 `utils` 中找到它，并进行一些小修改。如果你不能马上找到这个文件，请搜索它，因为你电脑上的路径可能和我的稍有不同。

在 Spyder 中打开此文件，向下滚动到第 160 行左右，在那里你将找到这段代码。

```
data = DataPortal(
    env.asset_finder,
    trading_calendar=trading_calendar,
    first_trading_day=first_trading_day,
    equity_minute_reader=bundle_data.equity_minute_bar_reader,
    equity_daily_reader=bundle_data.equity_daily_bar_reader,
    adjustment_reader=bundle_data.adjustment_reader,
)
```

我们需要在这段代码中加入一行 `future_daily_reader=bundle_data.equity_daily_bar_reader`。这样，它就像下面这段代码一样。此后，Zipline 和你的期货数据应该会运行得很好。

```
data = DataPortal(
    env.asset_finder,
    trading_calendar=trading_calendar,
    first_trading_day=first_trading_day,
    equity_minute_reader=bundle_data.equity_minute_bar_reader,
    equity_daily_reader=bundle_data.equity_daily_bar_reader,
```

```
        future_daily_reader=bundle_data.equity_daily_bar_reader,
        adjustment_reader=bundle_data.adjustment_reader,
    )
```

好吧,我之前确实警告过你,在 Python 世界中没有什么是完美无缺的。有时,你可能需要修改其他人的代码,以让它按照你期望的方式工作。

第二十四章
数据和数据库

当涉及金融建模和回测时，数据可能是最大的问题。无论你的交易算法有多好，如果它基于有缺陷的数据，那么都是浪费时间。数据有两个主要方面：一是数据的质量，二是数据的覆盖范围。质量是指它有多可靠。一般来说，免费数据的质量会低于昂贵的收费数据。

质量问题可以有不同的种类和严重性。可能是引入了错误的分笔数据，使它看起来像是价格出现了大幅飙升，而实际上什么都没发生。或者，可能是引入了一个零值，使它看起来像是一只股票突然破产了。数据可能会缺失，或者突然提供给你一个非数字值（Not a Number，NaN）。或许，股票拆分调整数据有时缺失或不正确，导致你的算法失控。总之，数据可能会有各种各样的质量问题。

虽然这类质量问题在可免费获得的数据源中更为常见，但在昂贵的、精心组织的时间序列数据库中却也时有发生。追求高质量的数据是一项持续的斗争。

另一个问题是数据的覆盖范围，是指所涵盖的金融工具和可获得的数据类型这两个方面。这个问题比较容易处理，因为它通常只需要花钱就能解决。

在数据类型方面，你很快就会意识到免费的数据源并不能达到要求。

股票数据是解释这种情况的最好例子。免费的在线数据源看起来似乎对股票数据有很好的覆盖。即使在雅虎和谷歌决定关闭它们的API访问后，仍然有相当多的地方，你可以至少获得股票的每日历史数据。

但是，如果你仔细查看，并考虑一下你真正需要的是什么，你就会发现这些免费资源并不满足所需的条件。免费或低成本数据通常会根据股票分拆和公司行为进行调整。毕竟，如果不对这一点进行调整，这些数据将完全无用。

然而，这些免费或低成本的数据库大多缺乏股息信息。虽然这看起来没什么大不了，但它会产生很大的影响。从长期来看，股息的影响是相当可观的。即使在短期内，你的模型也会有一些扭曲。如果你的回测持有一只除息的股票，而你缺乏数据或逻辑来处理，你的回测引擎会认为你遭受了损失。股息信息以及处理它的逻辑，对于进行恰当的股票模拟是绝对必要的。

虽然股息很重要，但还有更重要的问题。如果要构建真实的回测，在模型回溯到过去时，你就需要有数据可用。这些免费和低成本的数据源，往往缺乏摘牌、合并或其他变动的股票的数据。目前可获得的股票是那些表现良好、能够生存下来的股票。用术语来说，就是存在生存偏差（Survivorship Bias）。

还记得20世纪90年代末，有多少科技股票像渡渡鸟一样消失了吗？当时崩盘的那些股票现在已不复存在了。就低成本的数据源而言，这些股票似乎从未存在过，它们在现实数据中被清除。

显然，这会在你的回测中产生偏差。可以交易的股票，只有那些现在表现足够好的股票。忽略这个问题，几乎一定会给你一种错误的安全感，因为回测会显示出比现实更好的结果。因此，所有退市的股票，也就是所谓的"墓地"，都需要被包括在内。

与此密切相关的一个问题是，可以决定你过去可能会考虑哪些股票的一些信息。在写本书时，苹果公司是世界上最大的公司。每个人都知道这是一个非常大的公司，在过去有出色的表现。但是，如果你回溯到二三十年前，情况就完全不同了。

我还记得苹果公司濒临破产时，不得不向比尔·盖茨（Bill Gates）寻求帮助来支付账单。那时候，苹果还只是个无足轻重的小型电脑制造商，你可能不会注意到它。如果只是因为现在它是一只拥有巨大市值的股票，就假设你的回测会在几十年前交易它，这是错误的。

有两种常见的方法可以构建一个动态的投资范围，以缓解这个问题。第一种方法是，使用市值或流动性的历史数据。通过使用这些数据，你可以确定哪些股票足够大或流动性足够强，在很久以前可能成为候选股票。然后，你的代码可以创建一个想要交易的股票的动态列表。

另一种方法是选择一个指数，并查看该指数的历史成分股。这样，你不需要额外的股票流动性或市值数据，只需要一个指数纳入和剔除成分股的信息。

查看指数历史成分股的方法，对于本书的读者来说可能更容易一些。你会发现这两种方法的结果大致相同。我在本书的股票投资组合模型中，使用了这种方法。

对于这些，我想说的是，你很快就会看到免费数据的局限性。这里留给你的任务是，确定你想要使用的数据源，并将其连接到你的回测引擎。

在前一章中，我们研究了从本地文本文件中读取自定义数据的方法。这是进入自定义数据世界的一个很好的入口。但随着你经验更加丰富，你可能会有更复杂的需求。

一旦你了解了数据更高级的方面，并且可能开始组合来自不同来源的数据，那么建立你自己的本地证券数据库就很有意义了。这当然不是必需的。如果你有一些技术恐惧，你可以安全地跳过这一章。

创建自己的证券数据库

我建议你，不管你选择的数据提供商为你提供什么格式的数据，都将数据存储在适当的数据库中。

现在，我们稍微超出了交易这一核心话题，进入了更具技术性的主题。让我来解释一下原因。

例如，假设你的数据提供商每天向你交付普通的 CSV 文件，文件的特定布局中每只股票有 10 个字段。现在，你可以让回测引擎读取这些数据，方法是准确地解析这个文件的位置、命名规则以及字段是如何布局的。你的计算机上可能有其他软件工具，如果你想要使用它们来访问这些数据，那么你可以在那里做同样的事情，使用这些软件直接读取文件。你的回测引擎，可能不是你用于访问该数据的唯一软件。

当你的数据提供商更改某些内容时，或者当你决定更改提供商时，问题就出现了。即使这些都没有发生，但当你想要添加第二家数据提供商或添加诸如代码查询、板块信息和其他元数据等信息时，也可能会遇到问题。

此时，你可能想要做的是，将你自己的证券数据库（Securities Database）置于数据提供商和你的工具之间。是的，亲爱的读者，这意味着你必须学习一些关于数据库如何工作的基础知识。当然，你以为这是一本交易类的书。但既然我诱导你读了这么多技术的内容，那么你别无选择，只能咬紧牙关继续读下去。

如果你拥有了自己的本地证券数据库，就可以更好地控制数据。这样，处理数据、修复问题、添加数据源等就简单多了。

幸运的是，有一个功能完善、强大的免费数据库服务器。如果你有很多钱，花钱如流水，那就去选择一个商业替代方案吧。但就我们的目的而言，你不会看到商业替代方案的任何好处。这里，我们要使用的是 MySQL，它不仅免费，而且适用于各种操作系统。

安装 MySQL 服务器

本书中的例子将使用免费的 MySQL 社区版（MySQL Community Edition）。如果你更喜欢另一个数据库，那么几乎所有事情的工作方式也应该差不多。如果你刚开始学习数据库，那么我建议你现在坚持使用 MySQL 社区版。你可以通过下面的网址下载它，希望在你读本章时网址还没有改变：

https://dev.mysql.com/downloads/mysql/

使用一个标准的可视化安装程序，数据库的安装过程非常简单。你要确保安装了 Python 连接器（Python Connectors），它们应该是默认安装的，并且不要忘记你需要设置的根密码。在我的示例中，我把根密码设置为简单的 root。

软件安装完成后，我们就可以开始设置了。MySQL 服务器安装过程中安装了一个名为 MySQL 工作台（MySQL Workbench）的程序，我们可以使用它来设置数据库和表。

启动 MySQL 工作台并打开到数据库服务器的连接。假设你将服务器安装在你正在工作的同一台计算机上,你可以连接到 127.0.0.1 主机,即到 localhost 的标准回送地址。输入你在安装过程中选择的用户名和密码,就完成了设置。

打开到新数据库服务器的连接之后,你需要在服务器上创建一个新数据库。一个 MySQL 服务器(MySQL Server)可以运行多个数据库。如果你使用这个服务器做很多事情,通常最好把不相关的任务分开。在本例中,我们建立一个证券数据库,它包含金融市场的时间序列和元数据。

数据库服务器上的数据库通常称为模式(Schema),MySQL 工作台也喜欢这样称呼它们。创建一个新的数据库(或称模式),并给数据库起一个聪明的名字。如果你没有在技术方面花太多时间,那么你可能会惊讶于技术人员在命名方面付出的努力,以及他们在想出一个好的数据库名字时觉得自己是多么聪明。

如图 24-1 所示,我的数据库名为 mimisbrunnr。这当然是指智慧之泉,神话中奥丁牺牲了右眼的地方。好吧,没有人在乎这个,我们继续。

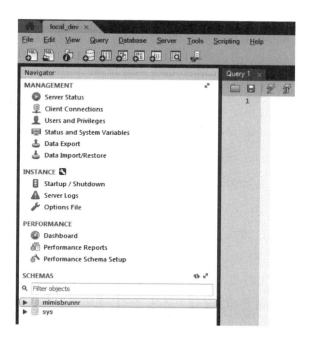

图 24-1　MySQL 工作台

制作股票时间序列表

现在我们拥有了一个数据库，但我们仍然缺少表。随着对使用数据库越来越熟悉，你会意识到，对于不同的事情使用不同的表是非常有用的。最直接的例子是，为历史数据创建股票时间序列表，为公司名称、外汇、板块、行业和各种代码方案等信息创建元数据。

然而，就目前而言，我们所需要的只是权益类工具的一个简单的时间序列表。我们要创建一个新表，并将其命名为 `equity_history`。在本例中，这个表将保存通常的时间序列字段，如开盘价、最高价、最低价、收盘价和交易量等重要字段。

我还将添加一个股息字段和一个标记指数成分股的字段。股息字段大部分日子为零，只有在股票当天除息时才是非零值。如前所述，股息对于适当的回测是非常重要的。希望你已经获得了一个具有此信息的可靠数据源。

我在这个表中添加的第二个不同的字段是 `in_sp500`。如果某一天该股票不是标准普尔 500 指数的成分股，则该字段的值为 0；如果该股票是指数的一部分，则该字段的值为 1。通过这种方式，我们可以在稍后的回测中将我们的交易限制在某一天属于指数的股票上。

那些已经非常熟悉数据库的读者现在可能会对这几页大喊，这并不是存储这些数据的好方法。有些读者可能会对这里的股息和指数成分股数据的存储方式感到愤怒。是的，他们当然是正确的，这不是最好的方法，但它是最简单的方法。

现在我将保留这种格式，因为它更容易实现，也更容易解释事情的工作方式。这将使我们更快地前进，并将焦点回到实际交易上。

如果你对数据库很熟悉，可以为股息信息和指数成分股关系创建单独的查询表。这样做，将使扩展逻辑、覆盖更多指数变得更容易，并且存储更高效。但这对本书的目的来说，并不重要。

如图 24-2 所示，我将前两个字段 `trade_date` 和 `ticker` 设置为主键和唯一索引。这将有助于加快查询速度，并防止重复条目。因为这个表是用于每日数据的，所以每只股票每天应该只有一行记录。

图 24-2　股票历史数据表

我们继续创建表。现在，我们可以用一些数据填充它。

填充数据库

幸运的是，Pandas 可以轻松地与我们的数据库进行对话。使用 Pandas 程序库，读写数据非常简单。要通过 Pandas 建立到数据库的连接，一个名为 SqlAlchemy 的辅助程序库（Helper Library）可能会很有帮助，所以让我们先安装它。

这个程序库的安装方法，与我们在本书前面安装 Python 程序库时使用的方法相同。你可以从 Anaconda Navigator 打开一个终端，并从那里安装。你要确保选

择了 `zip38` 环境，这样我们就可以将这个程序库与 Zipline 代码一起使用。

`Conda install sqlalchemy`

安装了这个库之后，现在就可以通过 Python 与新数据库通信了。根据你正在使用的数据提供商以及选择的数据传递方式，你的数据可能具有许多不同的格式。事实证明，Pandas 能够很好地处理这个问题。

例如，我们将看看，如何将逗号分隔的文件转换为整洁的数据库表。通过这个示例，你应该能够学会调整代码，以处理从数据提供商接收到的任何格式的数据。

你可能会发现，自己经常需要处理这种任务。重要的是，要理解这里发生了什么，以及它是如何工作的。所以，我们循序渐进地开始学习。

我们要创建一个函数从磁盘读取 CSV 文件，并将数据插入 MySQL 数据库。然后，我们将循环遍历一个文件夹中的所有 CSV 文件，并逐个处理它们。

第一步，我们将读取一个 CSV 文件并检查它包含的内容。如果你没有现成的 CSV 文件可用，并想尝试一下，你可以使用从本书网站 www.followingthetrend.com/trading-evolved 中下载的随机生成的数据。

这个示例，假设你已经从我这里下载了随机数据。不要忘记 `import pandas as pd`，就像我们之前做的那样。

在学习过程中，编写部分代码然后停下来查看输出结果会很有帮助。这样，你可以确保输出结果与你所期望的一致，并且可以尽早识别潜在的问题。我们先尝试下面的代码。确保将 `data_path` 变量的值更新为数据所在的位置。如果你手头没有任何其他数据，你可以随时下载我的数据集或随机数据。

```
import pandas as pd

data_path = '../data/random_stocks'

def import_file(symbol):
    path = '{}/{}.csv'.format(data_path, symbol)
    df = pd.read_csv(path, index_col=[0], parse_dates=True)
```

```
    return df

df = import_file('A')
df.head()
```

如果一切运行正常，并且在代码指定的路径中有一个名为 `A.csv` 的文件，你应该会看到如下内容：

trade date	open	high	low	close	volume	dividend	in sp500
1999-11-18	50.243098	50.243098	50.243098	50.243098	58425783.68	0.0	0
1999-11-19	51.092207	51.092207	51.092207	51.092207	19084157.70	0.0	0
1999-11-22	50.392244	50.392244	50.392244	50.392244	8310053.22	0.0	0
1999-11-23	49.449909	49.449909	49.449909	49.449909	5328834.84	0.0	0
1999-11-24	48.609260	48.609260	48.609260	48.609260	5861663.40	0.0	0

看看这段代码做了什么。我们调用 `import_file` 函数，并提供字符串 `'A'` 作为代码。这个函数构造一个路径字符串，指向文件应该位于的位置。

然后，Pandas 读取 CSV 文件。我们告诉它，从数字 0 开始的第一列，是索引列，也是日期数据列。我们让 Pandas 为我们解析日期。这意味着，我们可以提供几乎任何类型的日期格式，Pandas 将为我们计算出日期、月份和年份。最后，我们返回完成的 DataFrame。

代码的最后一行打印 DataFrame 的前 10 行。这是一种检查 DataFrame 内容，并确保一切正常工作的有效方法。如果想打印最后 10 行，可以调用 `.tail()` 而不是 `.head()`。

接下来，我们将添加代码，连接到数据库，并向数据库中写入数据。

从数据流的观点来看，我们在这里要做的事情如下：

- 检查磁盘上有哪些数据文件可用。
- 使用 Pandas 一次读取一个文件。

- 在读取数据的同时构造一个 SQL 插入语句。
- 将插入语句发送到服务器。

对于这个任务，我们只需要导入三个程序库。我们需要 OS 程序库来列出可用的文件，需要 Pandas 来读取数据，需要 SqlAlchemy 来与数据库对话。除此之外，我导入了 tqdm_notebook，它能为 Jupyter 记事本环境在等待时提供一个可视化的进度条。

```
import os
import pandas as pd
from sqlalchemy import create_engine
from tqdm import tqdm_notebook

engine = create_engine('mysql+mysqlconnector://root:root@localhost/mimisbrunnr')

data_location = '../data/random_stocks/'
```

接下来，我们将执行一个以股票代码作为输入的函数，从磁盘读取数据，构建 SQL 语句并执行。诚然，几乎所有我们需要的逻辑，都在这个函数中。

通过这个函数，我想向你展示，Python 在让这些看似复杂的操作变得非常简单方面是多么地有帮助。这里我要做的，是构造一个巨大的插入语句，而不是创建数千个小的语句。我们可以为每天每个股票代码执行一条插入语句，但那样会非常慢。相反，我们为每个股票代码只发送一条插入语句。

下面显示了插入语句所需的语法。在下面的示例语句中，您可以看到 3 天的数值，但是我们可以通过这种方式添加许多天的数值。你会看到，首先我们定义了行标题布局，然后提供了每天的数值。

语句的最后一部分，处理数据发生重复时的情况。我添加了这条指令，因为你可能会需要这么做。如果你试图向数据库已存在数据的某一天中，再次导入股票数据，则会得到一个错误。通过在插入语句末尾添加的这条指令，我们指定在出现重复数据时仅使用最新的数据覆盖。

```
insert into equity_history
(trade_date, ticker, open, high, low, close, volume, dividend, in_sp500)
values
('2000-01-01', 'ABC', 10, 11, 9, 10, 1000, 0, 1),
('2000-01-02', 'ABC', 10, 11, 9, 10, 1000, 0, 1),
('2000-01-02', 'ABC', 10, 11, 9, 10, 1000, 0, 1),
on duplicate key update
open=values(open),
high=values(high),
low=values(low),
close=values(close),
volume=values(volume),
dividend=values(dividend),
in_sp500=values(in_sp500);
```

有了这些知识，让我们来看看导入函数是如何构建这个可能十分庞大的文本字符串的。第一部分，读取数据，现在我们应该很熟悉了。之后，我们添加插入语句的起始部分。

```
# First part of the insert statement
insert_init = """insert into equity_history
    (trade_date, ticker, open, high, low, close, volume, dividend, in_sp500)
    values
"""
```

到目前为止，仍然平淡无奇。然而，在下一行代码中事情变得巧妙了。在这里，我们创建了由逗号分隔的值组成一个庞大的文本字符串，每一天都用括号括起来。这一行有很多要理解的内容。

该行以一个单字符文本字符串开始，后面是一个 `join` 函数。join 函数的逻辑是，如果你设置一个分隔符，并且提供一个列表，它就能返回给你一个由分隔符连接的字符串。例如，`"-".join(['a','b','c'])` 将返回 `a-b-c`。

之后就是我们创建列表的代码。你可以看到，我们使用了方括号，并用 `df.iterrows()` 迭代每一行，提供每天对应的行的索引和值。然后，我们将使用 `.format` 函数把每个值插入到指定的花括号位置，为每天拼接出一个文本字符串。

这种使用 Python 的方式是非常常见的。如果你正在努力学习这个逻辑，我建议你花点时间研究下一行的代码。自己尝试一下，做出一些改变，看看会发生什么。

```python
# Add values for all days to the insert statement
vals = ",".join(["""('{}', '{}', {}, {}, {}, {}, {}, {}, {})""".format(
    str(day),
    symbol,
    row.open,
    row.high,
    row.low,
    row.close,
    row.volume,
    row.dividend,
    row.in_sp500
) for day, row in df.iterrows()])
```

现在我们已经完成了大部分的逻辑。我们剩余需要做的就是，添加插入语句的最后一部分，即更新重复的数值的部分。最后，我们将插入语句的三个部分拼接在一起。

```python
# Handle duplicates - Avoiding errors if you've already got some data
# in your table
insert_end = """ on duplicate key update
    open=values(open),
    high=values(high),
    low=values(low),
    close=values(close),
    volume=values(volume),
    dividend=values(dividend),
    in_sp500=values(in_sp500);"""

# Put the parts together
query = insert_init + vals + insert_end
```

接下来，我们准备将这个语句发送到服务器。

```
# Fire insert statement
engine.execute(query)
```

这就是我们将包含股票数据的 csv 文件转换为数据库中行的所有代码。但这只是针对一只股票，显然我们需要多次调用这个函数。

接着，我们要做的是，使用 OS 库列出给定文件夹中的文件，然后循环遍历每个文件。如前所述，我们将使用 tqdm 程序库创建一个可视化的进度条。

```
"""
Function: get_symbols
Purpose: Returns names of files in data directory.
"""
def process_symbols():
    # Remember slicing? Let's slice away the last four
    # characters, which will be '.csv'
    # Using [] to make a list of all the symbols
    symbols = [s[:-4] for s in os.listdir(data_location)]
    for symbol in tqdm_notebook(symbols, desc='Importing stocks...'):
        import_file(symbol)

process_symbols()
```

这就是我们需要做的全部事情。像往常一样，展示的全部代码如下：

```
import os
import pandas as pd
from sqlalchemy import create_engine
from tqdm import tqdm_notebook

engine = create_engine('mysql+mysqlconnector://root:root@localhost/mimisbrunnr')

data_location = '../data/random_stocks/'

"""
Function: import_file
Purpose: Reads a CSV file and stores the data in a database.
```

```python
"""
def import_file(symbol):
    path = data_location + '{}.csv'.format(symbol)
    df = pd.read_csv(path, index_col=[0], parse_dates=[0])
    
    # First part of the insert statement
    insert_init = """insert into equity_history
        (trade_date, ticker, open, high, low, close, volume, dividend,
        in_sp500)
        values
        """
    
    # Add values for all days to the insert statement
    vals = ",".join(["""('{}', '{}', {}, {}, {}, {}, {}, {}, {})""".format(
        str(day),
        symbol,
        row.open,
        row.high,
        row.low,
        row.close,
        row.volume,
        row.dividend,
        row.in_sp500
    ) for day, row in df.iterrows()])
    
    # Handle duplicates - Avoiding errors if you've already got some data
    # in your table
    insert_end = """ on duplicate key update
        open=values(open),
        high=values(high),
        low=values(low),
        close=values(close),
        volume=values(volume),
        dividend=values(dividend),
        in_sp500=values(in_sp500);"""
    
    # Put the parts together
    query = insert_init + vals + insert_end
```

```
    # Fire insert statement
    engine.execute(query)
    """

Function: get_symbols
Purpose: Returns names of files in data directory.
"""
def process_symbols():
    # Remember slicing? Let's slice away the last four
    # characters, which will be '.csv'
    # Using [] to make a list of all the symbols
    symbols = [s[:-4] for s in os.listdir(data_location)]
    for symbol in tqdm_notebook(symbols, desc='Importing...'):
        import_file(symbol)

process_symbols()
```

查询数据库

现在我们拥有了一个不错的时间序列数据库,我们可以轻松快速地访问它。虽然我们的确需要使用结构化查询语言(Structured Query Language,SQL)来与数据库对话,但这里确实不需要任何更深入的 SQL 技能。对这种查询语言有基本的理解就足够了。

为了进行演示,我们将编写一些代码,从数据库中获取时间序列并显示图表。下面将展示简单的数据库查询过程。

向数据库查询信息的基本语法如下:

```
SELECT fields FROM table WHERE conditions
```

当然,如果需要,SQL 可以做更多的事情。我建议使用合适的数据库而不是直接处理普通文件的一个原因是,你能拥有更多的可能性。当你深入挖掘并扩展你的知识时，你会发现，当开始构建更复杂的模型或扩展数据覆盖范围时，使用 MySQL 数据库将会有很大帮助。

下面的代码将获取苹果公司股票 AAPL 的历史时间序列，并绘制图表[①]。这里使用的技术与我们在本书前面学到的相同。请注意，我还提供了一个切分 Pandas DataFrame 新方法的示例。在这段代码的倒数第九行，我选择了 2014 年到 2015 年之间的所有数据，并单独将它用于图表。

```
%matplotlib inline
import pandas as pd
from  matplotlib import pyplot as plt, rc
from sqlalchemy import create_engine

engine = create_engine('mysql+mysqlconnector://root:root@localhost/mimisbrunnr')

# Chart formatting, used for book image
font = {'family' : 'eurostile',
        'weight' : 'normal',
        'size' : 16}
rc('font', **font)

# Function to fetch history from db
def history(symbol):
    query = """select trade_date, close, volume
        from equity_history where ticker='{}'
    """.format(symbol)
    print('This is the SQL statement we send: \n {}'.format(query))
    df = pd.read_sql_query(query, engine, index_col='trade_date',
    parse_dates=['trade_date'])
    return df

# Fetch data for the stock
ticker = 'AAPL'
hist = history(ticker)
```

① 在运行这段代码前，我们还需要摄取下一节制作的数据库集束，就像第二十三章摄取股票集束一样进行相应操作，然后运行：`zipline ingest -b database_bundle`。

```python
# Set up the chart
fig = plt.figure(figsize=(15, 8))
ax = fig.add_subplot(111)
ax.grid(True)
ax.set_title('Chart for {}'.format(ticker))

# Note how you can use date ranges to slice the time-series
plot_data = hist['2014-01-01':'2015-01-01']

# Plot the close data
ax.plot(plot_data.close, linestyle='-',label=ticker, linewidth=3.0, color='black')
ax.set_ylabel("Price")

# Make a second Y axis, sharing the same X
ax2 = ax.twinx()
ax2.set_ylabel("Volume")

# Plot volume as bars
ax2.bar(plot_data.index, plot_data.volume, color='grey')
```

这段代码将输出 SQL 查询语句，完成的查询字符串如下所示：

```
This is the SQL statement we send:
select trade_date, close, volume
    from equity_history where ticker='AAPL'
```

最后，代码将输出一个现在看起来很熟悉的图形。为了展示可视化的方法，我添加了第二个 y 轴表示交易量信息。

如果你想知道，为什么苹果公司股票的价格看起来和你记忆中的有点不同，这里有一个很好的理由。在这个例子中，我使用了我网站上的随机数据。这样，即使你还没有合适的数据源，也可以让你可以开始学习。这是使用随机游走（Random Walk）方法生成的随机数据。

你在这里会看到，简单地向数据库查询给定股票的时间序列历史是比较简单的。目前，你需要知道的 SQL 就这些了。了解更多的 SQL 显然是有好处的，但在本章中，我只是想让你对这个主题感兴趣。

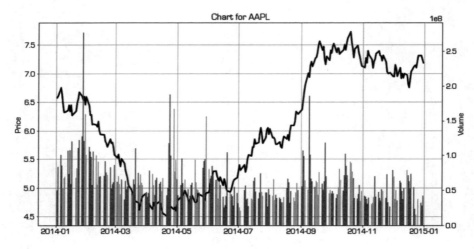

图 24-3　随机的苹果公司股票时间序列

制作数据库集束

从证券数据库导入数据到 Zipline 的逻辑，现在看起来你应该很熟悉了。下面的代码与前面从 csv 文件读取数据时的代码几乎相同。真正的唯一区别是，我们现在从数据库中而不是从普通文件中读取数据。

当我们从磁盘读取 csv 文件时，我们使用了 pd.read_csv() 函数。这里的主要区别是，我们使用 pd.read_sql_query() 来获取数据。我们将为这个函数提供一个数据库连接和一个简单的 SQL 查询语句，以指定我们想要获取的数据。

在本章前面，我们用股票数据填充了全新的数据库。现在，我们可以询问数据库哪些股票是可用的。下面的函数展示了如何用最少的代码实现这个功能。

```
from sqlalchemy import create_engine

engine = create_engine('mysql+mysqlconnector://root:root@localhost/
```

```
mimisbrunnr')

def available_stocks():
    symbol_query = "select distinct ticker from equity_history order by ticker"
    symbols = pd.read_sql_query(symbol_query, engine)
    return symbols.ticker # Returns a list of tickers
```

获取可用股票列表的方法的不同，是与前面 csv 股票集束代码的一个区别。第二个区别是，我们是如何读取每只股票的数据的。以前，我们对于每只股票读取一个文件。现在我们对于每只股票执行一次数据库查询。

```
        # Make a database query
        query = """select
                    trade_date as date, open, high, low, close, volume, dividend
                    from equity_history where ticker='{}' order by trade_date;
            """.format(symbol)

        # Ask the database for the data
        df = pd.read_sql_query(query, engine, index_col='date', parse_dates=['date'])
```

这些就是仅有的不同的地方。尽管本质上是一样的，但我在下面仍然列出了股票数据库集束的完整源代码（笔者在这里制作的数据库集束取名为 database_bundle.py）。当然，你也可以对期货数据做同样的事情。

```
import pandas as pd
from tqdm import tqdm # Used for progress bar
from sqlalchemy import create_engine

engine = create_engine('mysql+mysqlconnector://root:root@localhost/mimisbrunnr')

def available_stocks():
    symbol_query = "select distinct ticker from equity_history order by ticker"
    symbols = pd.read_sql_query(symbol_query, engine)
    return symbols.ticker # Returns a list of tickers
```

```python
"""
The ingest function needs to have this exact signature,
meaning these arguments passed, as shown below.
"""
def database_bundle(environ,
                    asset_db_writer,
                    minute_bar_writer,
                    daily_bar_writer,
                    adjustment_writer,
                    calendar,
                    start_session,
                    end_session,
                    cache,
                    show_progress,
                    output_dir):
    # Get list of files from path
    # Slicing off the last part
    # 'example.csv'[:-4] = 'example'
    symbols = available_stocks()

    # Prepare an empty DataFrame for dividends
    divs = pd.DataFrame(columns=['sid',
                                 'amount',
                                 'ex_date',
                                 'record_date',
                                 'declared_date',
                                 'pay_date']
                        )

    # Prepare an empty DataFrame for splits
    splits = pd.DataFrame(columns=['sid',
                                   'ratio',
                                   'effective_date']
                          )

    # Prepare an empty DataFrame for metadata
    metadata = pd.DataFrame(columns=('start_date',
                                     'end_date',
```

```python
                            'auto_close_date',
                            'symbol',
                            'exchange'
                            )
                )

    # Check valid trading dates, according to the selected exchange calendar
    sessions = calendar.sessions_in_range(start_session, end_session)

    # Get data for all stocks and write to Zipline
    daily_bar_writer.write(
            process_stocks(symbols, sessions, metadata, divs)
            )

    # Write the metadata
    asset_db_writer.write(equities=metadata)

    # Write splits and dividends
    adjustment_writer.write(splits=splits,
                            dividends=divs)

"""
Generator function to iterate stocks, build historical data, metadata
and dividend data
"""
def process_stocks(symbols, sessions, metadata, divs):
    # Loop the stocks, setting a unique Security ID (SID)

    sid = 0
    for symbol in tqdm(symbols):
        sid += 1

        # Make a database query
        query = """select
                    trade_date as date, open, high, low, close, volume, dividend
                    tfrom equity_history where ticker='{}' order by trade_date;
                """.format(symbol)
```

```python
# Ask the database for the data
df = pd.read_sql_query(query, engine, index_col='date',
parse_dates=['date'])

# Check first and last date.
start_date = df.index[0]
end_date = df.index[-1]

# Synch to the official exchange calendar
df = df.reindex(sessions.tz_localize(None))[start_date:end_date]

# Forward fill missing data
df.fillna(method='ffill', inplace=True)

# Drop remaining NaN
df.dropna(inplace=True)

# The auto_close date is the day after the last trade.
ac_date = end_date + pd.Timedelta(days=1)

# Add a row to the metadata DataFrame.
metadata.loc[sid] = start_date, end_date, ac_date, symbol, 'NYSE'

# If there's dividend data, add that to the dividend DataFrame
if 'dividend' in df.columns:

    # Slice off the days with dividends
    tmp = df[df['dividend'] != 0.0]['dividend']
    div = pd.DataFrame(data=tmp.index.tolist(), columns=['ex_date'])

    # Provide empty columns as we don't have this data for now
    div['record_date'] = pd.NaT
    div['declared_date'] = pd.NaT
    div['pay_date'] = pd.NaT

    # Store the dividends and set the Security ID
    div['amount'] = tmp.tolist()
    div['sid'] = sid
```

```
        # Start numbering at where we left off last time
        ind = pd.Index(range(divs.shape[0], divs.shape[0] + div.shape[0]))
        div.set_index(ind, inplace=True)

        # Append this stock's dividends to the list of all dividends
        divs = divs.append(div)

    yield sid, df
```

第二十五章
结束语——前进的路径

25

这是一本相当厚的书，希望能为大多数读者提供新的信息。如果你能将本书从头读到尾，并努力吸收所有内容，那么就没有必要担心。但对于大多数读者来说，由于本书包含了大量的新知识，所以，我认为他们需要多次阅读本书，并尝试示例代码后才能完全理解。毕竟，一下子要吸收的知识太多了。

正如本书第一章中提到的，任何事情都不能代替实践中真实的经验。为了充分利用本书，我强烈建议你实际动手设置本书中描述的环境、安装软件、导入数据并复制模型。

也许，你对本书中介绍的交易模型根本不感兴趣。这也完全没有问题，很多读者可能就是这样。但是，如果你能从复制这些模型开始学习，你将会打下一个坚实基础。在此基础上，你可以继续将自己的想法编写成代码。

这种类型的书不可能传授给你所有的知识。无论是关于交易，还是关于Python，它都只能触及表面。希望本书能激发出你进一步学习的兴趣。

构建自己的模型

你可能有一些有趣的交易想法。也许你以前在常见的散户交易软件中构建过模型，现在想在 Python 中尝试一下。在不同的平台间转换现有的模型是一项很好的练习。

如果你已经有了这样的模型，那么就从将它转换为 Python 模型开始练习。这样，你就可以轻松地、循序渐进地进行比较学习，以确保你得到了预期的输出和结果。在学习时，如果你已经知道想要寻求什么结果，那么调试就会变得容易得多。

即使你还没有在其他平台上创建过任何模型，你可能仍然有交易想法。当你第一次尝试为你的交易想法制定精确的规则时，你的眼界会变得开阔。这也是一次非常宝贵的经验。

对大多数人来说，这将迫使你定义比预期中更详细的规则。你可能多年来一直用这些规则交易，却没有意识到其中有一些自由裁量的成分。一旦你将其归结为精确的计算公式，你将会毫无疑问地发现事实是否与预期一致。这是成为一名成熟的系统交易者的重要一步。

其他回测引擎

整本书的重点都放在一个单一的回测引擎上。这可能会给本书带来低星评价。如果能够为许多不同的回测软件包提供说明和示例代码，那当然很好了，但这种想法在这类书中是不可行的。它将使本书的厚度增加至原来的五倍，或者将实际的模型缩减为简要的概述。

我确实考虑过介绍两个回测引擎，因为目前有两个引擎在竞争谁是最先进的回测引擎。其中，一个引擎是 Zipline，而另一个引擎就是由 QuantConnect 构建和维护的 LEAN。

LEAN 是一个开源的回测引擎，与 Zipline 很类似。它也有一个在线版本，你可以免费访问数据。就像你可以使用 Quantopian 网站在其托管环境中使用他们的数据进行回测一样，你也可以在 QuantConnect 网站上进行同样的操作。

然而，从技术角度来看，这两个引擎是完全不同的。Zipline 是一个原生的 Python 解决方案，而 LEAN 是用 C# 开发的，可以让你选择多种编程语言来编写算法。

安装和配置 LEAN 的过程与 Zipline 非常不同，也超出了本书的范围。它是一个可靠的回测引擎，我希望能在我的网站上写更多关于它的内容。

显然，用多种语言编写算法的能力，是 QuantConnect 的一大优势，但另一方面，你失去了原生 Python 的体验。

如果你想在不投入太多时间的情况下尝试 LEAN，你可以访问 QuantConnect 网站，并在它们的数据上尝试一些示例代码。

此外，另一个广泛使用的回测引擎是 Backtrader。它也是开源的、完全免费的。它有一个活跃的 Backtrader 社区，你应该能够从它的在线论坛上找到示例代码和帮助。

但是，你需要尝试其他的回测引擎吗？诚然，这取决于你自己的交易风格、想法和要求。对于许多系统交易者来说，Zipline 可以做任何你想做的事情。

也许你只对期权策略或即期外汇感兴趣，也许你需要回测引擎支持多币种的资产。或者可能有其他原因，让你追逐不同的回测引擎。

在我看来，没有哪个回测引擎是完美的，也就是说，没有一站式的解决方案。虽然我发现 Zipline 是一款优秀的软件，但这对于你及你具体的情况可能未必如此。

读完本书后，你应该在 Python 和回测方面拥有了足够的基础。你应该能够弄清是否需要不同的回测引擎，以及如何开始进行设置。

如何在市场中赚钱

在结束本书时，我想重申一下我在世界各地的会议上发言时提出的一个观点：大多数想从金融市场中赚钱的人都误解了真正的钱来自哪里。它并不来自交易你自己的账户。

很少有人通过交易自己的账户实现经济独立。你只有通过交易别人的资金才会在财务上变得独立。

这个论点的要点是，如果你用自己的钱交易，那么你的盈利空间是有限的，并会承担所有的风险。一位技巧高度熟练的专业交易者，可能会获得每年 12%~18% 的回报率，但偶尔会看到三倍于回报率的跌幅。期望获得低风险的三位数回报率是不现实的。

然而，如果你用别人的资金进行交易，或许也投入了自己的钱，那么你的盈利几乎是无限的，而损失则是有限的。你可以通过管理更多的资金来扩大规模，成倍增加你的收入潜力。相比之下，只管理自己的资金，是一个糟糕的交易决策。

我提出这个问题，不仅仅是为了激发你从另一个方向思考，这是一个真诚的建议。从金融角度来看，以交易他人的资产为生是一条可行的道路。这就是怎么能在交易中赚大钱的方法。

本书中描述的模型类型，就是考虑到这一点而特意选择的。例如，对于小型私人账户来说，期货模型可能很难实现。但对于专业的资产管理来说，它们可能非常有吸引力。

如果你处于职业生涯的早期，刚开始进行所有这些财务建模和回测，那么我给你的首要建议就是考虑走专业路线，以管理别人的钱为生。

Software Versions Used|本书所使用的软件版本

这部分内容是提供给那些试图复制我在本书中使用的确切环境的人。这对你们大多数人来说应该是不必要的，但我在这里提供只是为了以防万一。

本书中的模型作者是在安装了 Windows 10 的电脑上编写的。鉴于 Window 11 用户较多，译者在 Window 11 环境下也进行了测试。下面是译者用于 zip38 环境的 Python 软件包的版本。

全书使用了 Python 3.8.16 和 conda 22.9.0。

```
# packages in environment at C:\Users\58547\.conda\envs\zip38:
#
# Name                    Version            Build              Channel
alembic                   1.11.1             pyhd8ed1ab_0       conda-forge
anyio                     3.5.0              py38haa95532_0
appdirs                   1.4.4              pyhd3eb1b0_0
argon2-cffi               21.3.0             pyhd3eb1b0_0
argon2-cffi-bindings      21.2.0             py38h2bbff1b_0
asttokens                 2.0.5              pyhd3eb1b0_0
attrs                     22.1.0             py38haa95532_0
backcall                  0.2.0              pyhd3eb1b0_0
bcolz-zipline             1.2.6              py38he6999da_0     ml4t
beautifulsoup4            4.12.2             py38haa95532_0
blas                      1.0                mkl
bleach                    4.1.0              pyhd3eb1b0_0
blosc2                    2.0.0              pypi_0             pypi
bottleneck                1.3.7              py38hbaf524b_0     conda-forge
brotlipy                  0.7.0              py38h2bbff1b_1003
```

ca-certificates	2023.05.30	haa95532_0	
certifi	2023.5.7	py38haa95532_0	
cffi	1.15.1	py38h2bbff1b_3	
charset-normalizer	2.0.4	pyhd3eb1b0_0	
click	8.1.3	win_pyhd8ed1ab_2	conda-forge
colorama	0.4.6	py38haa95532_0	
comm	0.1.2	py38haa95532_0	
cryptography	39.0.1	py38h21b164f_1	
cycler	0.11.0	pyhd3eb1b0_0	
cython	0.29.35	pypi_0	pypi
debugpy	1.5.1	py38hd77b12b_0	
decorator	5.1.1	pyhd3eb1b0_0	
defusedxml	0.7.1	pyhd3eb1b0_0	
empyrical-reloaded	0.5.8	py38_0	ml4t
entrypoints	0.4	py38haa95532_0	
executing	0.8.3	pyhd3eb1b0_0	
freetype	2.12.1	ha860e81_0	
giflib	5.2.1	h8cc25b3_3	
glib	2.69.1	h5dc1a3c_2	
greenlet	2.0.1	py38hd77b12b_0	
gst-plugins-base	1.18.5	h9e645db_0	
gstreamer	1.18.5	hd78058f_0	
h5py	2.10.0	nompi_py38he6c2248_106	conda-forge
hdf5	1.10.6	nompi_he0bbb20_101	conda-forge
icc_rt	2022.1.0	h6049295_2	
icu	58.2	ha925a31_3	
idna	3.4	py38haa95532_0	
importlib-metadata	6.6.0	pyha770c72_0	conda-forge
importlib_resources	5.2.0	pyhd3eb1b0_1	
intel-openmp	2021.4.0	haa95532_3556	
intervaltree	3.1.0	pyhd8ed1ab_1	conda-forge
ipykernel	6.19.2	py38hd4e2768_0	
ipython	8.12.0	py38haa95532_0	
ipython_genutils	0.2.0	pyhd3eb1b0_1	
ipywidgets	8.0.4	py38haa95532_0	
iso3166	2.1.1	pyhd8ed1ab_0	conda-forge
iso4217	1.9.20220401	pyhd8ed1ab_0	conda-forge
jedi	0.18.1	py38haa95532_1	

jinja2	3.1.2	py38haa95532_0	
joblib	1.2.0	py38haa95532_0	
jpeg	9e	h2bbff1b_1	
jsonschema	4.17.3	py38haa95532_0	
jupyter_client	7.4.9	py38haa95532_0	
jupyter_core	5.3.0	py38haa95532_0	
jupyter_events	0.6.3	py38haa95532_0	
jupyter_server	2.5.0	py38haa95532_0	
jupyter_server_terminals	0.4.4	py38haa95532_0	
jupyterlab_pygments	0.1.2	py_0	
jupyterlab_widgets	3.0.5	py38haa95532_0	
kiwisolver	1.4.4	py38hd77b12b_0	
krb5	1.19.4	h5b6d351_0	
lerc	3.0	hd77b12b_0	
libclang	14.0.6	default_hb5a9fac_1	
libclang13	14.0.6	default_h8e68704_1	
libdeflate	1.17	h2bbff1b_0	
libffi	3.4.4	hd77b12b_0	
libiconv	1.16	h2bbff1b_2	
libogg	1.3.5	h2bbff1b_1	
libpng	1.6.39	h8cc25b3_0	
libsodium	1.0.18	h62dcd97_0	
libtiff	4.5.0	h6c2663c_2	
libvorbis	1.3.7	he774522_0	
libwebp	1.2.4	hbc33d0d_1	
libwebp-base	1.2.4	h2bbff1b_1	
libxml2	2.10.3	h0ad7f3c_0	
libxslt	1.1.37	h2bbff1b_0	
logbook	1.5.3	py38_0	ml4t
lru-dict	1.2.0	py38h91455d4_0	conda-forge
lxml	4.9.2	py38h2bbff1b_0	
lz4-c	1.9.4	h2bbff1b_0	
mako	1.2.4	pyhd8ed1ab_0	conda-forge
markupsafe	2.1.1	py38h2bbff1b_0	
matplotlib	3.3.4	py38haa95532_0	
matplotlib-base	3.3.4	py38h49ac443_0	
matplotlib-inline	0.1.6	py38haa95532_0	
mistune	0.8.4	py38he774522_1000	
mkl	2021.4.0	haa95532_640	

mkl-service	2.4.0	py38h2bbff1b_0	
mkl_fft	1.3.1	py38h277e83a_0	
mkl_random	1.2.2	py38hf11a4ad_0	
msgpack	1.0.5	pypi_0	pypi
multipledispatch	0.6.0	py_0	conda-forge
multitasking	0.0.9	pyhd8ed1ab_0	conda-forge
mysql	0.0.3	pypi_0	pypi
mysql-connector	2.2.9	pypi_0	pypi
mysqlclient	2.1.1	pypi_0	pypi
nb_conda	2.2.1	py38_1	
nb_conda_kernels	2.3.1	py38haa95532_0	
nbclassic	0.5.5	py38haa95532_0	
nbclient	0.5.13	py38haa95532_0	
nbconvert	6.5.4	py38haa95532_0	
nbformat	5.7.0	py38haa95532_0	
nest-asyncio	1.5.6	py38haa95532_0	
networkx	3.1	pyhd8ed1ab_0	conda-forge
notebook	6.5.4	py38haa95532_0	
notebook-shim	0.2.2	py38haa95532_0	
numexpr	2.8.4	py38h5b0cc5e_0	
numpy	1.21.2	py38hfca59bb_0	
numpy-base	1.21.2	py38h0829f74_0	
openssl	1.1.1t	h2bbff1b_0	
packaging	23.0	py38haa95532_0	
pandas	1.1.0	pypi_0	pypi
pandas-datareader	0.10.0	pypi_0	pypi
pandocfilters	1.5.0	pyhd3eb1b0_0	
parso	0.8.3	pyhd3eb1b0_0	
patsy	0.5.3	pyhd8ed1ab_0	conda-forge
pcre	8.45	hd77b12b_0	
pickleshare	0.7.5	pyhd3eb1b0_1003	
pillow	9.4.0	py38hd77b12b_0	
pip	23.0.1	py38haa95532_0	
pkgutil-resolve-name	1.3.10	py38haa95532_0	
platformdirs	2.5.2	py38haa95532_0	
ply	3.11	py38_0	
pooch	1.4.0	pyhd3eb1b0_0	
prometheus_client	0.14.1	py38haa95532_0	
prompt-toolkit	3.0.36	py38haa95532_0	

psutil	5.9.0	py38h2bbff1b_0	
pure_eval	0.2.2	pyhd3eb1b0_0	
pycparser	2.21	pyhd3eb1b0_0	
pyfolio-reloaded	0.9.4	py38_0	ml4t
pygments	2.15.1	py38haa95532_1	
pyopenssl	23.0.0	py38haa95532_0	
pyparsing	3.0.9	py38haa95532_0	
pyqt	5.15.7	py38hd77b12b_0	
pyqt5-sip	12.11.0	py38hd77b12b_0	
pyreadline	2.1	py38haa244fe_1007	conda-forge
pyrsistent	0.18.0	py38h196d8e1_0	
pysocks	1.7.1	py38haa95532_0	
python	3.8.16	h6244533_3	
python-dateutil	2.8.2	pyhd3eb1b0_0	
python-fastjsonschema	2.16.2	py38haa95532_0	
python-interface	1.6.0	py_0	conda-forge
python-json-logger	2.0.7	py38haa95532_0	
python_abi	3.8	2_cp38	conda-forge
pytz	2022.7	py38haa95532_0	
pywin32	305	py38h2bbff1b_0	
pywinpty	2.0.10	py38h5da7b33_0	
pyyaml	6.0	py38h2bbff1b_1	
pyzmq	25.0.2	py38hd77b12b_0	
qt-main	5.15.2	he8e5bd7_8	
qt-webengine	5.15.9	hb9a9bb5_5	
qtwebkit	5.212	h2bbfb41_5	
requests	2.29.0	py38haa95532_0	
rfc3339-validator	0.1.4	py38haa95532_0	
rfc3986-validator	0.1.1	py38haa95532_0	
scikit-learn	1.2.2	py38hd77b12b_0	
scipy	1.10.1	py38h321e85e_0	
seaborn	0.12.2	py38haa95532_0	
send2trash	1.8.0	pyhd3eb1b0_1	
setuptools	67.8.0	py38haa95532_0	
sip	6.6.2	py38hd77b12b_0	
six	1.16.0	pyhd3eb1b0_1	
sniffio	1.2.0	py38haa95532_1	
sortedcontainers	2.4.0	pyhd8ed1ab_0	conda-forge
soupsieve	2.4	py38haa95532_0	

sqlalchemy	1.4.3	py38h2bbff1b_0	
sqlite	3.41.2	h2bbff1b_0	
stack_data	0.2.0	pyhd3eb1b0_0	
statsmodels	0.13.5	py38h080aedc_1	
ta-lib	0.4.25	py38h5685391_0	ml4t
tbb	2021.8.0	h59b6b97_0	
terminado	0.17.1	py38haa95532_0	
threadpoolctl	2.2.0	pyh0d69192_0	
tinycss2	1.2.1	py38haa95532_0	
tk	8.6.12	h2bbff1b_0	
toml	0.10.2	pyhd3eb1b0_0	
toolz	0.12.0	pyhd8ed1ab_0	conda-forge
tornado	6.2	py38h2bbff1b_0	
tqdm	4.65.0	py38hd4e2768_0	
trading-calendars	2.1.1	pyhd3deb0d_0	conda-forge
traitlets	5.7.1	py38haa95532_0	
typing-extensions	4.5.0	py38haa95532_0	
typing_extensions	4.5.0	py38haa95532_0	
ucrt	10.0.22621.0	h57928b3_0	conda-forge
urllib3	1.26.16	py38haa95532_0	
vc	14.2	h21ff451_1	
vc14_runtime	14.34.31931	h5081d32_16	conda-forge
vs2015_runtime	14.34.31931	hed1258a_16	conda-forge
wcwidth	0.2.5	pyhd3eb1b0_0	
webencodings	0.5.1	py38_1	
websocket-client	0.58.0	py38haa95532_4	
wheel	0.38.4	py38haa95532_0	
widgetsnbextension	4.0.5	py38haa95532_0	
win_inet_pton	1.1.0	py38haa95532_0	
winpty	0.4.3	4	
xz	5.4.2	h8cc25b3_0	
yaml	0.2.5	he774522_0	
yfinance	0.1.63	py_0	ml4t
zeromq	4.3.4	hd77b12b_0	
zipline-reloaded	2.0.0.post1	py38he6999da_0	ml4t
zipp	3.11.0	py38haa95532_0	
zlib	1.2.13	h8cc25b3_0	
zstd	1.5.5	hd43e919_0	

Acknowledgement ｜致谢

在我写这本书的过程中，我所得到的帮助是无价的。如果没有这些帮助，我不可能完成本书的写作。如果没有这些人，本书要么永远不会有进展，要么就会以一场彻底的灾难告终。我想对这些人表达我的感激之情（排名不分先后）：

约翰·格罗弗（John Grover）、马修·马尔泰利（Matthew Martelli）、罗伯特·卡弗（Robert Carver）、里卡多·罗恩可（Riccardo Ronco）、托马斯·斯塔克（Thomas Starke）、托马兹·米尔泽修斯基（Tomasz Mierzejewski）、厄克·苏巴斯（Erk Subasi）和乔纳森·拉金（Jonathan Larkin）。